博物館危機の時代

はじめに

二〇〇八年二月に新大阪府知事就任直前の橋下徹氏が図書館を除く大阪府の施設を廃止または売却を検討することを指示し、四月に財政改革プロジェクトチームの試案で大阪府立弥生博物館廃止、泉北考古資料館移管または廃止などの方針が打ち出された。歴史的に極めて重要な遺跡を背景に活発な活動を継続してきた大阪府立各館の突然の廃止または移管の方針は、各方面に大きな衝撃をもって受け止められた。

一方、新潟市美術館では二〇〇九年七月展示室でカビが発生、二〇一〇年生きたクモが捕獲されるに及んで、美術館が美術品展示に耐えないきわめて劣悪な環境にある実態が報道された。当然、大きな批判を受け、館長の更迭、予定されていた国宝、重要文化財を含む企画展の他館での開催、一時休館に追い込まれた。

一見脈絡が無いように見えるこの二つの出来事には、根底に相通ずる問題が潜んでいる。それは博物館、美術館が本来の機能で考えられているのではなく、経済的な問題を解決するための手段として取り扱われる中で起きているということである。大阪府の問題は博物館敷地の売却による利益を念頭においたものであり、新潟市の問題は地域再生構想の中で美術館では本来受け入れがたい水と土を持ち込んだことから発生している。

実は、現れ方は違っていても、全国各地の美術館、博物館等の施設では、同じように経済状況を原因とする様々な問題が起こっている。一見すると各地の美術館、博物館は昨日と同じように今日も何事もなく運営されているように見えるが、じつはその背後に、行政改革、財政の悪化、指定管理者制度の導入、人員削減など多くの問題を抱えている。このままの状態では多くの博物館、美術館が休館、廃館に追い込まれる可能性が高い。昨日まで開いていた博物館が突然閉鎖されるという事態もなしとはしないのである。

このような問題は博物館、美術館に関係する人々には共有されているが、残念ながら市民の皆さんには伝えられていないように思われる。博物館に関わる側も、これまでこのような問題を積極的に伝えようとはしてこなかった。

博物館施設の存廃、統廃合の論議は、博物館が直面する様々な問題に市民の十分な理解が得られないままに進められているのが現状であろう。

本書は、博物館が直面している危機的な状況、変質しつつある博物館の現状とその問題点を広く市民にお伝えすることを目的として企画した。第一章では博物館の危機の実際の状況を紹介し、第二章では危機の背景にある財政、制度、人員削減の実状を、第三章では博物館運営の実践にあたる学芸員の置かれている環境、そして学芸員養成の問題点と博物館との関係を述べ、終章では博物館の現状と問題点を総括し、今後にむけて博物館が社会に果たす役割、学芸員が担う職務を再確認し、その必要性を改めて考えてみたい。本書を編むことで、読者諸賢に博物館が置かれている状況をご理解いただき、厳しい社会状況にあっても博物館が果たす役割についてともに考えていただければ幸いである。

辻　秀人

博物館危機の時代　目次

第三章　学芸員をとりまく環境の変化

終　章　博物館の危機は何を招くか

第一章　博物館の危機

二〇一〇年に起こった日本博物館事情
―大阪府立博物館群の存続をめぐって―

一瀬和夫

一　ハコモノ博物館、見直しの動き

何も西暦のきりのいいのに合うというわけではないのだろうが、一九九〇年、二〇〇〇年、二〇一〇年を前後して大阪府立博物館群には画期があった。そして、二〇一〇年四月一八日の『朝日新聞』には、「博物館　閉館の波―財政難・戦後初の減少―」とある。それは日本で博物館施設がようやく充足した。そこに至るために六五年の年月を費やしてしまったという意味であろうか。はたまた、本来は無用であった博物館を建ててしまい、不景気のためにそれを廃止して正常にもどそうという動きなのであろうか。ここではこの新聞記事の意図をはかることはしないが、見出しの内容があいかわらず話題になっていることには誤りなく、横ばいなのか、減少なのかという方向が、戦後、はじめてはっきりと下降の方向に向かいはじめたことは確かなようである。

日本の津々浦々まで、戦後にもっとも増えた博物館は公立博物館であろう。もっとも、世にあまり知られない小さな私設博物館は数限りなく存在するのであろうが。大きなものでは、二〇一〇年一二月二六日に閉館した、大阪市の天保山にあるサントリーミュージアムがある。これは未曾有の博物館建設ラッシュに終わりをつげる一九九四年に、近・現代アートとデザインのギャラリーと巨大立体映像館の複合施設として、大阪港湾岸、バブル期に生まれて昨年に開館二〇周年を祝った巨大温水水槽の水族館である海遊館の横につくられた。多くの博物館はバブル期に計画され、その崩壊時にようやく開館したものが多い。

このときより、さらに日本経済が悪化し、昨今の負の象徴とでも言わんばかりに既存の博物館に対する非難が頻

発化している感じをうける。そのイメージづくりの一翼を担っているのは、日本の各自治体が、自らの財政状況の悪化に合わせて主たる問題の理由を何でも金銭感覚に置きかえてしまっていることにあろう。そして、博物館に対して帰結する措置は、入館料の値上げ、減免見直し。さらに、毎年の一〇％予算減額、普及活動の減少、企画展の継続的開催の縮小、館の閉鎖といったストーリーになってくる。今やこの流れは毎年どこかでかならずや起こっている。人的対応には業務兼任、専門教育を受けた学芸員の減員や派遣・非常勤職員化があるが、これも直接的には賃金カットとおなじである。

お金にしか換算できない価値判断能力、おそらくそれ以外に博物館の項目についての中味を吟味できないくらいに、博物館のイメージ悪化をつくりだそうとする当該関係者がいかに多くいるかを裏づけているという材料になるだろう。そうした人は、残念ながら今までの人生のなかで博物館と接触する機会がなかなかなかったか、たとえあったとしてもその恩恵をこうむることがあまりなかった人が多く含まれるのではないだろうか。おそらく、これは公立、私立ともにあてはまる社会現象なのである。

そうした中、収蔵資料を生かし切れていないことや郷土館の名称変更といった理由で、既存の館をリニューアルするというてこ入れの事例は最近でもある。さらに、東北学院大学博物館、新潟県長岡市馬高縄文館（火焔土器ミュージアム）、奈良県斑鳩文化センターの開館などもあった。ただしその数は、バブル期の勢いにはほど遠い。バブル期に建設された博物館のなかには展示品などをかえりみない行政担当者のテーマ設定や目玉一点主義、展示業者丸投げによる全国一律の横並べ乱造館も多くあったことは否めない。そうしたものを、本来求められて開館したものに、上乗せされた水増し分とするなら、必ずしも開館数が急降下しているわけではなく、最近建設されたほとんどの博物館は各団体によるきわめて熱意ある順当な建設数であったという言い方もできよう。

本来的な要求にもとづいて建設されたものに質的な変動がないとするなら、相変わらず博物館の存在そのものに冷ややかな社会評価がつづいている日本事情ということにもなる。ただし、たとえ乱造館であったとしても、博物館活動のための拠点がつくられたことの意義は大きい。建物や展示はともかく、その場で適正な活動が行われているのであるのなら、それに対するランニング経費の圧迫はその後の地域活動に支障をきたす原因以外のなにものでもない。

ところで公立博物館の運営方法については、こうした閉館話題以前の二〇〇三年以降に、主だった博物館が指定管理者に移行しはじめている。今その契約が二巡目をむかえ、問題が吹き出しそうな管理者による適切でない運営実態もある。つくるだけで終わった博物館は特にこの制度をテコにした閉館理由の格好の的となる。

さて、閉館の波はほんとうなのであろうか。府県立及び市町村立など公立の登録博物館・博物館相当施設数の増減はいかがなものか。

二〇一〇年時点で、近畿地方は一三四館のうち、二〇〇〇年度以降に、大阪府下一五館、京都府下三九館では休館・閉館した館はない。その他で、休館・閉館は六館ある。兵庫県下では現在二一館中、水族館が休館。休館していた科学館は二〇〇九年八月にリニューアルをはたしている。そして、二〇〇七年度には阪神淡路大震災前から計画のあった兵庫県立考古博物館など二館がオープンしている。滋賀県下には現在一〇館がある。休館中のものは県立琵琶湖文化館のみであり、休館と同時に博物館登録を解除したため、現在は登録博物館でもない。三重県は一七館あり、県立博物館が二〇一四年度リニューアル・オープンをめざして閉館している。また、二〇〇〇年度との比較では、登録博物館は三館増えているという状況である。さらに和歌山県下の一三館に休館・閉館したものもなく、むしろ二〇〇七年度に一館増えている。

一九八八年に開館して、実物のない展示を優先した博物館建設のリーダーであった京都府京都文化博物館も二〇一一年にリニューアルした。なかなかリニューアルのためと称する休館は廃止、閉館、再生のどれかという判断が難しいのが現状ではある。どうやら全体としては言うほどに閉館が目白押しではなさそうである。

それにもかかわらず、この何かしらある博物館の存在否定の危機感とはいったい何なのであろうか。また、博物館の元気がなくなっている原因はいったいどこに潜んでいるのであろうか。ここでは、公立博物館、特に大阪府立博物館群の動向を追うことで、昨今の博物館に関する閉塞感について探ってみたい。

二　大阪府立弥生文化博物館の存続問題

(一) 博物館廃止へのシナリオ

最近たしかに館が閉鎖になりそうな危惧はどこにでもある。その象徴的な出来事と言えば、後でくわしく述べる二〇〇八年二月四日、橋下徹新大阪府知事が二月六日の就任を前に、府幹部との協議から、八三の府施設のうち図書館以外の廃止・売却検討を指示したことがあげられる。この指示の後の四月一一日には、財政再建プログラム第一次試案の正式発表があった。弥生文化博物館（和泉市）は廃止。泉北考古資料館は市に移管を打診し、無理な場合は廃止。狭山池博物館は大阪狭山市との協同運営化を行うと言うものであった。そして、近つ飛鳥博物館（河南町）は他館の展示品などを集約することで多機能化し、総合歴史博物館をめざすといったもので、この集約の時点で近つ飛鳥博物館も独自性を失い、実態としては廃止同然であった。

私はこれらの廃止案には伏線があったと考える。二〇年ほど前から回顧すると、関西空港開港や大阪府立弥生文化博物館開館のころに大阪府は、一九九一年のバブル崩壊の影響をまたずにかなりひどく悪化した財政状況となっていた。これに対処すべく、横山ノック元府知事が一九九六年に『分権時代の新たな行政システムをめざして―大阪府行政改革大綱―』という案を提示した。その後の一九九八～二〇〇八年の間には、青少年施設の廃止などをはじめとして、府立高校だけで三一校も廃校としている。むろん博物館は廃止の準候補になっていた。これが伏線であり、橋下府知事就任（以降は府知事と表記する）でその延長戦がはじまったという具合である。

上記の大阪府行政改革前は、大阪府の施設建設ラッシュだけでなく、それより東京都の方が一歩早く建設を先導していたということも背景にある。一九九一年建設の東京新都庁舎、一九九三年開館の江戸東京博物館などを着々と建設が進められた。これらは日本列島中のバブル期最後を象徴する出来事であった。

冒頭のサントリーミュージアム建設はある種の企業メセナの看板的な役割をはたしはしたが、バブル崩壊後は財政的にそうした見通しをたてることもまったく期待できなくなった。他に打つ手として他力本願をもとめた各自治体の中で、二〇〇〇年前後からは矛先がボランティアの受け入れに向けられ、その導入が本格的に考えられるようになった。さらには運営スタッフとして地元協力団体、外部専門スタッフにもたよりはじめた。国の機関の独立行政法人化もこれとおなじようなタイミングで進行していた。

つづく二〇〇三年の地方自治法改正は、たくさんの公共施設に直営か指定管理者制度の導入かの二者択一をせまるものであった。この制度の導入施設は五年後には二五％をも占めるようになった。この措置は財政的に廃止予定の物件にはやさしくゆるやかな減額と、廃止までの時間稼ぎ、猶予期間になったであろう。賛否両論がある中で、知恵を出し合う博物館運営の姿もあった。しかし、三～五年契約という継続、安定性に欠いたこの制度は長期の資料保存性を最優先する博物館という施設には、はじめから構造的になじまないものであった。

今、指定管理者は全体として二巡目をむかえた。これまでさして混乱がなかったのは、二〇〇七年段階では登録博物館と博物館相当施設である公立美術館・歴史博物館の指定管理者の九一％がいわゆる外郭の財団法人であり、株式・有限会社は五％にすぎないことからであり、実態としては従来どおりであった。そのためである。五年の長期の契約の選定になるほど、公募ではなく指名によるものが多い傾向にある。

そうした最中、大阪府の施設は、一巡目の努力結果もまたずに二〇〇八年の府知事の廃止案が提出されたことになる。その指示内容は、それまで過去の首長がつくった負債精算の矛先を博物館などといった教育施設に象徴的にあてることになった。この廃止案は、少なからず日本国内の新たな博物館の建設意欲をそぎ、日本列島各地の首長にとっては安易に理由なく廃止可能であるという方向性を助長するイメージをあたえた。

くしくもおなじ年に、大学の学芸員教育を強化する博物館法施行規則の改正省令が検討されていた。私には双方ともが博物館活動の裾野を広げようとする気概がなく、むしろ狭める排他的な効果をもたらそうとしているようにしか思えない。これは図書館司書とともに学芸員資格にかかわったものであり、資格保有者の質的な向上をねらうものの、専門ごとで実現不能な要求が多く、しかもそれらが総花的な内容となっていた。たとえ知識が増えたとしても、知恵をつける方向には向いていないようでもあり、大学生に図書館・博物館への興味を失わせるだけにすぎないようにも思える。

二〇〇九年に、これからの博物館のあり方に関する検討協力者会議から出された報告文には、大学における学芸員養成科目の改善について触れられている部分がある。そこには、博物館経営の評価、博物館と大学機関との連携、展示の評価と改善・更新、博物館教育の双方向性、博物館の利用実態と利用者の博物館体験、博物館活動の情報データ化、実務実習といった項目があげられる。情報と経営といった一九九七年に修得すべき科目で強化されたものをより発展させるとともに、博物館の社会的な存在感からくる社会への使命と役割、連携を問うことに重点をおいたものとなった。

こうした強化は日本各地ではじまった行政評価と連動している。先行して欧米の博物館では一九九〇年ころから自らの存続を問いかけていた、かなり重要な課題項目になっているものばかりである。その結果典型的な表象の一部として、一九八九年のフランス・パリのルーブル美術館のガラスのピラミッド、二〇〇〇年末に完成したイギリス・ロンドンの大英博物館のグレートコートの建設があげられる。しかし、学芸員サイドでできる具体的な方策としては、その中に社会がみる博物館評価ととらえる「展示評価（エバリエーション）」の試みが多くなった。実態としてそれはこの第三者評価にさらされ、それにもとづいた日本の学芸員教育であればよいのだが、今のところその余裕もなく、現実の学芸員に増えつづける仕事項目をピックアップしてそれに対して専門性をあわせ増やしたものになりがちになっている。

新たな学芸員養成科目は、今、早急に対応しなければいけない力、つまり、社会につきつけられた「博物館の社会的な存在感からくる社会への使命と役割、連携を問う」ことに対する抵抗力、創造力、刺激力、影響力の双方向性を養うものにはなっていないように思えるのは非常に残念なことである。

(二) 大阪府立博物館群と大阪府財政再建プログラム案との経緯

現在、博物館をとり囲む社会からの問いかけについて、博物館側から考えるべき、直接的で、早急な対応が必要なものの一つに、やはり先ほどもふれた府知事が進める財政再建プログラムに伴う府施設廃止・売却検討の指示も含まれてしまうだろう。以下に、その経緯を紹介してみることで、博物館側から社会に向けてどのような働きかけ、向き合うことができ、閉塞感を払拭できるのかということを考えるきっかけになればと思い、振り返ってみる。

その経緯は、まず廃止・売却案は二〇〇八年二月二一日に暫定予算案の中で発表することからはじまった。府知事は、すぐさま二月二三日に弥生文化・狭山池博物館を視察した。このときの質疑は博物館の内容と意味を問うよりも金銭的な質問に終始したらしい。この財政削減案に対して大阪府立博物館の存続を確実にするために、ただちに「大阪府の博物館を支援する会」が発足された。施設の廃止・売却を含めた「見直し」に対して現在と未来に大きな損失をもたらすとして、三月六日に『大阪府の博物館施設「見直し」に対する要望書』を大阪府に提出するとともに署名活動が開始された。おって三月一一日に考古学研究会からも『府立博物館の見直しに関する要望書』が提出された。そこには博物館施策・文化財保護行政の中・長期的展望や「見直し」について適切な第三者による検討機関の設置要請が盛り込まれていた。

一月後の四月八日に、支援する会は約一万人の署名をたずさえ、大阪府の運営継続、検討状況の情報開示、見識者や施設利用者の意見の尊重をうたった『大阪府の博物館の存続と事業継続について(再要望)』をさらに再提出した。にもかかわらず、三日後の四月一一日に財政再建プログラム第一次試案が正式発表され、先の弥生文化博物館の廃止案などの方向性が示された。

（三）博物館存続要望の展開

支援する会や考古学研究会の他にも、四月一〇日には日本考古学協会から『大阪府の博物館施設「見直し」に対する要望書』、日本博物館協会からは『貴府立博物館の見直し措置について（要望書）』が提出された。地元市町村においても四月一一日河南町大宝地区長他、地元住民・団体・議員などから『大阪府立近つ飛鳥博物館風土記の丘の存続に関する要望書』が提出されるなど、現在、府知事・府教育長あてに質問状もあわせた一二件の要望書がよせられている。また、四月一七日には和泉市長・和泉大津市長から弥生文化博物館の存続についての要望会議を府知事応接室で三輪副知事と行った。そこでは市長側が、館は府教育委員会と和泉市、泉大津市での覚書を交わした施設であり、府の事情だけによる廃止は困難であり、地元住民に説明責任が果たせないと訴えた。それに対して、個別案は財政再建プログラムの検討段階にあり知事・副知事は関与していないと副知事は答えている。

初期の存続要望の動き出しは研究団体が中心であった。その後半は市町村団体への広がりを見せた。一方で、現在の歴史系博物館の近況を広く府民に知ってもらうために、支援する会が四月一三日に大阪歴史博物館で『歴史遺産と博物館―地域文化力をはぐくむために―』と題したトークを行った。その中で、存続について俳優の苅谷俊介氏は地元大阪の盛り上がりを強くうながした。地元市民からも声が上がった。署名運動を機に発足した大阪府立弥生文化博物館を守る市民の会は五月一一日に、池上曽根史跡公園「いずみの高殿」前で『大阪府立弥生文化博物館の存続を求める市民集会』を行った。

五月一七日には日本文化経済学会関西支部が大阪市天王寺区民センターで『21世紀の博物館と考古学～文化政策の視点から』というシンポジウムを行った。その中で、大阪府の博物館問題もとりあげられた。翌五月一八日には、大阪府教育委員会職員も参加する大阪の文化財と博物館を考える集い実行委員会が『大阪の文化財と博物館を考える集い』を大阪府立弥生文化博物館と和泉市立人権文化センターで催し、「弥生文化博物館は地域・府民にとって何か」が議論された。こうした集会がいかに有効に働いたかは見通せない。しかし、当時、何もアピールしなければ切り捨て施設と扱われることは間違いなかったと思われる。これは現状の博物館のあり方を突然、性急に問うた希有な事例と思いたい。

日本考古学協会の五月二四日の総会では、「大阪府は文化施策のうえで大きな汚点をのこし、国内のみならず国際的な魅力や信用を失墜する」という内容をおり込んで『決議』がなされた。この憂慮は、要望活動が日本国内ではおさまらない展開であったことを象徴する。

具体的な行動は、五月一六日に韓国大学博物館協会会長である申敬澈氏が、文化財は人類の財産であり日本国内のみの問題ですまされないとした要望書を提出し、韓国研究者と府立博物館がこれまでに歩んだ交流の姿を語った。五月二七日にも英国セインズベリー日本藝術研究所副所長であるサイモン・ケイナー氏は、考古学が観光のための重要な文化産業を担い、文化遺産に恵まれた大阪府の中でも弥生文化博物館は「王冠の宝石」となると指摘した。さらに、知事が「変える」と「笑う」をキーワードにするなら、むしろ伝統的な文化遺産を讃えるべきで、それがまさに大阪府の未来を変えることができると訴え、その文化遺産は一体だれのものなのかと問いかけた。

国内外からよせられた多彩な要望については、六月九日時点で府知事・府教育長にあてたものは質問状もあわせて二一件、二四団体におよんだ。これも突然だが、それ以降は「府民の声システム」なるものが導入されて、要望の類は一気に電子化されることになり、従来どおりの方法で要望が出せなくなった。にもかかわらず、その中にも弥生文化博物館にふれる個人要望や提言メールがその後もよせられた。

(四)「大阪維新」プログラムの中で

六月五日には「大阪維新」プログラム(案)と称する財政再建プログラム最終案が発表された。

それには弥生文化博物館と近つ飛鳥博物館は、周辺史跡とあわせて文化財を保存、公開し、教育の場として提供・維持し、利用者・地域及び地元関係自治体との協働・連携により、博物館を支える仕組みや活用策を検討する。

加えて、積極的な館外事業の展開と入館料・使用料を見直す。可能なものから順次、これらを実施した上で成果を検証して、次年度に改めてそのあり方を検討するといった内容であった。そして、泉北考古資料館は開館から三七年が経過し、府の施設としては廃止し、堺市と協議の上、整えば、移管する。須恵器発祥の地である地元市で、管理、保存、公開されるのがのぞましいとされた。長い年月が経過したので府だから廃止だけれども市町村ならかまわないというようなニュアンスに受けとってしまうのは私だけであろうか。

ともかく、この時の府知事はその場の判断を保留したというかたちをとったことになる。

教育委員会が知事側に提示した地元との協働策や館外事業の展開については、今年度にもその成果を検証して、その結果内容によっては弥生文化・近つ飛鳥博物館ともに廃止・統合がありえるとも言い切る。つまり、一年の執行猶予が下っただけであった。たとえ存続したとしても、案にある検討効果額からはこの三年間で大幅な予算削減も含まれる。この削減値を達成したとするなら、運営体制の抜本的な見直しをせまっていることに等しい。博物館の側の立場からすれば、こうしたやりとりの中で博物館内部の状況の好転と活性化が望めるとはとうてい思えない。廃止のためのカウントダウンという疑いはぬぐいきれないのである。

その後、大阪府立泉北考古資料館は、新たに泉北ニュータウン建設後の堺市が発掘調査した出土資料を加えて「堺市立泉北すえむら資料館」と衣替えして、二〇一〇年四月一四日に再オープンした。堺市へと移管の調整が行われていた泉北考古資料館は府知事が着任する前から、移管が成立しなかったとしても大阪府立の施設としては事実上の廃止が確定していた。ところが財政再建プログラム案以後、着々と協議が重ねられ、二〇〇八年九月に移管条件が基本合意されるに至った。二〇〇九年二月には施行期日を規則委任とする府立泉北考古資料館の廃止条例が制定され、九月には府市で協定書を締結。一一月以降は実質的な準備である改修工事などに入り、一二月に堺市が堺市立泉北すえむら資料館の設置条例を制定した。大阪府では、年明けの二〇一〇年一月に廃止条例施行規則を制定して、ついに同四月一日の移管へ至った。これにともなって、国指定重要文化財「陶邑窯跡群出土品」約一、になった。

「二〇一〇年」は大阪府立博物館群の一部が廃館した年でもある。ただ、実に奇妙なかたちで生き残りを果した。この改革で実質的なハコモノを失った博物館がある。二〇〇九年六月に都市河川部担当課所管の大阪府立狭山池博物館内二階へと移転した大阪狭山市立郷土資料館（一九八一年開館）のことである。これは狭山池博物館に対して、市との共同運営による施設の有効活用へと見直しの方向性が示された事例になる。さらに、ボランティアとの積極的な連携を行い、改革に最も早く順応した例にもなる。

さて、近つ飛鳥博物館及び弥生文化博物館はどうなったのであろうか。

この時の両館、特に弥生文化博物館については現状存続もいまだ一時的で不透明なものであり、見直しは毎年行われ、翌年の館の存続が検討される状況にあった。博物館とはそんなものなのであろうか。ともかく、財政再建プログラムは終了しプロジェクトチームは解散したが、その見直し業務は行政改革課に引き継がれ財政削減はそこでのチェック項目になった。

存続条件のチェック項目として、基本的に周辺市町村との連携を強く進めることとした。府とともに歩むような言葉づかいだが、本質的には府は博物館への直接的な責任と関与を回避しようとしていた。加えて、教育委員会側の提案した両博物館も「待ち」の博物館ではなく、積極的に外へ「出かける」活動的な博物館にする、という事項を知事側が積極的に受け入れた。これは具体的に即効力のある実行性をもち、また実績が数値化できるものとして、存続条件の必須として掲げられた。利用者を館で迎えるだけではなく、学校への出前授業や諸イベントへの出店など、ふつう博物館内で行っているものを館外へ持ち出す。日本では移動図書館が早いが、アメリカ合衆国の博物館ではトレーラー移動博物館などのおなじような活動は古くから行われている。出前を一番に受け入れたことには、単に府知事自身の大阪府立博物館の存在についての認知度に起因していたことが大きいようにも思える。

こうした要望が生じること自体がいかに博物館の存在を知らない府民が多く存在するかということに他ならない。ただし、これは後でのべるように、博物館という場とそこでいろいろな出会いを期待することが博物館にとっての本来のサービスだと考えると、出前という積極性を重視するという側は本質に対してあくまで副次的なもののみを強要していることになる。これを改善策の目玉とすることには疑問もたざるを得ない。本質的に、各エリアごとに博物館は備わっているという性格をもつべきである。

これらの他に、当然のように収支改善と称して、二〇〇九年一〇月に年間入館料金は引き上げられている。これには根本的な問題として、博物館法第二三条において公立博物館の利用は原則として無料と定められていることがある。金銭に換算できない府民の知的利益を考えると、これ以上の大幅な値上げはひかえるべきであろう。その一方で、年間を通しての入館者数の向上のために無料開放回数を増している。

（五）二〇一〇年度までの状況

二〇〇八年六月の最終案で改革の方向性が示された施設について、二〇〇八年度における公の施設基本情報及び点検結果が二〇〇九年三月三一日に、二〇〇九年度分が二〇一〇年三月三一日に公表された。両館に近つ飛鳥風土記の丘を加えて、二〇〇六年度からは指定管理者により一体運営され、行政改革課が公開する指定管理者点検調書で「適切な運営がなされ来館者増にも積極にとりくんでいる（二〇〇八年度）」、「財政再建プログラム案で提示した事業に積極的にとりくんでいる（二〇〇九年度）」とポジティブな評価もされる。しかし、弥生文化博物館では和泉・泉大津地元両市と連携強化して、この協力体制を前提にして大阪府からの人件費などがさらに削減される。協力、連携という言葉は必ずしも中味の充実ではないのだ。

先の改革案によってうながされた具体的な博物館運営は、まず第一に利用者・地域及び地元関係自治体との協働・連携の強化と積極的な館外事業の展開というものが要求された。改革の方向性をうけて、展示とともにつづけてきた講演会や職場体験などの普及活動や出前授業等の館外事業についてより力を注ぐ状況にある。

連携によって対外面での博物館の存在感が増している利点があるようにも思えるが、削減面では、これ以上それが強行されれば、館の基本的維持機能にも影響を及ぼすものになる。これは博物館としての内実というものだけではなく、博物館の使命の一つ、保存・保管という建物の維持レベルをはるか以前に下まわっている。展示品や収蔵品の扱いは二の次になろうとしているのだ。

管理維持レベルの低下、それはささいなことかも知れないが、この状態では博物館の存在、利用方法を知らない人たちに対して「博物館」という裾野を広げる以前に、館側にしてみればそうした行動を起こすための基礎的な意欲自体をむしばんでそいでいることにもなろう。こうした焦燥感が実態として博物館現場での努力にもかかわらず、危機感をあおっている原因をかもしだし、本質的な活性化への障害となっていると考えられる。

三　大阪府立博物館存続問題の背景

（一）大阪府立はじめての登録博物館の誕生に向けて

ところで、上記のような一部の社会評価をうける大阪府立博物館群はどのような経緯で誕生したのか。実のところ府立博物館は他の都道府県立のものに遅れ、一九九〇年に建設された弥生文化博物館がようやく大阪府立はじめての登録博物館となったのである。

そもそも大阪府では、一八七五年に日本初の地域博物館的な施設である「大阪博物場」が建物面積一、八〇〇平方メートルの規模で出発していた。これは大正時代を中心とする大大阪を生む原動力になったわけであるが、大大阪の最盛期を迎えた一九一四年に府立商品陳列所が移転してくることで終わりをつげた。その後に、大阪府立博物館の建設計画はいく度かあった。一九五〇・五一年には、社会歴史・経済歴史をあつかい「文化日本の市民」を養成するに足る生きた博物館をめざすための『大阪府立博物館建設資料集』なるものが作成されている。一九五四年には、『大阪府立産業科学博物館』、一九五九年には、焼失した大阪府立博物場を復興すべく「府立考古博物館」といったものが計画されもした。

一九七〇年代、日本は高度成長時代のまっただ中にあった。それは日本社会でいろいろな問題が噴出した時期でもあった。一九七〇年、大阪府吹田市で開催された短期間の日本万国博覧会で満足したのか、まさにその中に、大阪府立博物館建設事情はのみ込まれ、しばらく常設博物館の計画案は浮上してこなかった。

その間、大阪府下での遺跡破壊は激化していった。まず、大阪府南西部の泉大津・和泉市の池上曽根遺跡では、一九六九年以降の第二阪和国道の発掘調査で弥生時代の環濠集落の実態が判明した。すでに、一九六四年の国道の計画について「池上弥生遺跡を守る会」が結成され、遺跡の保存運動が展開していた。一九六七年「泉州文化財を守る会」などの活動もあり、一九七六年に中心部の史跡指定が実現した。ただし、南北に第二阪和国道、そして直交して府道松之浜曽根線が通過することになった。しかし、これらはあくまでも仮設的な一時的措置であり、将来、道路が不要になったときには史跡の一体化が図られるべき性格の構造物である。

それはともかく、道路建設がもとで一九七八年に旧建設省との間で収蔵庫建設費が提示され、それに見合った確保用地として目されていた地に、弥生文化博物館が発展的に「一九九一年」、開館することになった。これが大阪府立ではじめての登録博物館が生まれた経緯である。おって、「二〇〇一年」に史跡公園と泉大津市立池上曽根弥生学習館が全体開館することになる。

他の博物館もまた、大阪南部の大規模開発と大規模遺跡との狭間で揺れ動いていた一九六〇年代後半である。大阪府河南町・太子町にある一須賀古墳群もその一つである。一九六七年一一月の横穴式石室破壊事件を機にその存在が大きく注目された。翌年には阪南ネオポリス宅地造成計画地内で発掘調査がはじまった。三〇数基が未発掘で破壊されたのを契機に保存運動も起こっている。その結果、二九ヘクタール、一〇〇余基の古墳を買収し、近つ飛鳥風土記の丘と称して古墳を保存・管理、公開する施設が生まれた。しかし、その東側において、未買収の一三〇ヘクタールに及ぶ宅地造成計画がもちあがった。これには市民によって「河内飛鳥を守る会」が結成され、府議会・国会へ請願署名運動などをへて、計画が取り下げられた。そうした開発敷地の一部もとりこんで、一須賀古墳群は国指定史跡になった。博物館はもともと風土記の丘資料館として設置することになっていたが、建設規模を大きくし、その史跡公園敷地をはずしてそれら指定地の真ん中に一九九四年に近つ飛鳥博物館となって開館した。

陶邑窯跡群はその多くのエリアが堺市・和泉市・大阪狭山市の泉北ニュータウンと化した。大阪湾埋め立て土の必要から丘陵部を一、二五〇ヘクタール以上を切土造成したもので、そこには須恵器の窯跡のみならず、古墳や集落跡も含まれていた。大阪府企業局から一九六三年の基本計画が出される以前に造成がはじまり、大阪府教育委員会はこれに対処すべく一九六一年から分布調査と発掘調査の実施を余儀なくされた。一九六五年に府は考古学の専任技師を採用して本格的な発掘調査体制をとることになった。

一九八六年の大阪府企業局『泉北ニュータウンの建設』によれば、「発掘調査に並行して、昭和四四年度に映画「泉北丘陵の遺跡」が製作され、遺跡内容のＰＲに努めると共に、大蓮公園内に『泉北考古資料館』を建設し、府教育委員会の管轄に移した。……このようにして泉北丘陵住宅地区の開発計画の着手と同時に始められた遺跡発掘の重要な成果は、かつてこの地に居住した人々の文化遺産としてここに再登場して、歴史を持たないこのニュータウンを過去の重厚な文化と歴史でうらうちすることとなり、風格ある町づくりへ一歩踏み出すことになった」と記してある。すなわち、公園内にわずかな記念碑的存在として泉北考古資料館は建設された。一変した都市空間の中にその過去を語る唯一の存在となった。

これら大阪府南部の三ヶ所に起こった国・民間・府による大規模開発にみまわれた大規模遺跡は、その地ごとにランドマーク的に大阪府の博物館を残したことになる。大阪府の文化財行政はつねに開発と表裏一体であった経緯がそこにある。

（二）大阪府立博物館群ネットワーク構想と展開

先にも触れたように大阪府では、かつて府立大阪博物場なるものが一八七五年に登場している。にもかかわらず、都道府県立登録博物館建設としては弥生文化博物館が最後になったのである。

その建設前、長く開発優先で行われてきた大阪府の文化財行政は、コンテナにして一二万箱分の遺跡出土遺物が公開されない危機的な状態をつくり出していた。日本で最も立ち遅れた博物館行政の中で、大阪全体の歴史・文化を展示し、各博物館の中央的機能をもつ展示面積四、〇〇〇平方メートルをもつ博物館、特定のテーマ展示を行う展示面積一、二〇〇平方メートルの博物館群が構想された。それはもうすでに一九八〇年代も後半になっての、遅すぎる構想であった。

その中の一つは、史跡池上曽根遺跡に付随して、その理解のために日本文化の源流である弥生文化を総合的に展示する弥生文化博物館。もう一つが、多彩な文化遺産をもつ南河内の中でもその宝庫としての近つ飛鳥という地域と史跡一須賀古墳群をかかえもつ古墳文化という二面性をもつ近つ飛鳥博物館であった。両館の開館は関西新空港開港にあわせて具体化された。さらにつづけて、泉北考古資料館を改組して、「陶邑」窯跡群の出土資料を中心とする陶器の専門館として陶邑考古博物館といったものが予定された。

これらはいずれも当時の府民ニーズの中から生まれ、「もの」のもつ情報についてあらゆるメディアを駆使し、多角的かつ立体的に展示し、楽しく歴史・文化が学べる、そして、文化フォーラム機能を持ち、地域文化の核となるというものであった。さらに、体験学習など参加型施設として学校教育と強い連携をもち、情報システムにより府民への情報提供を十分に行う。そこに期待される効果は、内外に開かれた国際文化都市にふさわしい顔、モノトーン化した都市空間を活性化して歴史・文化を生かした新しい都市環境の整備、歴史的なものの見方を養ってゆとりのある生活に資すること、それぞれが相乗効果を生み出して大阪府の中核的文化施設となることであった。

一九八六年の『文化財資料館基本構想調査の報告書』には、この他にも河内平野歴史民俗博物館、民俗資料館の名がみられる。その後に京街道に沿った街道資料館も検討された。これらはイメージ的にだが、東大阪・八尾市、現行の豊中市にある民家集落博物館、枚方市の各地域で展開されるはずであった。

結局、これら博物館群の中で具体化されたのは、弥生文化博物館と近つ飛鳥博物館だけであった。二館は開館後いかなる道を歩んだのだろうか。

弥生文化博物館は手狭だったためか、カルチャーフォーラム、文化サロン、コンサート、ギャラリーと博物館をコミュニティーサロン化し、池上曽根遺跡に内在する弥生文化の背景を知る特別な空間としての活動が目立った。その後に府民ニーズとして加わった要素を補完すべく和泉市の方で弥生学習館が建設されたが、それは展示だけにとどまらないフィールド的な体験を重視した日常的な空間を創り出し、池上曽根遺跡を有機的に理解するための橋渡し的な性格をもった。こうした連携的で相補完的な関係を築いた遺跡ガイダンス・コンプレックスを形成したことは全国的なモデルとなった。

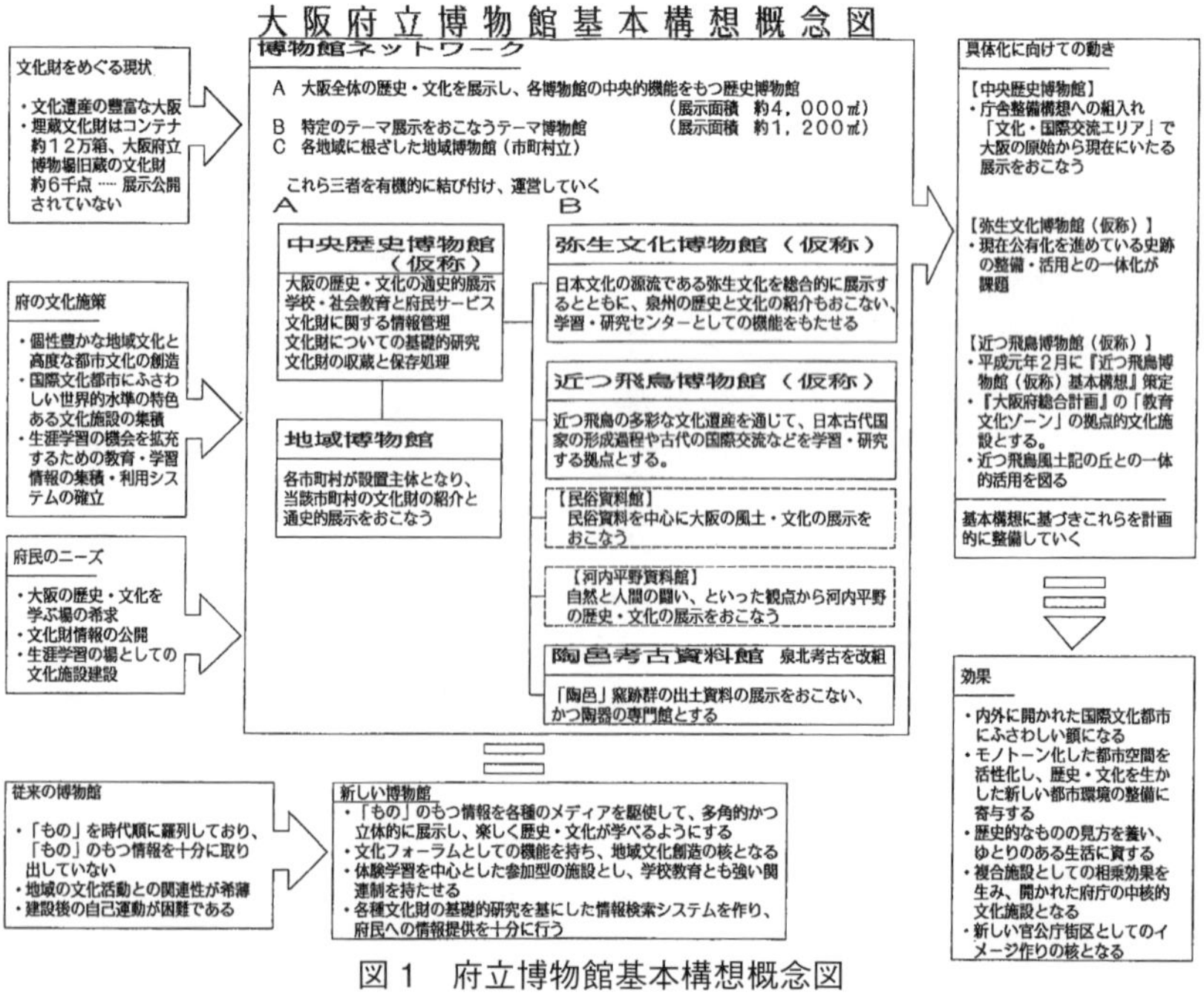

図1　府立博物館基本構想概念図

近つ飛鳥博物館についても、実際の古墳の中に入る体感のできる多くの横穴式石室と大阪の古墳文化を語る展示が融合する特徴をもつ。立地的には不便と言うこともあるが、フィールド的な要素が場そのものにそなわっている。活動展開はハンズ・オン、ワークショップ、アウトリーチへと向かった。弥生学習館的な場の設計は建設当初から建築設計担当の安藤忠雄建築研究所と大阪府教育委員会との間で増設の検討は行われていた。それは、従来型には足りない情報資料室と学習作業室といった概念をもった空間であった。これは横山ノック元府知事の強硬な財政再建案の中で頓挫した。しかし、ワークショップについては風土記の丘管理棟という場が大きな役割を果たし、それを補完するものとなった。

利用者面で団体の状況をみるならば、二〇一〇年時点で弥生文化博物館は大阪府下の小学六年生の一一・三％が訪れる。地元の小学生を中心に毎年一万人以上の小学生の訪問が定着している状況にある。たかが二〇年の蓄積かもしれない。しかし、ここだから人が集まるという側面は強い。地域的には弥生文化博物館は大阪湾沿いの南海本線・ＪＲ阪和線を、近つ飛鳥博物館は奈良よりの近鉄南大阪線を中心とする。立地する地域の違いから遺跡・地域・独自テーマの上で、多様なニーズの選択性の中で府立博物館が群をなして成立していることがよく分かる。双方の異なった館が一つになったとしても訪問者の数が単純に合算されるわけでもなく、それゆえの選択の上で成り立ち、こどもたちには豊かな教育環境の場がそれぞれの身のまわりの地域ブロック単位で存在するのである。

泉北考古資料館・泉北すえむら資料館のある地は、ニュータウンにかわった陶邑という地域に潜在する文化力を呼び起こすという装置としてそこに立地する。そして、展示する重要文化財の須恵器は日本最古の一大窯業生産地を物語る生き証人なのである。

こうした遺跡や地域ごとでの特色をもって、かつて国際シンポジウムや特別展は両館でふつうのことのように行われた。しかし、期待される効果に含まれる国際文化都市、活性化した新しい都市環境整備については、関西空港の低迷、大阪経済の冷え込みの中では求めようもなかった。

四　大阪府立博物館群の今後

(一) 大阪府立博物館群と市場化テスト

基本構想以降、遅くとも二〇〇〇年を境に日本の博物館そのものが明らかにオブジェクト・センタード（資料重視型）からクライアント・センタード（利用者重視型）に移行した。弥生学習館はまさにそのタイミングで開館する。この傾向は、二〇〇七年開館した兵庫県立考古博物館が、県民を対象としたエバリエーション（評価）を通過した結果、常設展示を立ち上げている状況から見ても明らかであろう。

二〇〇〇年以降、博物館はより多彩な展開が必要とされる施設になった。そうした利用者ニーズに対しての活動の場が求められるのである。これを満たそうとすると、実際には、現行のスタッフでまかないきれないのは自明の理である。となれば何らかの方策が必要なのであるが、今のところ、その場を中心として、それぞれが重ならない使命を社会に向かって放射状、多岐に発信すること以外に、多様な博物館ニーズに対する処方策は差しあたって見あたらない。その前提として、核となる館の中身のストックの充実、さらに多方面のニーズにそなえての加工が必須となる。それだけに少ないスタッフで出前という外むけの改革案だけに人間をさくということになるアイデアだけでは、枝木が育っても幹の中身が空洞になり、やがて枯れてしまう。

管理運営は開館当初の大阪府教育委員会の直営的な財団法人大阪府博物館協会から、二〇〇六年に指定管理者に移行した。初回は「大阪府立弥生文化博物館、大阪府立近つ飛鳥博物館及び大阪府立近つ飛鳥風土記の丘の管理運営業務事業」を財団法人大阪府文化財センターに委ねることになった。

二巡目となる二〇一一年からの大阪府立近つ飛鳥博物館及び大阪府立近つ飛鳥風土記の丘の管理は、大阪府議会によって財団法人大阪府文化財センター・近鉄ビルサービスグループに選定、指定された。期間は二〇一一年から二〇一六年になる。その選定理由は、まず品質項目について一定の水準に達しており、本事業を委託するのに適した団体であること。そして、複数の法人でグループを構成したことにより、事業品質を維持しつつ経費削減や広報強化など、効率的運営を提案したことが評価できるとのことである。

さて、弥生文化博物館の方は、二〇一〇年度では、府と市町村との協力を前提にして人件費などの予算がさらに削減された。その中で地元両市は、人員・予算両面での協力を促進し、三名の職員OB並びに嘱託学芸員が配備された。また、二〇一〇年五月から開催された春期企画展「いずみの高殿発掘15年　弥生鳥瞰―池上曽根に生きた人びと」では、地元両市主体で展示企画・準備が行われた。予算は和泉市から持ちだされ、泉大津市は池上曽根弥生学習館主催の関連イベントを同時に開催した。今後も、府のもち出しを減らした史跡との一体活用事業と地元連携の強化が求められていく。

弥生文化博物館は限りなく、堺市や大阪狭山市との連携例とおなじような方向へと着々と進む。財政削減、事業効率アップ、館外事業の拡大など、館への課題に対して、これまでの館の努力以上に、財政改革プログラム以後の各館は多大な負担増を強いられ、新たな企画に向けての人手不足と精神的資源の蓄積不足にもあえぐことになる。しかし、これらの取り組みによって、少しでも多くの人々に幅広く利用をしてもらい、一人でも多くの利用者に満足感をあたえることがより優先課題となっている。これは広く博物館にとって社会的意義を問ううえでも超えなければならないハードルになりつつある。

ただし、存続のためには関係諸機関の努力はもちろんのこと、強圧的な府側による連携要請とともに、府民をはじめとして幅広い利用者のサポートが必要不可欠な状態にあることは基本である。現状の方向での行政改革が進むかぎり、それにつき合うほかに館が生き残る道はない。周囲からの今後とものいっそうの支援、そしてさらには一行政の政治事情に左右される運営から逃れ、府民に根ざした新たな運営理念を創り出せればよいのだが。

（二）大阪府のあらたな博物館の再生に向けて

ここで極度に悪意をもって、うがった見方でこれまで記述した大阪府博物館群の経緯の中でも最近の傾向を表現すると以下のようになろうか。

館のスタッフの努力にもかかわらず、指定管理者として時間が切られ、業務内容は廃館におびえ、出前事業や利用者・地域及び自治体との協働・連携などの自転車操業で疲弊し、そこからもたらされる館の内実は空洞化する。そもそも肝心の博物館には人がいない。もし実態としてこのような状況が危惧されるのであれば、一体だれが大阪府博物館群の中長期展望の絵を描くことに導くことができるのだろうか。その所在のあいまいさこそ博物館の危機感をあおっているのかもしれない。

ここではひとまず、今考えることができる大阪府博物館群の基本的な特質を述べることでまとめにかえたい。「危機感を一掃する元気と未来がいる」。弥生文化博物館と近つ飛鳥博物館は、弥生時代の大環濠集落である池上曽根遺跡と古墳時代の大型群集墳である一須賀古墳群といった、一つ一つの歴史を刻む出来事が起こった「場」に建てられた独特で地域性をもったサイト・ミュージアムである。大阪にとどまらない日本・世界規模で重要な遺跡、それらから発信されるテーマから呼び起こされる交流がさまざまに展開を生むはずである。これに過去・未来を含めた共有財産である「かたち」が加わる。博物館そのものは決して単独では成り立ってはいない。一九九一年にできあがったばかりの博物館たちに対して前向きな運営が考えられないのだろうか。たんに今、短期間のうちに存続の検討に移るほどの材料も内容もととのっていない。

若年層の入館実態で長期的な見通しをたてることもできるであろう。弥生文化博物館には地元小学生がたくさん訪れる。それは、たかが二〇年の蓄積かもしれない。しかし、ここだから集まれるという側面は強い。近つ飛鳥博物館もおなじである。双方の異なった館が一つになったからといって訪問者の数が合算されるわけでもない。むしろ、別々の場にあってこそ、それぞれの地域やテーマの上で多様なニーズの選択性が成り立つ。それゆえ、府立博物館が群をなす構造を形成することで揺るぎないものとなる。こどもたちには豊かな教育環境の場、それぞれの身のまわりの地域ブロック単位で、その居場所が必要なのである。

むしろ、元気がない博物館、元気がない大阪も閉塞感を強めている。大阪の文化地域の底力、アイデンティティー確立のためにも物理的なものではない意識的な改革がいる。市民・府民・国民を活気づける素材は発信基地である博物館にすでに存在する。そのための発信基地をつくる努力はいらない。必要なのは人を動かし、いかにストックとハコを融合させるかなのである。ハコの中にある文化・知的財産により一層、目を向け、内部開発と加工をおこたるべきではない。そのための支援を大阪府は削り取ることはせず、育てる努力に力を注ぐべきである。

博物館はバーチャルな図書館と並ぶ社会教育施設なのである。その上、博物館にはバーチャルでなく「本物と本質」があり、それに接して得られる「興味と気づき」がある。人の知る権利、知る喜びを得る権利に対し、潜在性と専門性を活かした情報を提供する。知恵をめぐらせることができる。そして、そこに居合わせた人々が語り合える「場」が存在する。地域コミュニティーがかかえもつ共有財産の蓄えをもつ博物館、そして大小の地域を含めたかたちと顔をもった博物館が必要であるはずである。

一九六九年以降のわずか四〇年にも満たない大阪府立博物館群の建設を類型化すると、それぞれは建設時の複雑で社会的な要求をそのつど、ある程度までは満してきた。その要求は一〇年単位にめまぐるしく変わったことになるが、たとえ最も古かった泉北考古資料館であれ、大阪府民で大阪府立の博物館にはじめて触れた小学生はまだ還暦を迎えていない。大阪府には親子何代かで触れた博物館自体が少なすぎる。むしろ、こどもに連れられてはじめて博物館に訪れる親の方が多いというところが実情だろう。それゆえ、内容をはかれる大人がたくさんいるとは思えない。つまり、根づく期間と正式に価値判断する機会が充分に与えられていない。少しでも長い目で博物館というものを見つめて、そこではじめて見直しする必要があることを物語る。人間の一生を超えて、未来永劫残して育てようとしたものが、いとも簡単に刈り取られる。そのような焦燥感が危機感をあおっているのかもしれない。

博物館群が形成されてきたこれまでの経緯を重視したいものである。

(三) 博物館の増加?

大阪府立博物館群の館の減数は、施設を削った努力の証拠数字の誇示という以外にあまり機能しないように見えるのは私だけであろうか。今展開している出前博物館は、日本国内のみにとどまらずアジア諸国の博物館においても流行っている。タイのチェンマイ博物館は収蔵、展示だけでなく移動博物館やアクティビティーに力を入れている。そして、大学の博物館研修も請けおう。スリランカの博物館は館の所有するバスによる移動博物館を展開する。こうしたサービスがあるのは博物館が少ないからではないのか。同じような出前に見えて、大阪のものは博物館から人を追い出して施設を減らし、そして出前博物館はその数が足りないからという苦肉の策からくるもので、その内実にはかなりの差があるようだ。

今ここで、あらためて都道府県立博物館の最近の開館状況を見てみる。二〇〇四年・西都原考古博物館、佐賀城本丸博物館、二〇〇五年・長崎県美術館、長崎歴史文化博物館、山梨県立博物館、二〇〇六年・岐阜県ミュージアムひだ、青森県立美術館、二〇〇七年・島根県立古代出雲歴史博物館、兵庫県考古博物館、沖縄県立博物館・美術館といった具合に建設されている。地域に根ざした博物館は必要とされ、その運営方法も知恵をしぼり出し、どんどん身近な存在となっていく方向性は自然な流れなのだ。

日本社会にかかわる博物館事例を通して深く考え見つめ直すことで、閉寒感、危機感を払拭し、すでにあるハコモノにより多くの魂を吹き込むアイデアの手がかりになればと思い、大阪府博物館群の事例を紹介した次第である。

地域に根ざしたより良き博物館をめざして。

新潟市美術館の展示環境問題

山本哲也

一　事件発生

二〇〇九年七月、展示作品にカビが発生。それを伝える報道に、筆者は一博物館人としてはもちろん、一新潟県民としてもショックだった。二〇〇九年度に新潟市主催で行われた「水と土の芸術祭」において新潟市美術館[1]もその会場の一つとなったのだが、その〝事件〟は美術館内で起こったのである。そしてさらに翌年の三月、今度は展示作品からのクモの発生が報じられた。その結果、当該作品自体を撤去せざるを得なかったのはもちろんのことながら、さらにそれだけでは済まない大きな問題へ拡大するという事態となった。新潟市美術館で起こったこれらの事件がどこまで拡大したかというと、館長の更迭、一時休館、そして開催予定の展覧会の会場変更、それも新潟市主催でありながら、長岡市へと会場を移さざるを得なくなってしまったのである。

二　諸問題の経過とその後の対応

博物館・美術館は資料や作品を展示するだけではなく、まずは収集し、保管する機能を課せられており、資料・作品に悪影響を及ぼすさまざまな事象について考慮しなければならない。地震等の自然災害、盗難などの被害はもちろん、虫や菌に対しても対処しなければならないのである[2]。

虫菌害。虫や菌が地球上に存在する以上、それを一〇〇％カットすることは、完全な密閉空間を作らない限り不可能であり、また至難の技であって、しかしそれへの対処療法も各種考えられ、実行されているところである。そう言いながらも、冒頭のような事件が起こったのであり、まずは新潟市美術館において発生したカビやクモの問題がどのように経過したのか、それを確認する必要があるだろう。

なお、その経過については既におおよそが整理されている。一連の問題を受けて、二〇一〇年四月に、金山喜昭氏（法政大学キャリアデザイン学部教授）を委員長とする「新潟市美術館の評価及び改革に関する委員会」（以下、「委員会」と略す）が結成され、同年八月一一日付けで『新潟市美術館の評価及び改革に関する委員会 中間報告書』（以後、『報告』と略す）が提出されたのである。

金山委員長の他に委員として、上山信一氏（慶応大学総合政策学部教授）、佐々木秀彦氏（東京都美術館交流担当係長）、泰井 良氏（静岡県立美術館主任学芸員）、柳沢秀行氏（財団法人大原美術館学芸課長）、渡邉信子氏（新潟NPO協会副代表理事）が就任し、諸問題の把握、解決に向けての検討がなされたその結果が、この『報告』である。その後、館長が公募で決定し、新たな活動を行うなど、種々の動きは確認されるが、本稿はこの『報告』を前提に進めることとし、まずは事件の経過を確認していくこととする。

（一）問題の発生から報道まで

『報告』では、カビやクモの発生（確認）から報道されるまでの経過を以下の通りとしている。

・カビ問題（二〇〇九年）

七月二二日　展示室監視員が作品表面に白い付着物を発見し、学芸員に連絡。学芸員は付着物の存在を確認。
七月二三日　学芸員が除去作業を開始。
七月二四日　館長に報告。また、文化観光・スポーツ部長、文化政策課長及び交流推進課長に報告。
七月二九日（交流推進課から）市長に報告。
七月三一日　カビ問題について毎日新聞が報道。

「水と土の芸術祭」の展示作品「土の一瞬」（久住有生作）にカビが発生。その素材である土の残留水分が主原因と思われる。最初の発見から市長への報告まで一週間。その二日後には報道されて、一般の知るところとなった。

・クモ問題（二〇一〇年）

二月一六日　生きたクモ一匹を発見、捕獲。
二月二〇日　同三匹を発見、捕獲。
二月二一日　同一匹を発見、捕獲。
二月二三日　展示物である電動カートをブルーシートで覆い、「バルサン」[3]をたく。同日クモ一六匹と小さな甲虫二匹の死骸を発見。
二月二四日　クモの死骸三匹を発見。生きた甲虫一匹を発見、捕獲。
二月二五日　クモの死骸三匹を発見。生きたクモ一匹と甲虫一匹を発見、捕獲。また、カートを館外へ移動。
二月二六日　生きたクモ二匹を発見、捕獲。同日、館長に報告。
三月　四日　市長に報告。クモ問題について毎日新聞が報道。
三月　九日　クモ問題の発生に伴い、東京文化財研究所に対し、国宝展示のための再調査の必要性について問合せを行ったところ、「必要なし」との回答を受ける。

「新潟への旅」展への展示作品「新潟―水の旅」（鈴木勲作）の一部である電動カート内にクモが付着していた。なお、作品の搬入前に、目視による確認を行い、異常がなかったので館内に搬入したとされる。クモ問題に関しては、最初の発見から市長への報告まで、実に一六日間も要し、同日報道されて一般の知るところとなった。

生きたクモは計八匹、死骸は計二二匹、生きた甲虫は計二匹、死骸は計二匹となり、クモは総計三〇匹、甲虫は四匹ということになる。ここで注意しておきたいのは、「バルサン」をたいた後にも生きたクモ・甲虫が発見されたことである。

さて、三月九日の部分を再確認すると、東京文化財研究所により再調査の必要なしと回答を受けているが、にわかに社会的な問題として拡大していく。それは各種報道機関が取り上げるに至って、情報が逐一市民にもたらされることになったからである。その報道を機に、文化庁が新潟市美術館での国宝や重要文化財の公開（展示）に慎重な態度を見せ、それに対し市長や市職員が文化庁に出向き、東京文化財研究所のコメント等を引用しつつ説明を行ったものの、結局文化庁の許可を得ることができず、新潟市美術館での展覧会の開催を断念することとなった訳である。この三月中は、各種報道機関による新潟県内の地域ニュースにおいて、この関連の報道を見聞きしない日がなかったと思われるほど、その話題に関心の目が向けられていた。

(二) その後の新潟市美術館・その一 ―館長交代の経過と美術館改革・改善推進チーム―

問題が拡大する様相を呈してから、動きは急速に慌ただしくなる。三月一三日には、篠田市長が館長となった。つまり、前日付で北川フラム館長を解任（更迭）したのである。

北川フラム氏は、現代美術により地域の活性化を進めることを提案し、実践に移してきた経験を持ち、特に新潟県の十日町市や津南町を舞台にした「大地の芸術祭 越後妻有アートトリエンナーレ」は、その最たる例としてその評価は高い(4)。篠田昭氏が新潟市長となって、二〇〇六年に再選されてまもなく、美術館長に北川フラム氏を迎えると発表。新潟市美術館館長とともに市の美術企画監に任命した。「まちづくりにおけるアート計画」の実績などを基にしていることを述べており、「大地の芸術祭」の実践などを評価したものと思われる。そのように市長により館長に抜擢された人物であり、館長の立場としても取り組んだのが「水と土の芸術祭」であった。しかし、皮肉にもその「水と土の芸術祭」出品作品が、事の発端となったわけである。

北川館長解任後、篠田市長が美術館長を兼任したのは、早急な人事が行い難いという事情があったものと予想するところであるが、北川フラム氏が市長の肝いりで採用されたという事からは妥当なものとも思われる。北川館長は、その後当事者としてヒアリングを受けることとなるのである。

その後、篠田市長は六月一〇日、副市長をリーダーとする「美術館改革・改善推進チーム」を発足させた。チーム員は施設管理や情報公開など各分野に精通した職員と美術館員で構成し、その後美術館の調査・点検の中で改善課題を抽出。『報告』で中間整理として目標管理、危機管理、施設管理、情報公開、コンプライアンス、組織人事、契約、執務環境、予算統制、補正予算関係、日常的な管理運営の改善の各項目について、さらに細項目を設けて種々提案している。

また、翌六月一一日には地域・魅力創造部政策監の高橋建造氏を新館長に任命し、管理運営体制の再構築に着手したのである。

(三)その後の新潟市美術館・その二—展覧会場の変更と開催—

新潟市美術館では、クモ問題発生当時、二〇一〇年四月から六月にかけて「奈良の古寺と仏像—會津八一のうたにのせて—」(以後、仏像展と略す)の開催を控えていた。展覧会の準備を進めていた新潟市としては、文化庁の許可が得られず、その結果、同美術館での開催を断念し、長岡市にある新潟県立近代美術館での開催にすることとした。新潟市主催事業でありながら、長岡市での開催という事態になったのである。

問題が拡大したのが三月であるのに、国宝・重要文化財なども出品される仏像展の会場変更が短期間に行われ、予定通りの期日の開催とすることができたのは、新潟県立近代美術館が公開承認施設だからである。

公開承認施設については、まず文化財保護法(昭和二五年五月三〇日法律第二一四号)第五三条第一項に次の条文が確認できる。

重要文化財の所有者及び管理団体以外の者がその主催する展覧会その他の催しにおいて重要文化財を公衆の観覧に供しようとするときは、文化庁長官の許可を受けなければならない。ただし、文化庁長官以外の国の機関若しくは地方公共団体があらかじめ文化庁長官の承認を受けた博物館その他の施設（以下この項において「公開承認施設」という。）において展覧会その他の催しを主催する場合又は公開承認施設の設置者が当該公開承認施設においてこれらを主催する場合は、この限りでない。

そしてさらに詳細規定として「重要文化財の所有者及び管理団体以外の者による公開に係る博物館その他の施設の承認に関する規程」（平成八年文化庁告示）が定められている。そこに規定される組織要件（組織の長や学芸員の定数等）、施設の設備要件、公開実績などを満たすことによって公開承認施設となることができる。それは文化財の公開活用の観点からによるもので、文化財の公開に適した施設として、あらかじめ文化庁長官の承認を受けた場合、公開後の届出で足りることとなっているのである。

二〇一〇年九月一日現在、全国で一一八の施設が公開承認施設となっており、新潟県内では、ともに長岡市にある新潟県立近代美術館と新潟県立歴史博物館の二館のみとなっている。そのため新潟市内には存在しないことから、新潟市内での予定通りの期日の開催は、極めて困難な状況にあった。そこを新潟県立近代美術館に変更するわけだが、同館もほぼ同時期に企画展を当初予定しており、その企画展を常設展示室での開催に変更。企画展示室を、今回の仏像展の会場とするなど、諸々の調整が必要となって、新潟市美術館とは別の意味で慌ただしく動かなければならないという事態となったのも確かである。

そして、四月二四日に仏像展は開幕した。会場を新潟市から長岡市に変更しつつも仏像展は開催されたわけで、結果、一三万人もの入場者を得た[5]。行列ができ相当な時間待ちを余儀なくされたのは、展覧会の魅力のみではなく、美術館のカビ・クモ問題でより周知されたという皮肉な結果でもあったと思われるのであるが、いずれにしても、展覧会そのものは六月六日に終了したのであった。

（四）その後の新潟市美術館・その三—委員会の結成と一時休館、『報告』作成—

委員会が結成されたことについては、前述したとおりである。二〇一〇年の内に七回の会議が開催されており、その経過状況はおよそ以下の通りである。(6)

第一回　四月二七日　美術館の運営状況等を説明
第二回　五月一三日　関係者ヒアリング（北川フラム元館長）
第三回　六月　二日　委員長から館長あてに三つの緊急提案・市役所においてすぐに改善すべき事項について討議
第四回　七月　六日　コレクション等作業部会報告・市役所による改善事項等の報告・関係者ヒアリング（元学芸員三名）
第五回　八月一一日　『報告』提出、これまでの委員会活動報告と新潟市への提言
第六回　九月一八日　「所蔵作品の生かし方」をテーマに、市民と館との協働について先進事例の紹介（神奈川県立近代美術館・福岡県立美術館）
第七回一二月二八日　事例紹介（鈴木勲氏）、新潟市の取組み事項についての報告（館長）と、委員長メモにより、今後の改革手法についての概要説明とその討議

以上のように、非常に念入りに検討がなされていることがわかる。

第三回委員会では、館長（篠田市長）に対し、①一時休館による総点検の実施、②コレクション全点の棚卸、③本庁と美術館の合同チームによる再生のための活動、の三つの緊急提案が行われた。③については、前述した「美術館改革・改善推進チーム」がこれに当たる。

一連の問題と①の提言を受けて、新潟市美術館は二〇一〇年六月七日から一時休館となった。収蔵資料の総点検と、施設の改修工事のためである。その後、活動再開として、七月二八日に館内の市民ギャラリーにおける展覧会

が開催され、また常設展示室は九月一日から公開を開始し、そして企画展示室では九月四日から「ベルギー王立図書館所蔵　ブリューゲル版画の世界」が開催された。

なお、②については上記委員会とは別に、コレクション等作業部会が結成され、四月二七日（美術館視察・職員ヒアリング）、五月一〇日、五月一三日（職員ヒアリング）、五月二五日（収蔵品台帳、借用手続関係書類等確認）、七月二日（収蔵品一覧内容確認等）、七月二〇日、七月二七日（作家・鈴木勲氏へのヒアリング）の作業経過が報告されている。

また、七月二一日から収蔵庫内の全所蔵作品と寄託・借用作品の現物確認などを行っている。その際には「所蔵作品管理・活用アドバイザー」として佐藤幸宏氏（北海道立近代美術館学芸第一課長）、林洋子氏（京都造形芸術大学准教授）、柳沢秀行氏（財団法人大原美術館学芸課長）が委嘱されている。

(五)『報告』が指摘したこと

委員会は、『報告』の中で今回の事故にまつわる課題を次の四つに絞った。

㈠展示の準備作業にあたって、作品からカビやクモが発生するという特殊なリスクを想定していたか
㈡展示室に作品を入れる際の清掃や点検をきちんと行っていたか
㈢発生の第一報に接したあとにとった措置は迅速かつ適切なものだったか
㈣事故発生後に美術館と市役所本庁は十分な連携体制をとっていたのか

これらについて、さらに以下のように指摘している。

㈠については、リスクの発生を織り込んだ上で「どこに、どういう形態で展示すべきか」という事前の検討が十分に行われていなかった。今回は館長も学芸担当スタッフも両作品にまつわるリスク発生の可能性を想定していなかった。

㈡については、カビ問題について本来は、生の土の湿気の残り具合と空調管理によるカビ発生の因果関係を予見すべきだった。また、クモ問題についてもリスクを予見すべきだった。しかし、そもそも㈠の段階でリスクを認識していなかったため、燻蒸や分解掃除といった対応を行わず、通常の作品の場合と同じ対応となった。

㈢については、監視員がカビやクモを発見・通報し、学芸担当スタッフが原因を除去する作業を行った。ここまでは問題はなかったが、館長、本庁、市長への報告が遅れた。また、問題が発生した時点で、「展示作品の撤去」の可能性を検討すべきだったが、館と本庁との間の連携がうまくいかなかった。

㈣については、カビやクモ発生後の対応において、館と本庁との間の緊急連絡体制が十分に機能していなかった。

そして「委員会による評価」として、次のように述べている。

「今回の事件は、こうした前向きの改革の過程で起こった。北川館長においては美術館における文化財保存機能への配慮が不足していた。また、市役所と美術館においては組織的に対応する能力が不足していた。もともと、新館長の投入や芸術祭による刺激だけで当館の経営改革が進むものではない。本来は、事前に当委員会のような評価体制を構築し、これまでの実績と蓄積を十分に評価した上で今後の改革に向けた課題を整理しておくべきだった。しかし、その作業が不十分だったと言わざるを得ない。ちなみに、館の施設管理に関する各種委託契約の見直しにより、委託料のコストダウンを図るなどの努力は行っている（二〇〇三年と二〇〇九年との比較で約一二％の経費削減）が、館の内容を充実させるような改革には繋がらなかった。美術館と市役所は、今回の事故の教訓を機に、一旦立ち止まり、長年にわたる管理不備の実態と、原因の究明を行った上で、次の改革に着手すべきである。」

（六）市民の動き

カビ・クモ問題を受けて新潟市が取った行動は『報告』等で明らかとなっているが、この問題に連動するように、市民の活動も活発となった。二〇〇九年八月、即ちカビ問題発生直後に「新潟市美術館を考える会」（会長・林紀一郎新潟市美術館初代館長）が、二〇一〇年四月、即ちクモ問題発生直後に「新潟市美術館を愛する市民の会」（代表・内田洵子氏）が結成されている。

「新潟市美術館を考える会」と「新潟市美術館を愛する市民の会」は、協働しながら市に対する各種要望書提出、署名活動などを行い、「新潟市美術館を考える会」においてはウェブサイトを開設して、情報発信を行っている。(7)この二団体は、結成時期を見てもわかるように、カビ・クモ問題を機に美術館の行く末を案じた市民によって結成されることとなったわけである。なお、もともと新潟市美術館には「新潟市美術館協力会」という美術館でのボランティア活動などを行う支援団体が、開館の一〇年後に結成され活動しているが、カビ・クモ問題は、新潟市美術館協力会とは別の団体を結成する契機となったのであった。そして、これら三団体と「新潟市美術館を利用している市民のグループ」は、二〇一〇年一〇月一三日の新潟市美術館二五周年の日に、新潟市美術館協力会一五周年も記念して「新潟市美術館を大いに語る会」を開催している。

＊

以上が、新潟市美術館において発生した展示環境問題と二〇一〇年内の経過、そして周辺の動きの一部である。前述したように、その後さらに様々な動きがあったのであるが、(8)この問題からどう考えていくべきか、以下、私見などを述べてみたい。

三　博物館・美術館の虫菌害対策

(一)　これまでの虫菌害対策

博物館法（昭和二六年一二月一日法律第二八五号）では、博物館を「歴史、芸術、民俗、産業、自然科学等に関する資料を収集し、保管（育成を含む。）し、展示して教育的配慮の下に一般公衆の利用に供し、その教養、調査研究、レクリエーション等に資するために必要な事業を行い、あわせてこれらの資料に関する調査研究をすることを目的とする機関」（第二条）と定義する。ここに、博物館（もちろん美術館も含む）は資料・作品を「守る」という責務を持つことが、法的に明らかとなっている。

なお、博物館法においては「登録博物館」と「博物館に相当する施設」（一般に「博物館相当施設」と呼称される）という二種の「博物館」が定められ、それ以外の博物館（のような施設）は法的には規定がないものの社会教育調査で呼称される「博物館類似施設」として把握される。平成二〇年度の社会教育調査によれば、対象となった五、七七五館のうち、登録博物館、博物館相当施設双方合わせて一、二四八館と二割強であり、法的に「博物館」とされる施設が非常に少ないことも問題とされることが多い。ちなみに新潟市美術館は博物館相当施設である。

では、そういった博物館の現状の中で、その資料・作品を「守る」ために、何がどう行われているかというと、収蔵設備の整備はもちろんであるが、展示室の環境保全等の対策も不可欠である。温湿度管理、虫菌害からの防除、耐震・免震・盗難対策などである。

中でも虫菌害対策について、日本には古来、風通し、目通し、曝涼、虫干しといった伝統的な資料保存法があり、近代以降の博物館での保存対策も、当初は同様の考え方があったが、その後、ガスによる燻蒸という対処療法的な対策が確立してきた。しかし、それも完全なものではなく、さまざまな取り組みが併行して行われている。そして、ＩＰＭという考え方が近年になって注目されることとなるのである。

（二）虫菌害対策の変容―燻蒸とＩＰＭ―

現在、博物館界ではＩＰＭが注目され、多くの博物館でその実践に取り組まれている。ＩＰＭとは、「総合的有害生物管理」のことで、Integrated Pest Management の略である。一九六五年、国連食糧農業機関（ＦＡＯ）において農業面での害虫防除の方法として提唱されたもので、総合防除とも言う。そして、害虫の発生や被害を受けてからの対処療法的な考え方はあまり多くはなかったが、臭化メチルと酸化エチレンの混合薬剤（殺虫殺黴剤）

による燻蒸法が確立してからは、定期的な燻蒸で対応するという、薬剤に頼る害虫対策が基本となった。しかし、二〇〇四年末で臭化メチルが全廃され、その影響で薬剤による対策の見直しが迫られたこともあって、文化財等資料に影響を及ぼす害虫からの被害を未然に「防ぐ」という、予防対策を重視する考え方が急速に普及し、注目されたのがこのＩＰＭである。

ＩＰＭでは、①被害歴の集積と整理、②施設の日常点検と清掃、③資料の日常点検、④資料管理体制の整備、⑤組織内での研修や専門家を含む外部との協力体制、という五つの事項をもとに全体計画を立てていくことが重要である。このうち②は建物の外周、外周と接する部分（建物内外両面）、外周と収蔵区画との緩衝区画（内部）など、各部位への配慮が必要である。また、⑤は職員全員の生物被害防止への意識がなければ達成できないものであり、研修や外部との協力体制など、あらゆるソフト向上の努力が求められるのである。

新潟市美術館でこのような対策がどこまでなされていたのか、それは不明な点が多いのであるが、厳しい対策はなかったのではないかと予想されるのである。

四　新潟市美術館問題からの教訓と派生する課題

展示環境はもちろん、資料や作品の保存環境を如何に正常に保つか。それを新潟市美術館が負の見本として考える機会を与えてくれたと言ってしまうと、綺麗事のように思われるかもしれない。少なくとも今後この問題をどう捉えるべきか、筆者なりに考えてみるが、まず今回教訓とせねばならないのは、新潟市美術館だけの問題ではない、ということであって、決して対岸の火事と思って見てはならないということである。

そこで、ここでは学芸員の資質と博物館・美術館の適正な学芸員数。それらについて、少し考えてみたい。つまり、学芸員には展示環境に敏感に反応できる資質を備える必要があると言うことと、展示環境に対する眼をもった学芸員、さらには館運営に関わる者の多くの眼で相互に確認しあうことの意味を考えたいのである。

（一）学芸員について―リスクへの対応の意識―

『報告』では、「今回の問題を機に老朽化に伴う外壁、扉、窓の隙間を埋める工事を行い、外気の混入を防ぐとともに展示室の気密性を高める処置を行うことになっている。館内の設備の改善も図るので、今回のような問題が再発するリスクは低いと考えられる。」とある。委員会を重ね、関係者へのヒアリングなどをもとに種々検討された結果であり、新潟市美術館においてはそのような方向に向かうことが期待されるかもしれないが、博物館・美術館の世界全体について考えると果たしてどうかという疑問は残る。

そもそも、学芸員にＩＰＭを認識し、カビや虫というリスクに対する心構えがあるかどうかが問題であり、その心構えが欠如した学芸員が配置されてしまえば、新潟市美術館と同じような問題が起きるのではないだろうか。施設の老朽化だけが原因であるなら、それを直せば今後も「土の一瞬」のような水分を含んだ素材を展示室に入れ、作品制作が行われてもいいということになってしまう。しかし、それは本来あり得ない話であろう。

新潟市美術館に関しては、『報告』において「今回の事件は「公の施設」の管理者という意味において館長に責任がある。また、庁舎管理を担う副館長以下の事務スタッフ、学芸担当のそれぞれにおいても、感度の鈍さや意思疎通の問題があった。」と、組織全体の意識の低さを突いている。逆に、そういった側面は今回の問題を機に、新潟市美術館においては改善されるものと期待される。しかし、それをもって他の博物館・美術館での保証はないと言わざるを得ないのである。

また、新潟市美術館で問題となった分野である「現代美術」は、その素材も多岐にわたり、固定したものに限らず、動的なものも多い。これまでの保存・展示環境のみでは対応しきれない面があることも確かと思う。しかし、広く展示の機会を与えるという理由で館内展示空間への搬入が許されるということであってはならず、保存・展示環境のあり方を十分考慮して一つひとつの事に当たらなければならないということも忘れてはならない。

そもそも新潟市美術館の委員会も、「「そんな変なものを神聖な美術館に持ち込むべきではない」という意見があるかもしれない。しかし、「通常は持ち込まないタイプの作品をあえて展示室に持ち込む」という常識破りの企画自体にこの展覧会の狙いがあった。また、関係者は、今回の展示が、当館を「開かれた美術館」に変えていく有効な手段のひとつだと考えていた。たまたま今回の事故が発生したからといってその意図や企画そのものを否定すべきではない。」と、チャレンジ精神については評価しながら、「普通の事務職員がみても作品がカビやクモを発生させるリスクがあると想定し得たのではないか。」と厳しく批判しているのである。

また、仮にそういったリスクを学芸員が提言したとしても、北川館長がトップダウンで作品採用を命令したことは十分予想される。『報告』では、「北川館長においては美術館における文化財保存機能への配慮が不足していた」と指摘している。配慮が不足しつつも、「水と土の芸術祭」開催を優先し、カビ発生などの危険性に目を向けなかったことが、今回の問題の根源の一つではないかと思われるのである。

(二) 日本の博物館の学芸員数

次に学芸員数に関して、果たして博物館、美術館に適正な学芸員数とは何かを考えてみたい。

最早古くなってしまった話であるが、一九七三年に「公立博物館の設置及び運営に関する基準」(以下、昭和四八年告示の基準であるという意味の「四八基準」と略す)が告示され、四八基準には、当初学芸員の望ましい数に関するいわゆる定数規定があった。即ち都道府県立または指定都市立の博物館には一七人、市町村立の博物館には六人という規定である。さらに、「教育活動及び資料に関する研究を担当する者」は八人(都道府県立・指定都市立)と三人(市町村立)、「一次資料の収集、保管、展示等を担当する者」は八人(都道府県立・指定都市立)、三人(市町村立)、そして「二次資料の収集、保管等を担当する者」は一人(都道府県立・指定都市立のみ)に配置が示されていた。しかしこの四八基準は、あくまで努力規定であり、義務規定ではない。したがって、それを満たしていた博物館は、実際の数値は不明ながら、そう多くはないものと思われる。

その四八基準も一九九八年、地方分権委員会の勧告を受けて、大幅に改訂され、当の定数規定は「博物館には、学芸員を置き、博物館の規模及び活動状況に応じて学芸員の数を増加するように努めるものとする。」（第一二条）と、具体的な数値が外されたのである。そのかわり「増加」という言葉にはなっている。

さらに、二〇〇三年には「公立博物館の設置及び運営上の望ましい基準」と、そして二〇一一年には「博物館の設置及び運営上の望ましい基準」と、告示の名称も内容も変わり、「博物館に、館長を置くとともに、基本的運営方針に基づき適切に必要な数の学芸員を置くものとする。」（第九条）と、いかにも曖昧な内容となっているのである。四八基準の定数規定が存在した頃は、新しく博物館を設置する際などに職員数の根拠とされるなど、ある一定の効果は発揮していたはずである。もっとも、一七人にしても六人にしても、適正と言えるかどうかの問題はあるのであるが、四八基準の数値の意義は今なお評価される場合があることも確かと思われる。

では実際に博物館の学芸員数がどうなっているか、平成二〇年度の社会教育調査で確認すると、各種施設の職員数があり、「博物館」には三、九九〇人の学芸員と六二四人の学芸員補が、「博物館類似施設」には二、七九六人の学芸員と三五一人の学芸員補が配置されていると報告されている。つまり、「博物館」には平均三・七人の学芸員または学芸員補が、「博物館類似施設」に至っては〇・七人の学芸員または学芸員補という非常に少ない実態となっているのである。四八基準の数値には遙かに届かない数となっている事実は見逃せないのではないだろうか。

そういった状況で学芸員は、収集・保管・調査研究・展示・普及啓発など、どれほどの仕事を抱えているだろうか。危機管理も大事であるが、それとともにやらなければならない展示などの他の業務に多くの時間が割かれる現状。保管・保存・施設の適切な維持管理が二の次になってしまうのは、職員の意識だけではどうしようもない現実があるのではないか。マンパワーなしにこれら全てを明快になし得るのか。崇高な理念だけでは、如何ともしがたいことがあることは認識しておかなければならないと思われるのである。

財政難から、人員削減が叫ばれる時代である。そのような時代に、入館者数で計られる博物館・美術館となってしまっては、全てバランスよく各種事業をこなすことは、困難になる恐れがある。つまるところ、博物館界全体の問題として考えなければならないこのような深い課題が突きつけられるのは、確かと考えるところである。

一体、このような危機的状況を迎えたのには、どこの誰に責任があるのだろうか。それは本稿の主題ではないので別の機会に譲るが、いずれにしても、組織としての理想がどうあるべきかについても、改めて考える必要を新潟市美術館は示したと考えるところである。

（三）博物館組織のあり方について

以上を踏まえ、学芸員の資質やその数を意識しつつ、組織の問題を考えてみたい。

筆者は、新潟市美術館の問題からは、学芸員が配置されればそれで良し、とはいかないことを示したことになると考えている。さらにその後、二〇一〇年七月には熊本市現代美術館において、借用した絵金屏風作品を通常使用しない薬剤で燻蒸したが為に変色するという事件が発生したことで、その思いはさらに強くなった。熊本の件の具体的な内容（経過）はここでは省略するが、その一件は、学芸員に薬剤に関する知識が無かったということと、使用薬剤とその影響の確認を怠ったという二重の問題がある。残念ながら、さまざまなリスクに敏感に反応し、適切な対応を判断する能力に欠けていたと言わざるを得ない。また、そういった一連の事件は、展示や保存、燻蒸を担当した者にのみ責任があるのではなく、組織としての責任が問われるはずであり、そのとおり、新潟市美術館では北川館長解任ということになった。つまり、組織としての保存に対する意識のあり方が、問われるべき事が明らかとなったのである。

しかし、博物館学の世界において、学芸員の配置で良くなっていくという考え方があるのも確かである。例えば、道の駅に設置される博物館を取り上げて学芸員未配置の状況改善を説く中で、「野晒しの展示案内板の整備などは改善されなければならない。それは学芸員が一人いるだけで改善されるものであり」と、学芸員が、それも「一人」いれば改善されると述べている博物館学の研究者がいる。(9) しかし、それはあまりにも短絡的な発想であり、果たしてその程度で博物館の環境改善が図れるとはとても思えない。

現在の日本の博物館の現状から言うと、学芸員の数は極めて少なく、博物館の規模にあった適正の人数が担保されない場合が多いと言わざるを得ないのは前述した通りである。それにもかかわらず、業務は多岐にわたるのであって、つまり管理部門も含めて組織全体が整備されることで、環境改善が図られることが期待されることも多々あることに気付かなければならない。野晒しの案内板の整備などは本来管理部門との連携によってなし得ることであるのであって、決して学芸員一人にその責任を求めてはならないのである。

筆者の勤務する新潟県立歴史博物館を例に言うと、臭化メチルの全廃を機に、ＩＰＭの意識を高めるべく、保存担当（専任ではなく、他業務との兼任）が毎年度当初に学芸員はもちろん、管理部門や館内で業務を行う委託業者に対してもＩＰＭ研修を行う。そして、館内で発見される虫は、館内にいる全ての職員が捕獲・報告の義務を持ち、つまり学芸員の努力だけで館の環境保持を目指しているのではなく、館運営に関わる全ての人間にその義務を課しているのである。それでも害虫の侵入を一〇〇％カットすることなど不可能なことで、しかし、相当の効果は発揮されているはずである。

先の研究者が説くように、「学芸員配置＝環境改善」が果たされるなら何も問題は起こらないわけであるが、新潟市美術館では学芸員が配置されていても起こってしまったのである。果たしてその責任はどこにあるのか。もしも、今回これだけ大問題として一般世間にも知れ渡ることがなかったらどうなったのか。それを考える必要があるのではないだろうか。

五　今後の学芸員養成、そしてミュージアム・リテラシー醸成へ

しかし、今後ある意味幸いと言えるのは、大学における学芸員資格取得のためのカリキュラムが平成二四年度か

ら改訂されたことである。
これまでは学芸員資格取得のために必要な博物館に関する課目として、「博物館概論」「博物館資料論」「博物館経営論」「博物館情報論」があった。[10] それが、大きく変わり、「博物館概論」「博物館資料論」「博物館展示論」「博物館教育論」「博物館経営論」「博物館情報論」などに細分化され、単位数も増加することとなっており、さらに加えて「博物館資料保存論」という課目が設定されている。これまで「博物館資料論」の一部に組み込まれていた資料の保存問題が、単独で講義されることになるわけである。もちろん、それによって大きく改善されるのかどうか、それはまだわからないと言わざるを得ない。しかし、資料の保存管理に関する学芸員の育成がこれまでよりも強化されることは確かである。

少なくとも、その効果から今回の新潟市美術館のような問題が二度と起こらないことを期待するほかない。もっとも、同じような問題が発生したならば「博物館資料保存論」の効果がなかったことの証明にはなっても、起こっていないからと言って、一〇〇%の効果となって現れているのかは、必ずしも証明できないのである。したがって、学芸員養成のみに期待するのではなく、博物館に関わる全ての人間が、等しく資料の保存、環境管理について真剣に取り組んでいくことの必要性を、ことあるごとに提言していくことが必要なのである。さらには、ミュージアム・リテラシーを醸成し、あらゆる人が保存環境について考えることができるようになることこそ、最も理想的な姿と言えるのであろう。

註

（1）新潟市美術館は「みる・つくる・語る」の三つをモットーに、一九八五年一〇月に開館。既に二五年が経過している。前川國男の設計で、鉄筋コンクリート二階建て、延べ床面積五、四七一平方メートル。常設展示室・企画展示室・市民ギャラリー・実習室・講堂・図書室・エントランスホール・ロビー・喫茶室・野外彫刻展示兼くつろぎの場山の庭・海の庭により構成される（日本博物館協会編『全国博物館総覧』より）。

（2）博物館をとりまくリスクについては、文部科学省の「地域と共に歩む博物館育成事業」で平成一九～二一年度の三ヶ年にわたって行われた「博物館におけるる施設管理・リスクマネージメントに関する調査研究」で把握され、その報告書『博物館における施設管理・リスクマネージメントガイドブック』基礎編（二〇〇八年、発行・文部科学省 生涯学習政策局・株式会社 三菱総合研究所）で詳説されている。その中では、博物館をとりまくリスクについて、下の表の通り分類・整理されている。

（3）「バルサン」は「くん煙剤」のことで、ライオン株式会社の登録商標。

（4）平成二二年度「地域づくり表彰」国土交通大臣賞や、第三回日本展示学会賞学会作品賞（対象は二〇〇六年開催分）などを受賞している。

（5）正確には一二二〇、五二三三人。『美術の窓』

表1　博物館をとりまくリスク

自然災害	地震
	風水害
	火山
	雪害
故障	火災
	停電
	設備損壊
事故・違法行為	不審者・来館者騒動・暴漢者・破壊行為（バンダリズム）
	爆破予告・爆弾騒動・不審危険物
	放火
	テロ
	個人情報漏洩
	盗難
	燻蒸時の中毒
	ヒューマンエラー
	職員不祥事（セクハラ、パワハラ、飲酒運転）
地理的災害	光化学スモッグ
	周辺施設の事故（放射性物質拡散、危険物漏洩等）
その他	感染症
	アスベスト
	風評被害
	食中毒
	光・環境変化等による展示収蔵資料の劣化
	生物被害（カビ、虫、微生物、小動物）

二〇一一年二月号によると、「二〇一〇年展覧会入場者数ランキング」で全国の展覧会の中で第四〇位となっている。入館者数、入場者数というのは世の人々の興味を引くものであることを否定はしないが、このようなランキングの存在も、入場者数至上主義を助長してしまってはいないかと考えるところである。

(6)『報告』提出以降の会議の内容は、新潟市の公表資料（新潟市美術館ウェブサイト）による。

(7) http://rencam.info/wp/（二〇一一年二月現在）

(8) その後、館長が公募され、東京都庭園美術館副館長や青森県立美術館美術統括監などを歴任した塩田純一氏が任命された。

(9)『野外博物館の研究』雄山閣、二〇〇九、二三六頁

また、「賽銭箱のように小銭が投げ込まれている模型展示など、展示物に対してのいたずらも見受けられ、これなどは学芸員を置くことで質の向上も図れていくのである。」とするが（二三〇頁）、そもそも金銭を〝いたずら〟で投げ込むということはあまり考えにくいのではないだろうか。信心など当事者にとって必要な何らかの理由をもって投げ入れているのであり、その者（施設の利用者）には意味あることと考える。したがってそれを〝いたずら〟と断定してしまう前に、博物館の理解の向上、またはミュージアム・リテラシー醸成を考えることが肝要ではないかと思う次第である。

(10) 正しくは平成九年度以降。それ以前は「博物館学」という科目名で括られていた。

第二章　変わりゆく博物館

学芸員から見た博物館の現状
―川崎市市民ミュージアムを事例として―

望月一樹

はじめに

あの東日本大震災から一年が経った平成二四（二〇一二）年三月二三日、釜石市を訪れた。釜石市では、開館間もない釜石市戦災資料館が津波によって壊滅的な被害を受けていた。また港に面した街は建物が流され、いまだ手もつけられずにあたかもつい昨日津波に襲われたような被災建物もあった。ニュース映像でみる被災地とはまた違う衝撃的な惨状を眼前にし、あらためて自然の驚異を肌で感じとることができた。

実は震災後、何度となく被災地を訪れ自分の目でその状況を見て、また何か自分でもできることはないか、と考えてきた。しかしいざ行動となると、どこか自分の中の気持ちの整理もつかず、なかなか実行に移せないままでいた。そんな気持ちを後押ししたのが、二・三月に東京都立中央図書館で開催された「震災からよみがえった東北の文化財展」の展示である。奇しくも観覧した日は三月一一日であったが、震災後における文化財レスキューの活動を伝えるこの展示は非常にメッセージ性が強く、岩手県三陸沿岸地域の博物館の被災状況がよく伝えられていた。さらに関連事業として、岩手県遠野市で「文化財レスキューフォーラムin遠野」が開催されることを知り、是非参加したいと思い震災後の東北に初めて訪れたのである。遠野市図書館の視聴覚ホールで開催されたこのフォーラムには、岩手県内はもちろん関東からも参加者があり、定員一杯になるほどの盛況であった。フォーラムでは文化財レスキューに関する岩手県立博物館の学芸員による事例報告の後、「被災地に聞く現状と資料保全・復興への課題」と題したシンポジウムが、陸前高田市・大船渡市・釜石市・山田町・宮古市に所在する各博物館の学芸員や文化財担当の職員をパネリストとして進行された。そこではそれぞれの職員によるまさに現状報告がなされ、さらにその後全体による討論が行われた。そしてこの報告や討論を通して、私たちは被災地における学芸員らの切実なる生の声が聞くことができ、同じように博物館に勤務する学芸員として大きな衝撃を受けたのである。特に震災後の情報不足―たとえば被災した博物館学芸員が文化庁のレスキュー活動を知ったのが五月の連休明けであったということ―、また震災から一年経った現在ではマンパワーも次第に不足しはじめていること、さらにせっかくレスキューされながらも環境の整った収蔵施設が確保できないでいることなど、被災地の外では窺い知れない現地の状況を知ることができ、大変参考になるとともに勉強になった。

未曾有の被害をもたらした東日本大震災では、多くの博物館資料が流失、損壊している。さらに被災した博物館ではその機能の復興までには、人的にも予算的にも、またさまざまな諸問題からまだまだ時間がかかると思う。しかし私たちとしては、これからもなお一層東北における博物館の動向に目を向け、自分に何ができるのか、そしてこの東日本大震災における経験をいかに活かすべきか、真摯に考えていかなければならないだろう。

さてその一方で、このような東北での未曾有の自然災害による博物館の危機とは一緒に論じることはできないが、全国の多くの博物館ではいろいろな危機にいま直面している。バブル経済崩壊後、日本の景気が冷え込む中で「博物館は冬の時代」と称されるように非常に厳しい状況に陥った、ということはよく言われているところである。実際、予算や人員の削減、なかには資料収集費がゼロという館もあると聞く。一九八〇年代以降、市民に対する文化的な還元の名のもとに、全国の自治体は競って博物館建設を計画し、まさに日本全国に林立するように博物館が建設された。しかしそれがひとたび景気の悪化とともに「ハコモノ行政」と批判され、中には閉館や休館に追い込まれた博物館もある。一体何が博物館という現場で起きているのか、そこで本稿では筆者の勤務先でもある川崎市市民ミュージアムを一つの事例として、その現状をあくまでも現場の学芸員という立場から報告したいと思う。

一　川崎市市民ミュージアムの危機

川崎市市民ミュージアム（以下、ミュージアムと略す）は、昭和六三（一九八八）年一一月に市内中原区に所在する等々力緑地の一画にオープンした。建設計画は市制六〇周年記念事業として、教育委員会内において博物館構想が、また一方で企画調整局（当時）においては美術館・現代映像文化センターが計画された。この本来別々の構想が、昭和五八年に市の行政内部において一本化され、当時としても珍しい地域博物館とグラフィックや漫画、写真、映像を主とした美術館との複合文化施設として、建築や展示の基本・実施設計が作られたのである。そして当時の好景気を象徴するかのように、地下一階地上三階の延べ床面積約二〇、〇〇〇平方メートルという大規模な施設として開館した。そしてその運営は、川崎市の一〇〇％出資によって設立された「財団法人川崎市市民ミュージアム」が行った。その職員構成は、正規職員二四名でうち市の派遣職員が一四名、財団設立に伴い採用された財団プロパーが一〇名であった。この財団プロパーは、すべて学芸業務を行う学芸員として採用された。現在も人的な入れ替わりはあったものの、学芸室には九名の財団プロパーが勤務している。

さて開館当初は年間入館者数約三〇万人を数え、順調なスタートを切ったが、バブル経済がはじけ平成の大不況といわれる時代に入ると、これは川崎に限らず全国の博物館・美術館も同様であるが次第に入館者数が減少に転じ、右肩下がりの傾向を見せるようになった。開館後一〇年間はそれでも平均入館者数一五万人程度を保ってきたが、平成一二年には一〇万人を割り込む数値となった。さらに三年後の同一五年一月には、突如として地域のタウン情報誌に「民間企業ならとっくに倒産」「大赤字に泣く市民ミュージアム」といった見出しが躍る記事が掲載されたのである。この情報の発信源は不明確であるが、現場に一つの取材もなく掲載された記事に、現場の誰もが非常な憤りを感じた。そしてこの年に開催予定であった展覧会の予算がゼロ査定となり、ここにいたって厳しい危機に直面したわけである。

これに対し学芸員を中心に自己改革を推進したものの、さらに包括外部監査によって「民間企業であるならば倒産という状態。放置しておいても改善どころか悪化を招く。再生委員会を設置し検討を行うべき」といった、先のタウン情報誌の見出しと同じようなフレーズの指摘がなされる。以後、有識者・市民・行政から構成される改善委員会が設置され、教育委員会によって作成された改革基本計画のもとに、同一八年以降ミュージアム改革が行政主導のもと進むことになった。その動向についてはすでに拙稿(1)で紹介したところではあるが、一方で当館が危機に陥っていたのと同時期に、全国の博物館や美術館では地方自治法の一部改正に伴う指定管理者制度の導入が大きな問題となっていた。そのような中でミュージアムはある意味で独自の方向性へと動いたことから、前稿とは重複する部分もあるが、ミュージアム改革の概略をあらためて本稿でも述べ、さらに前稿以後の動向について報告したいと思う。

最初に平成一五年に、自己改革を推進する上で作成した『川崎市市民ミュージアム改革実施プラン』および『ミュージアム・マニフェスト』について紹介したいと思う。その作成のプロセスは、入館者数が減少している現状の把握・問題点の洗い直しの上に課題解決への議論を重ね、個々の学芸員がその解決策の具体案ともいえる個人レベルでのマニフェストを最初に作成した。それを集約し、事務職員を含めさらなる検討を加えてできたのが、このプランとマニフェストである。そこでキーワードとしたのが「市民の誇りとなる」運営で、その活動コンセプトとして「市民のために」「市民とともに」「人にやさしい」の三つを掲げた。すでにこの時のマニフェストも目標達成年度は過ぎて色褪せてしまったかもしれないが、個人的には今も日ごろの活動の中でその精神を意識しているつもりである。さてこのマニフェスト作成で大きな課題とされたのが、いわゆる数値目標である。本来博物館活動において数値目標は馴染むものではないと考えるが、やはり費用対効果という行政的な観点から、このマニフェストの内容を行政に説明する上ではずすことのできない項目であった。同一四年度の総入館者数の実績が八三、一四五人であったことから、二年後には一〇万人、そして四年後の一八年度には当時の川崎市の人口の一割にあたる一三万人を目標数値として掲げた。結果、一七年度には一六万人を超える入館者数を数え、目標数値を大きく上回る成果をあげることができた。しかし現実は決して簡単なことではなく、入館者数増を図るためにさまざまな事業展開を行った。また集客という面で平日よりは土・日曜や祝日といった博物館に足を運びやすい日により多くの事業を開催し、何とかその目標数値を上回ることができたのである。さらにこれを限られた予算と人員で行うわけであるから、個々の学芸員の業務量の増加はもちろんのこと、時には休日返上の勤務をすることで得た結果であった、ということも是非知っていただければと思う。ちなみに一七年度の事業について、表1としてまとめたので参照いただきたい。

そこでこの間、新規に始めた事業の一つをここで紹介しておくこととする。それは表にもあるが「マンスリー展示」と称しているもので、常設展示の一部に毎月テーマを変えながら収蔵資料の紹介をするミニ展示コーナーを設けたことである。一五年度にはじめたもので、現在も継続して開催し、すでに一〇〇回を超えている。博物館の常設展示は、一九八〇年代後半から九〇年代にかけて開館した多くの博物館がそうであるように固定的な展示となっており、一部資料の入れ替えは出来ても見た目で大きく変化したような展示ができない設えになっている。そのため一度見ればいい、というように常設展示だけではリピーターを呼ぶことは非常に難しい。そのため各館ではいろいろと展覧会を開催し、集客に結びつけようとしているのである。その中で何とか常設展示に変化を与え、また一方で収蔵する膨大な資料を公開する機会がなかなか得られないことから、その打開策の一つとして考え出したのがこのマンスリー展示である。一回の展示資料数は平均して約一〇点と少ないが、周年記念や季節にあわせたテーマ、夏休みには子ども向けの展示といったような活動を行っている。一年一二回分のテーマを考え、また展示替していくことは結構アイディアと労力を必要とするが、先のマニフェストのコンセプトを意識しながら、今後もできれば続けていきたいと考えている。なおこのマンスリー展示の実践報告については、別稿(2)でも紹介しているのであわせて読んでいただければと思う。

表1　平成17年度事業（展示・普及）一覧

企画展		1	時代を切り開くまなざし—木村伊兵衛写真賞の30年—
		2	ロシア民族学博物館アイヌ資料展—ロシアが見た島国の人々—
		3	川崎・砂子の里資料館所蔵　浮世絵名品展
		4	大　OH！　水木しげる展
		5	メイド・イン・カワサキ展　第1部「川崎モノづくり物語」
		6	メイド・イン・カワサキ展　第2部「都市・川崎を創造する—メイド・イン・カワサキ現代美術賞展—」
		7	Let's Go！　川崎フロンターレ展
常設展示	アートギャラリー	1	つたえる美術—ポスター、写真、マンガのはじめて物語—
		2	川崎の美術—川崎を描く／川崎で描く—
		3	スイス・コミック・アート展
		4	毎日国際マンガグランプリ2005受賞作品展
		5	読売国際漫画大賞受賞作品展
		6	WRITING line & LIGHTING line：筆跡と光跡
	博物館展示室（マンスリー展示）	1	あれから60年　川崎大空襲
		2	新収蔵資料—新たな資料が仲間入り—
		3	庚申さま
		4	土器に記された文字
		5	エド時代のエゾ
		6	台風襲来!!　多摩川氾濫
		7	川崎の古文書Ⅱ「下平間村　成川家文書」
		8	紅葉、もみじ…
		9	将軍様のお通りだ～！
		10	川崎の古文書Ⅲ「上麻生村　鈴木家文書」
		11	お雛さま
	（特別資料室）	1	あかりの情景展
		2	資料が語る川崎の歴史展
		3	新収蔵考古資料展
	映像ホール		年間35企画、277作品を上映
普及事業		1	「いま子どもたちに伝える　川崎大空襲」
		2	親子歴史散策「用水を歩こう」
		3	歴史散歩「池上新田を歩く」
		4	春のバスツアー「房総風土記の丘・加曽利貝塚をめぐる」
		5	秋のバスツアー「山梨県立博物館・大善寺をめぐる」
		6	日本画一日講座
		7	日本画講座
		8	こども日本画講座
		9	デッサン入門
		10	親子絵画教室
		11	写真家・田村彰英　暗室講座
		12	映画上映ワークショップ
		13	INSTRUMENNTALIZE　#4・#5
		14	夏休みこどもミュージアム　4講座
		15	たいけんミュージアム「錦絵で遊ぼう」など9講座

さてこのような活動を行っている一方で、先に述べたように平成一六年二月に行われた包括外部監査―この時は川崎市教育委員会および教育委員会が所管する出資法人に対し実施された―において厳しい指摘がなされた。特に費用対効果の面で、入館者一人当たりのコストを、市内の他施設や同じ政令指定都市の博物館や美術館と比較され、そのコスト高を指摘されている。しかし館の規模や立地、入館者数のカウント方法などで他館とは相違があることから一概にその指摘が正しいとはいえないのだが、これが全国紙の記事となりミュージアムの動向が一躍注目されることとなった。そしてこの監査結果を受け、川崎市では有識者・公募市民・教育委員会・財政局・総合企画局から構成された改善委員会を設置することとなったのである。この改善委員会は四回にわたり開催され、一六年一一月には早くも検討結果報告書として『川崎市市民ミュージアムのあり方について』がまとめられた。そしてこの報告書では、ミュージアムの改革・改善の課題として、以下の二点を示している。まず一点は行政が取り組むべき経営改革、そして二点目が現場レベルで取り組むべき改善課題についてである。最初の経営改革であるが、改善委員会ではここに至った要因は設置当初の経営判断ミスと、その後の経営体制の不備であることを指摘し、ミュージアムを（A）アートミュージアム機能、（B）地域博物館機能、（C）市民開放型施設機能に分解し、その役割と目的を明確化することである、としている。次に改善課題であるが、多分野による事業の統一性の欠如、市民参加が図られていない、館内の部屋の利用や稼働率の低さなどが指摘され、その改善が求められた。そして報告書の最後では、市長直轄型の運営管理チームを発足し、経営改革の具体案、業務改善案、第三者評議機関の設置、展示などのリニューアルの議論および検討を進めることが提言された。この改善委員会での提言は、もちろん現場サイドとしても厳しい内容であるが、その一方でそれまでどちらかというとミュージアム問題は現場が何も努力をせずに来た結果であるかのように指摘を受けてきたが、ここでは単に現場だけではなく行政のガバナンスやマネジメントにも大きな問題があったことが指摘された点で、個人的には評価できるものと考えている。

以上の改善委員会の報告を受け、一七年一月に川崎市では教育委員会・総合企画局・市民ミュージアム（管理職＋学芸員）から構成される「川崎市市民ミュージアム改革プロジェクトチーム」が組織される。そして一〇ヶ月後の同年一一月、『川崎市市民ミュージアム改革基本計画』がまとめられた。この基本計画では、①基本テーマ・コンセプトの妥当性、②研究・展示のあり方、③脆弱な経営・運営体制の強化、④大規模施設の利活用、⑤他機関との連携方策、といった五つの基本方針が示された。またこの五つの基本方針に基づいた、具体的な対応策の内容も記されている。さらにこの改革基本計画に基づいて、ミュージアムの活動をピラミッド型の三層構造で示した図も作られた（図1）。この図では底辺である第一層を「市民参加型の幅広い活動」とし、地域や学校との連携、またボランティアの組織化など、市民に支持される運営の実現化を図るとする。一方最上部の第三層は、「川崎を全国に発信し、市民にアピールできる活動」として、メディア芸術としての漫画やアニメ、また川崎ならではの産業関連展示などで発信していくとしている。そしてこの第一層と三層の基盤として、第二層は「美術館・博物館としての基本的役割と活動」とし収集・展示・保存・調査研究という本来の役割を位置づけている。なかでも特に第三層は、新たに打ち出されたミュージアムの方向性であり、現場の学芸員としては全く議論をされていない新機軸に大いに困惑をしたが、この基本的な考え方は七年経った現在も川崎市としては変わっていない。

ところでこの『川崎市市民ミュージアム改革基本計画』の中には、当然ながら数値目標も示されている。それによれば改革達成時（二一年度）には、年間入館者数三〇万人、収支比率（総歳入／総歳出×一〇〇）八％という数字が記されている。入館者数だけをみれば、先に学芸員を中心に作ったマニフェストの二倍以上の数値となっている。実はこの改革基本計画書がまとまった一七年の四月に、管理運営を委託されてきた財団法人川崎市博物館振興財団（開館時から財団法人川崎市市民ミュージアムが管理運営して

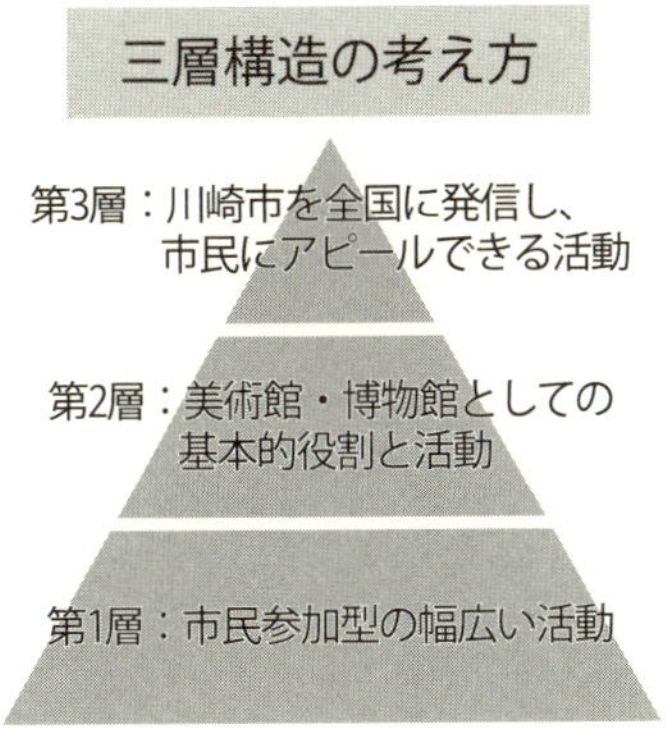

図1　ミュージアムの活動

きたが、平成五年に市内の日本民家園・青少年科学館などが財団の管理運営となり、同一一年に博物館振興財団と改称された）が、同じ教育委員会が所管する財団法人川崎市生涯学習事業財団に統廃合され、新たに財団法人川崎市生涯学習財団が組織された。これにより今までミュージアムの管理運営を主体としてきた財団が消滅し、新しい財団の一組織に組み入れられることになったのである。さらに期を同じくして、これまで川崎市から財団に派遣されてきた一三名の市職員のうち、主な管理職を除く八名が運営の効率化のもとに市へ引きあげられてしまった。特に考古・歴史・民俗の三セクションは、開館以来市職員と財団職員の二人体制で業務をこなしてきたが、今後は一人体制となってしまったのである。これに対し現場からは、当然この引きあげによる欠員分を財団で補充すべく交渉したが、最終的にはその欠員分として五年の期限付き非常勤職員が補充されたのみであった。非常勤職員は週二九時間勤務、また基本的に時間外勤務はないことから、実質上の定数減に現場としては今後の事業展開の上で大いに戸惑った。そしてそのわずか半年後に出されたこの改革基本計画の数値目標は、全く現場の実情を無視したものであったといえるだろう。

さてこの改革基本計画に基づき、一八年度の体制も明らかになった。そこで提示された新体制は、次の二項目である。まず一点は、「脆弱な経営・運営体制の強化」の対応策として、館長を公募することである。市民ミュージアム館長は開館当初から市職員のＯＢが就いていたが、五代・六代館長は学術経験者として現職の大学教授が非常勤で就いた。しかし六代館長であった加藤有次氏が現職で逝去されて以降は、しばらくの間館長不在の状態が続いていたのである。そこへ今回の基本計画に基づき、より経営的側面が重視され、広く民間から公募することとなったのである。結果、某百貨店のギャラリーの館長を務めたという経歴を持つ人が選考され、一八年度から三年の期限付きで新館長として迎えられた（ただし満期時に二年間の延長となり、最終的に二一年度まで五年間館長職にあった）。そしてもう一点が、管理運営の直営化である。前述のように開館当初から川崎市の出資法人である財団が管理運営を委託されてきたが、当時の指定管理者制度の導入か否かの選択において、川崎市は直営化の道を選んだ。これについて教育委員会は、①継続性の確保、②効率的な博物館運営の推進、③市民・学校および地域との連携、④改革途上であることから当面直営とする、といった説明をしている。しかし一方で、博物館活動で重要な学芸業務については、これまで委託してきた財団に従前通り業務委託するといった、非常に複雑な運営形態を取ることになった。すなわち業務を受託した財団が、市の直営する施設の一部（学芸室など）に財団プロパーの学芸員を派遣し、その業務を行うことになったのである。これは直営でありながら、収集・展示・保存などの基幹業務を受託者が行うといった、全国的にも稀な運営形態といえるだろう―例えば管理運営面を指定管理とし、学芸業務は直営とする例は他にみられるが―。

かつて財団が管理運営を委託されていた時代も、財団内部の職員構成は市からの派遣職員と財団プロパーという身分的な二重構造があった。だが今回の新体制は、現場の学芸員サイドからみると館自体の業務運営が組織的に二重構造となったことを意味し―管理運営者側からみるとあくまでも直営であり、一部業務委託をしているだけで二重構造ではないという見方をするかも知れないが―、この二重構造は現在も潜在的に存在する大きな問題になっているといえるだろう。そこで次に公募によって選ばれた館長のもとで、どのようなミュージアム改革が推進されたのか、その五年間の動向を振り返ってみたいと思う。

二　ミュージアム改革のスタート

平成一八年五月に就任した新館長のもと、現場とのヒアリングを経た上で、一〇月にはその詳細な改革指針が示された。もちろんその内容は先の改革基本計画に従ったもので、一九年度にその具体策を実現させ、二一年度までに一定の成果を出し、それを踏まえてその後の管理運営方法を検討するというものであった。その具体的項目を挙げると、①市民の学びと遊び―普及事業の充実と学校との連携、②市民の発表―市民ギャラリーの開設とその活動のバックアップ、③市民の利用―施設の開放、④市民による運営―ボランティアの組織化など、⑤市民からの提案

—展示などの提案に対する検討、の以上五項目から構成されている。この中で②と③は施設の一部貸出を行うもので、これについては新館長が就任する以前に定められていた実施事項であった。そして一八年一〇月には研修室や会議室、映像ホールなどの一部施設の有料貸出が開始され、一九年度には施設改修に伴い新設された企画展示室2や美術館の常設展示スペースであるアートギャラリーなども貸出の対象となった。この貸し館業務を開始した背景には、市民への施設開放という狙いもあるが、その一方で解放することで利用者を増加させ、入館者数の数値目標を達成するための一手段にするということもあった。しかし残念ながら当時においてこの貸し館業務は見切り発車的な感を拭えず、市民への告知が行き渡っていないことや、常に問題とされている交通のアクセスの悪さ—最寄り駅である「武蔵小杉」駅からバスで約一〇分—がネックになったのか、思った以上に利用率は上がらなかった。特に川崎市では、市内七区にある市民館に貸しギャラリーがあり、また同様に川崎駅にはアートガーデン、新百合ヶ丘にはアートセンターといった類似施設がアクセスの良い場所にあることも、この利用率の低さの大きな要因になっていったものと思われる。さらに当初から、学芸サイドで要請をしていた貸し館に関する詳細な要綱も作られることはなかった。通常であれば必ず作られている貸出の範囲や注意事項、搬入経路や備品などの利用などに関する詳細なマニュアルが作られず、見ている限りその場対応であったようにも見えた。職員の立ち会いもなく貸出先の人間が自由にバックヤードで搬出入を行ったり、本来は外部と遮断するシャッターが解放されたままであったりするなど、貸し出す館側の対応—総務室の施設担当職員が担当—が時として全くみられなかったこともある。また展示・撤去は借りた側の責任ということで、搬出の際に台車を探したり、運び出しのルートがわからなかったり、担当職員が不在なために右往左往する団体もあった。見かねた学芸員が台車を手配したりするなどしたが、行き届いた対応といえない状況が続いていた。それが直接的原因ではないとしても、たとえばミュージアムギャラリーは小・中学校の作品展などで利用されるのみで、市民団体の利用は次第に皆無となっていった。

一方新館長が積極的に進めたものに、まず主要課題について学芸員を含めたワーキングチームを編成して検討に入ったこと、次に館内の組織変更、そして最後に評価制度の導入があった。最初のワーキングチームであるが、その内容は①ボランティアの導入、②サイン計画、③ホームページの改善、④体験型ミュージアム、⑤貸し館業務であった。②については館内外で一部改修、新設されたが、③と④とともに残念ながら大きな成果が出ないまま中断してしまった感がある。また⑤については、前述したとおりである。その中で①については、館内の組織変更とも関連するが教育普及担当が新設されたことで、ボランティア窓口が内部で一本化され一つの成果を生んだ。最初にコーディネーターを市民の方にお願いし、その後順調に組織化が図られ、現在もその活動は盛んに行われている（当館のボランティア活動については、ボランティアの活動ブログが当館ホームページにリンクされ公開しているのでご覧いただきたい）。次に組織変更であるが、一九年度に企画広報担当（二二年度まで市＋財団の職員で構成）を設置、また学芸室は考古・歴史・民俗・グラフィック・漫画・写真・映画・ビデオ・美術文芸の九つの部門に分かれていたものを、博物館部門（考古・歴史・民俗）と美術館部門（グラフィック・漫画・写真・映画・ビデオ・美術文芸）の二つに統合された（以下、本稿においては便宜上「博物館」「美術館」という言葉でそれぞれの部門を表記した）。さらに二一年度には教育普及担当（二二年度まで市＋財団の職員で構成）が置かれ、ミュージアムの組織は館長のもとに、総務（庶務・経理）担当・施設管理担当・企画広報担当・教育普及担当となり、別に学芸業務を委託されている財団が学芸室に学芸員を配置しているという、この組織で基本現在に至っている。そして最後の評価制度については、二〇年度から導入された。その導入の目的は、事業・活動の実績に対する成果・課題を自己点検するとともに外部からの客観的な評価を受けることで、仕事の質の向上を図り、またその評価を公開することでミュージアムに対する市民の理解を得るというものであった。そこで年度当初に事業・活動を設定し、年度途中で進捗状況を点検、年度末に自己点検（内部評価）し、評価委員による外部評価を受けるという流れで評価制度が行われた。例えば制度を始めた二〇年度は、「市民ミュージアムがめざす姿」として①市民に親しまれる川崎発の市民文化の伝承と創造の発信拠点としてのミュージアム、②市民ミュージアムの持つ強みや川崎の持つポテンシャルを活かし全国に発信できるミュージアム、③市民ミュージアムの効果的・効率的な運営に努めるとともに地域の活性化に貢献できる拠点としてのミュージアムの三点を掲げている。そしてこのめざす姿を実現させる第一ステップの目標として、まず活動目標では「独自性の確立」「地域に根ざした存在」「賑わいと活気」を、また運営目標として「資産の有効活用」「運営の健全性の保持と効率化」「人にやさしい環境づくり」を掲げ、それぞれ具体的な施策についてＡＢＣの三段階で評価が行われた。なお二〇年度から二二年度の三年間の評価結果については、当館のホームページで公開されているので、具体的な内容についてはそちらを参照してもらえればと思う。

さて事業面においては、行政・学校・文化団体・地域団体・企業との連携を積極的に図ってきたと、二二年度末における改革の進捗状況の実績の中で記されている。例えば行政との連携では一九年度に「産業都市カワサキの歩み一〇〇年展」を、また学校とは作品展などを招致し定例化させ、文化団体とは「中原街道まつり」を実施、さらに地域団体では二一年度から市内小学校の〝おやじ連〟と連携して「おやじdeミュージアム」を開催してきた。さらに同じ等々力緑地内にある陸上競技場でアメフトのワールドカップが開催されればアメフトチームを紹介する展示、同じく陸上競技大会が開かれれば日本陸上応援展なども開催された。これら事業の中には、開催するにあたって、館内で十分に議論されることがなく開催されたものもある。確かに改革基本計画の方針の中に、「他機関との積極的な連携」という文言は記されているわけだが、では何でも良いのかというと少し話が違うのではないだろうか。誰のためのミュージアムなのか、その視線は常に市民に向けられていなければならない。これは事業を展開する上で、重要なことであろう。そのマネジメントを本来行うのも、館長の重要な仕事の一つであると思う。

三　学芸員の取り組み

ではこの五年間、一方で現場の学芸員はどのような事業展開をしてきたのであろうか。その前に人事面でいうと、これまで現場にいた学芸員の一人が平成一八年度に昇格し、財団プロパーから初めて管理職である学芸室長となった。財団内部における昇任昇格の新しい道が開かれたわけだが、一方で一名が抜けてしまった現場では正規職員の補充はなく、これも期限付き非常勤職員一名が採用されるにとどまってしまった。大枠の定数は変わらないのだが、現場ではやはり減員と捉えざるを得なかった。さらに学芸室長になった人間も、当然ながら本来の学芸業務にも関わるのだが、職員の労務や文書管理をはじめ、財団本部との事務連絡、さらには臨時職員の賃金まで、いわゆる学芸室内の総務全般が業務となってしまった。経理担当の非常勤職員は配置されたものの、現場の状況を知らない財団本部との距離感を、当時は非常に感じた。

さて五年間の事業としては、この間にミュージアムは開館二〇周年を迎えたことから、この周年事業について博物館で行った事業を一つの事例として紹介したいと思う。まずこの二〇周年事業を企画する段階で、館長からは予算をかけた打ち上げ花火的な事業ではなく、コレクションを中心とした事業展開をするよう指示が出た。確かに厳しい予算の中で、大規模企画展を開催することは難しい面もあった。しかし集客の面でどれだけの効果を生み出せるのか、学芸サイドとしては本来周年事業を一つの起爆剤としたいという考えもあっただけに、集客という点では厳しい状況に置かれた。そこで博物館では議論を重ね、二〇周年企画として「出張ミュージアム　川崎ぐるっと博物館」を開催することとした。元来博物館で収蔵している資料は、地域で残されてきた古文書や、生活の中で使われてきた道具、あるいは地域の遺跡から出土した土器などが、その大半を占めている。これまでは収蔵資料を館の展示室で公開してきたが、この企画では逆に収蔵資料をそれぞれの地域で展示し公開するといった、いわゆる里帰り展示である出張展示を試みた次第である。先にも紹介したように川崎市の七つの行政区には区ごとに市民館という施設があり、会議室やホールのほかにギャラリーがあって地域の市民文化団体などが絵画や書などの発表の場として利用している。そこでこのギャラリーを会場として、出張展示を行うこととした。収蔵品の中から各区のゆかりの資料をセレクトし、会場ごとに五〇点ほどの資料を展示した。ただし会場ごとに床面積や使用できる壁の数などに違いがあり、それぞれの会場に合わせた展示レイアウトに工夫をしなければならなかった。さらにギャラ

図２　川崎ぐるっと博物館のポスター

リーには展示ケースといった什器類が全くないため、展示ケースも搬入出しなければならず、これが大きな負担となった。このケースの輸送だけは美術品輸送業者に委託したが、それ以外の資料の輸送から展示撤去の作業までは全て学芸員の手で行った。看板や解説パネル、キャプションなどにいたるまで、これも全て学芸員が作成した。そして各会場とも約二週間程度の会期で開催し、半年以上にわたって〝ぐるっと博物館〟を展開したのである。各会場では、地域の特性を活かした資料の展示が出来たのではないかと思う。例えば川崎区では、かつて東海道の宿場があったことから街道関係の資料を展示、また多摩区では地元の名産である梨に関する資料を展示するなど、多くは地元の市民の方々から寄贈いただいた資料を中心に展示した。各会場とも概ね好評であり、訪れた市民からは是非毎年開催してもらいたい、といった声をもらった。ミュージアムでは、初めての本格的な展示のアウトリーチであったが、館から外に出て活動することで逆に館の存在を広く知ってもらい、そして館に足を運んでもらう良い機会になったのではないかと実感した。ただし要望のように毎年開催となるとかなりの業務負担となるため躊躇するところであるが、今後も機会があれば行っていくべき事業であるとは考えている。なお会場では、有人の監視体制を取った。その監視員は、長年川崎市域の文化財を学び調査してきた市民団体「文化財ボランティア友の会」の皆さんにボランティアでお願いした。もちろん学芸員も時間の許す限り会場に足を運んだが、大変感謝している。

五年間という長いようで短かった時間での事業展開をすべて紹介することは紙幅の関係もあるので、二一年度事

表 2　平成 21 年度事業（展示・普及）一覧

企画展		1	横浜開港 150 周年　幕末明治期の川崎とニッポン展
		2	星野富弘展
		3	ハービー山口写真展
		4	サンデー・マガジンの DNA 展
		5	川崎・縄文・1 万年展
		6	灯りの情景展
		7	2009 川崎フロンターレ展
		8	昔のくらし今のくらし 2010 展
		9	第 43 回かわさき市美術展
		10	安田靫彦展
常設展示	アートギャラリー	1	幕末明治の諸相　岡コレクションより
		2	写真家宮武東洋　日系米国人強制収容所の記録を中心に
		3	リトグラフと画家　ポスターの印刷技術
		4	熊切圭介写真展　60 年代の光と影
		5	女性を撮る
		6	変化の渦　Graphic Design in 60's-70'
		7	メディアとアート　歪んだ瞬間
		8	「カメラ毎日」の時代
		9	岡本かの子　その母性と母性像
		10	シリーズ日本のグラフィックデザイナー　グラフィック '55 の作家たち
	博物館展示室（マンスリー展示）	1	六郷の渡し　川崎宿経営 300 年
		2	絵図に見る江戸時代の東京湾
		3	新指定の文化財
		4	民衆宗教・丸山教
		5	夏休み子どもマンスリー　農家のくらし
		6	村の事件簿
		7	スタンプに込められた旅の思い出
		8	池上幸豊と和歌の世界
		9	打ちこわし　幕末の久本村
		10	初春マンスリー　虎の印判状
		11	春告草　小向梅林
		12	下肥は金なり　大名屋敷下掃除
	映像ホール		年間 22 企画、216 作品を上映
普及事業 ＊このほかにボランティア活動や、子育て支援事業である「ママカフェ」、職業体験等の学校利用もあり		1	ミュージアム歴史講座　年 6 回開講
		2	歴史散歩「長尾の里を歩く」
		3	春のバスツアー「埼玉古墳群と吉見百穴をめぐる」
		4	秋のバスツアー「群馬の近代遺産をめぐる」
		5	ミュージアム歴史たんけん隊「大山街道を歩く」
		6	ミュージアム古文書講座　全 5 回
		7	あかりの実験室
		8	遺跡めぐり「府中市内の古墳をめぐる」
		9	ふろしきワークショップ
		10	不思議アート体験
		11	読めない絵本と影絵鑑賞
		12	ペットスタープロジェクト　キラメキ☆夢のペットスター
		13	おやじ de ミュージアム　遊びの工作

業について一覧表（表2）として掲載をした。先の表1（平成一七年度事業一覧表）と比較したとき、企画展では新たにかわさき市美術展が加わっている。これはそれまで同じ川崎市の出資法人である川崎市文化財団が事務局となって開催してきたものであるが、会場が市民ミュージアムに変更され、かつ今後はミュージアムが事務局となって開催することで、新たに加わった展覧会である。また普及事業をみると博物館は特に変わらずに同一事業を継続しているが、一方で美術館の普及事業は減っている。これは館長が教育普及担当を組織改編で新たに設置した際、美術館の普及事業を再考する考えを示したことによる。しかしその路線は明確に引かれずに、教育普及担当が中心となっていくつかの新しいプログラムを試行的に行ったにとどまった。いずれにしても一八年度からの五年間は、改革基本計画に基づきながら改革が推し進められたわけだが、指針はあっても具体かつ明確で実効性のあるビジョンがわからないままに一部事業が展開されたといえるだろう。それによって学芸の現場では改革基本計画は理解しながらも、時として本来の業務以外で、翻弄された五年間であったように思う。また一方改革基本計画では、その数値目標として年間総利用者数三〇万人、収支比率八％が掲げられていた。勿論目標自体大変厳しい数字であることから、残念ながら達成はしていない。総利用者数は一七万人ほどで推移しているが収支比率は一九年度が最高で六・五％の数字を出したが、二二年度には三・七％に減じているのが実態である。

そしてこの五年間の中で、管理運営面でもう一つの大きな動きもあった。それが二二年度に実施された施設の教育委員会から市民・こども局への移管である。最初にも述べたように、ミュージアムは教育委員会内における博物館構想と、企画調整局（当時）の美術館・現代映像文化センター構想が一本化され設立された。その結果所管は教育委員会となり、「（仮称）川崎市市民ミュージアム準備事務室」が置かれ、開館に向けての諸準備が進められた。そして開館の年の四月に、館を運営管理する第三セクターとして「財団法人川崎市市民ミュージアム」が教育委員会の所管で設立された。そして開館二二年にして、施設としてのミュージアムは委員会から離れ市長部局の所管となったのである。その理由として川崎市は、新総合計画『川崎再生フロンティア』実行計画にある基本政策の一つ

「個性と魅力が輝くまちづくり」の一環として、子どもからお年寄りまで多くの市民が文化に触れ、楽しみ、参加することができるようにするため、その所管を移したとしている。またその目的を、市の文化芸術振興施策の総合的かつ計画的な推進のためと提示している。このような動きは川崎市に限ったことではなく、ここ数年全国の自治体で進められている組織改正の流れである。いわゆる文化行政の一本化ということで、それまでの教育委員会ではなく首長部局へ、博物館や美術館、図書館などが移管される例が目立っている。これは、本来博物館は社会教育施設であり、博物館法第一九条「公立博物館は当該博物館を設置する地方公共団体の教育委員会の所管に属する」の条項と相反する動きともいえるだろう。もちろん登録施設や相当施設は別として、いわゆる類似施設はその範疇ではないともいえるのだが—一方で博物館の中には設立当初から首長部局が所管する館もある—、各博物館が設置されるにあたって作られた条例などをみると、その目的や活動は博物館法の精神に則った条文が記されているのではないだろうか。いずれにしてもこのような近年の動向については、文化財を扱うという観点から全国の博物館の中でも議論を深めていかなければならない課題ではないだろうかと考えている。

四　新たな方針と今後の課題

さて平成二二年度から所管が市民・こども局に移ったわけだが、ミュージアムの市職員は異動もなく、特に目にするところでの大きな変化はなかったといえるだろう。しかし翌二三年度になって、事態は大きく変わった。まず二三年三月になって『市民ミュージアム改革の進捗状況と今後三年間の方針—文化・芸術を活かしたまちづくりを推進—』というものが、市民・こども局で策定された。これは過去五年間の改革の進捗状況を検証し、そこから抽出された課題について今後三年間で取り組むというものであった。これも先に紹介した新総合計画『川崎再生フロンティアプラン』に基づき作成されたものであった。さらに川崎市の行財政改革プラン（第四次改革プラン）の中にも、取組事項として「市民ミュージアムの改革の推進と管理運営体制の見直し」が掲げられ、新たな改革プラン

（計画期間は二三年度から二五年度）の策定が求められた。これら川崎市の施策を背景に作られたのがこの『今後三年間の方針』であり、そこには現場から見るといくつかの重要な事項が記載されていた。もちろんこの方針作成にあたっては、現場の学芸員には一切の情報もなく、この方針自体を現場が知ったのは新年度になってから、という状況であった—この点は大きな問題であり、館としての課題を市側と財団側の双方で共通理解を持つという動きが、五年前の直営化以後少なくなったように思う—。

ではこの今後三年間の取組方針で何が示されたのか、簡単に紹介したいと思う。まず三年間の取組内容であるが、①全国に発信できるミュージアム、②市民文化の伝承と創造の発信拠点、③地域の活性化に貢献できる拠点の三点を挙げている。この中で特に①と②については、館自体を「現代美術館・映像博物館」と「歴史博物館」に二分化し、それぞれにその取組内容が示されている。これはこの方針に付された今後三年間のスケジュールの中でも、二四年度に館の呼称を検討し二五年度には呼称を変更するとされている。すなわち今後三年間のうちにミュージアムという一つの館を機能や役割によって分解し、それぞれの性格・位置づけを明確化する、ということをこれは意味するものであろう。確かにこれまでも、市民からは「市民ミュージアムの活動はわかりづらい」といった声もあり、学芸員を含めいろいろと議論をしてきた問題であった。そもそもは博物館構想と美術館・現代映像センター構想が一本化されたことに起因するのだが、ではこの現状を学芸員としていかに考えていくのか。その一つの方策として、一般的に単館として設立された博物館や美術館ではできない、複合施設だからこそできる魅力を発信していったらどうかと考えた。すなわち収蔵するコレクションを横断的に活用することで、ミュージアムらしさをアピールできないか、ということである。そこで博物館ではこのスタンスに立ち、「昭和ブギウギ　1945-1964」展や「幕末・明治期の川崎とニッポン」展という企画展を開催した。二つの企画展とも博物館資料である歴史資料だけでなく、ポスターや写真、漫画といった美術館の収蔵作品をも多数展示して、企画展全体の構成に幅を持たせ、まさにコレクションを横断的に活用することができた。これが例えば他の博物館で開催しようと思えば、美術作品の多くを他館から借用することになるだろう。ミュージアムが持っている一つの強みが、こうしたコレクションの多様性ではないかと思う。しかし一方で、このようなアプローチは博物館側からのみにとどまり、残念ながら美術館からは積極的なアプローチがないことも事実としてある。そうした現況の中では、ある意味で今回の方針にある呼称を含めた分解もいたしかたないのか—さらに美術館ではコレクションとは別に、今後の活動の方向性をアーティスト養成も視野に入れた現代アートに重点を置くということで、その活動路線の変更を考えている—、と思う気持ちも個人的にはある。さらに言えば、今後の事業展開を考えた場合に、すでに一つの建物の中に博物館と美術館が同居することは、事業以上に予算的・人員的問題を考えても、もはや限界に来ているのではないか、とも考えている。もちろん学芸内部でもこの点についてはいろいろ賛否両論あると思うが、直営館の中で学芸業務だけが委託されている現状においては、真摯に検討すべき課題ではないかと思う。

またもう一点、「歴史博物館」が取り組むべき内容として、「公害を克服し環境先進都市へと変貌する川崎の特色と価値を示す展示」とある。博物館の常設展示では、開館以来「水と共同体」というテーマに基づいて展示してきたが、当然テーマから外れた資料も多く川崎市全体の歴史の流れがわからない、という意見をよく耳にした。そこで館の一部リニューアルに合わせて一九年度に常設展を通史展示にする改修を手作りで行った。しかし展示室の構造から、展示は旧石器から幕末期までで終わり、川崎の発展の上で一番重要な時期である近現代の展示が欠如しており、大きな課題として残ってきた。そこにこの取組内容が出てきたわけだが、最初にこれを見たとき常設展示としては若干の違和感を覚えた。確かに川崎市はいま、公害の街から脱却して最先端の環境を重視した都市をめざしている。しかし博物館の近現代展示はどの館でも同じであると思うが、非常に近い時代の歴史的叙述であり難しい展示でもある。そこで川崎の近現代展示を考えた場合、いかに現在の川崎があるのか、その歴史の光と影を含めて市民の目線を大切にし、かつ東京と横浜に挟まれた川崎の特質を、また工業都市としての面では他都市との比較など、多角的な展示をしなければならないだろう、と考えている。それゆえこのようなある意味メッセージ性の強い展示は、常設展示よりはむしろ企画展などで対応すべきものと思っている。一方川崎市では、二三年度に、海岸地域に「かわさきエコ暮らし未来館」を経済労働局が中心となってオープンさせている。市全体との連携も、今後重要になってくるだろう。

さて二三年度から三年間の取組内容のいくつかを紹介したが、この取組を推進するための基盤づくりについても方針の中に明記されている。まず一点は「魅力発信のための施設・設備の改善と収蔵資料の保存環境の改善」、次に第二点として「管理運営体制の整備・強化」、最後に第三点として「等々力緑地魅力アップとの連携」が挙げられている。この中で特に注目すべきが、第二点の「管理運営体制の整備・強化」の中に、学芸業務を含む基幹業務を段階的に直営化する、という文言が記されていることである。繰り返しになるが、一八年度に財団法人への管理運営委託から川崎市の直営とし、学芸業務だけが財団に委託されるかたちで、現在に至っている。確かに非常に稀な運営形態であることは先にも述べたが、この現状を三年間で検討し段階的に直営化していくというのである。いわゆる管理運営の健全化といえばその通りであろうが、一方で長年にわたってミュージアムの学芸業務に携わってきた現場は、どうなるのであろうか。財政状況や社会的状況において厳しい中、どのような検討がなされ方向性が出されていくのか、残念ながら現場には二四年三月現在も一つの情報ももたらされていない。

以上のように二三年度は、開館以来これまでにない市民ミュージアムの新しいスタートが切られた感がする。市側では大幅な人事異動があり館長をはじめとして新たな職員が配属された。また一八年度以来、学芸業務を委託され企画展などの事業を行ってきたが、二三年度からはさらに業務仕様書に記された事項について、四半期ごとの報告書の提出が求められている。委託と受託という関係では当然であるだろうが、それに加えて資料の整理状況やデータベース化の進捗状況、その他もろもろのオーダーが市側から財団に出されている。当然ながら真摯な対応をそれぞれにしなければならないが、そこに費やされる時間とエネルギーは大変なものである。言い訳ではないが、企画展でもあと少し時間があれば出来ることも、残念ながら妥協してしまったこともある。逆にそれを指摘されることは、わかっているだけに現場としてはつらい状況である。二五年度、ミュージアムは開館二五周年を迎える。その周年事業も決まりつつある。先の見えない中でやるべきことはやらなければならない、そのモチベーションをいかに保つか日々悩んでいるところである。

なお二三年度から、市では企画広報担当課長と教育普及担当係長を公募により民間から期限付きで採用した。また運営強化のために企画広報・教育普及ともに三名づつの非常勤職員も補充した。まだ一年が過ぎたばかりで、市側の新体制も十分に整っていないところもあるが、企画広報や教育普及は、学芸の現場との関わりが深い。どのような連携を今後図っていくか、市民にとって親しみの持てるミュージアムをめざし市と財団はより意思疎通を図りながら、共に取り組んでいかなければならないだろう、と勝手に思っている。

さて本稿で報告した以外にも、ここ数年のミュージアムは大きく変化した。それは改革がより推進されたという見方がされるが、一方で学芸サイドでは改革に伴う構造の変化に戸惑うことも多々ある。例えば一本の企画展の予算でも、ポスターや図録などの印刷経費、看板製作やポスター掲示などの広報経費は市の経費となった。同じ企画展の予算が市の経費と財団への委託費に分かれるようになったのも二三年度からである。だからといって図録の原稿執筆や編集作業は学芸の仕事であり、一方で契約業務を含む事務手続き方は市の職員が行うといった、予算だけではなく業務の二重構造も生まれた。開館以来この間の動きを見ると、確かに学芸員も過去二〇年間を遡って—ただし途中採用の学芸員も多いが—反省すべき点も多々あり、市側からの指摘もやむなしと思う点もある。ただしその反面で本来学芸員として行わなければならない調査研究に割く時間が少なくなった。筆者の個人的感想から言えば、一五年に始まったこの一連の動きにとらわれながら、学芸業務にあたってきた。この一〇年は本当に長いようで短く、また一年が非常に長く感じた時もあった。

二三年度から始まった三年間の取組方針は、まだ一年が終わったばかりである。その中で二四年度予算から、財団職員の人件費が財団への業務委託費の中に含まれるようになった。また先に紹介したように、学芸業務などのさらなる直営化の検討などもされている。今後どのような展開があるのか、まだ先は見えないが、また機会があればその後のミュージアムの動向を報告できればと思う。

おわりに

最初に紹介した岩手県遠野市で開催された「文化財レスキューフォーラムin遠野」であるが、このフォーラムは「学芸員ネットワーク・いわて」という会の例会にもなっていた。「学芸員ネットワーク・いわて」は、学芸員及び実際的に学芸業務に携わる職員の資質向上のための連携、研鑽を図り、博物館等の発展に寄与することを目的とする、とその会則に記されている。そしてこのネットワークがあったからこそ、情報不足の中で学芸員同士の横のつながりが十分に機能し、情報の共有化が図られたことを、フォーラムに参加して知った。

筆者も博物館の現場にいながら、常に博物館同士、あるいは学芸員同士のネットワークの重要性を考えてきた。「学芸員ネットワーク・いわて」では、未曾有の大震災の中でそのネットワーク力が発揮されたわけだが、それは日頃からの学芸員のつながりがあったからこそである、と思う。本稿で報告した川崎市市民ミュージアムは一つの事例であるが、ここ一〇年ほど全国の博物館で働く現場の学芸員は、館の運営や学芸業務などに多くの問題を抱え、日々の業務にあたっている。そのような問題をいかに解決していくのか、互いに情報を共有化し、その解決策を見出していくような学芸員のネットワークは非常に重要な意味を持つものと思う。筆者は神奈川県の博物館の一学芸員であるが、同じ県内には多くの学芸員の仲間がいる。時には酒を酌み交わしながら互いに愚痴を言うこともあるが、いざという時には力になってくれる頼もしい仲間である。こんな仲間がいるからこそ、また今日も頑張ってみようかと思うのである。

本稿では、筆者の職場でもある川崎市市民ミュージアムの現状と、またこの間学芸員が取り組んできたことを簡略ながら報告としてまとめ、さらに若干の個人的な意見を述べさせてもらった。本稿をもって多くの人に現在博物館が置かれている状況が情報として発信され、その共有化が図れれば幸いに思う。

註

（1）拙稿「博物館の自己改革と現状―学芸員の立場から―」『九州史学』一四八、二〇〇七

（2）拙稿「博物館展示における収蔵資料の活用―マンスリー展示の実践報告―」『民具マンスリー』一七―一二、二〇〇八

逼迫する博物館財政

杉山正司

一　二〇一〇年の博物館財政問題

(一) 財政逼迫の博物館へのささやかな朗報

【財政逼迫の美術館に五〇〇〇万封筒「お役立て下さい」】という見出しが、平成二二年一二月一五日の産経新聞ウェブニュース面を飾った。群馬県みどり市立富弘美術館と熊本県芦北町立星野富弘美術館に五つの封筒に分けて計五、〇〇二万円が届いたという記事である。いずれの封筒にも「さいたま」の消印があり、差出人の名前は記されていなかったが、「お役立て下さいましたらさいわいです。いつも本当にありがとうございます」という付箋が同封されていたという。両館とも「寄付」として受け入れ、運営費などに充てる方針で、富弘美術館は「自治体の財政が厳しい中、多額の寄付は本当に助かる。美術館の運営に役立てたい。」とのコメントを出している。記事には「自治体の財政が逼迫し運営が厳しくなっている両館にとって、ひと足早い〝クリスマスプレゼント〟になったようだ。」とあるように、博物館財政の厳しさの中の一服の清涼剤の感がある記事であった。

その一方で、サントリーミュージアム「天保山」が、来館者が減少し、運営費が嵩んだため閉館に追い込まれるという記事を、富弘美術館への善意のニュースのわずか一週間後の二二日の同じ産経新聞ウェブニュース面が取り上げている。記事によれば、初年間一五〇万人見込んだ来館者が七〇万人程度まで減少したためで、年間数億円に上る赤字が大きな負担となっていたためという。美術館の運営には収蔵品を劣化させないための空調管理や人件費などで出費がかさむ。幸いサントリーミュージアムのコレクション二万点は、すべて大阪市に寄託され、中之島で平成二八年度中の開館を目指す市立近代美術館での活用が決まった。しかし運営費などとして七億円とともに寄贈される建物の活用は、困難な状態のようだ。大阪市としては近代美術館建設計画が進む中、経費のかかる美術館としての活用は、民間事業への貸与などの活用が検討されているが、使用料どころか、光熱費さえ賄えないという可能性も指摘されているという。サントリー側が期待する、再び美術館として活用されることによる文化振興への寄与は難しそうな情勢と記事は結んでいる。

この二つの記事は、一見すると現代博物館における財政問題の〝光と影〟という感があるが、実のところどちらも博物館の抱える問題を如実に表しているのである。民間はもとより自治体が寄付に頼るというより、頼らざるを得ない、あるいは寄付を受け入れることができても、存続やその後の活用の展望がないというのである。

(二) 事業仕分けされる博物館

二〇一〇年四月二六日、博物館財政の窮状を象徴する出来事があった。民主党政権による行政刷新会議における「事業仕分け」対象に、独立行政法人化された国立美術館(東京国立近代美術館、国立新美術館など五美術館)・国立文化財機構(東京・京都・奈良・九州の四国立博物館と東京・奈良の文化財研究所)・国立科学博物館の三法人の事業が上げられたことは記憶に新しい。

仕分け対象となった事業は、国立美術館と国立文化財機構が、美術品・文化財収集、国立科学博物館が資料収集・保管(YS－11の所蔵保管)、そして三法人に共通する事業として施設内店舗用地の賃借である。事業仕分け対象となった理由は、三法人の事業いずれも、予算や財政状況の問題が根底にある。公開された評価者のコメントを見てみよう。

まず、収集事業であるが、各法人の資料収集事業の重要性を認めながらも、運営上の縮減に努力しつつ、自己収入の拡大を求め、民間からの寄付・協賛を得るようにというものである。財政上は、税金を投入する必要性は理解されているものの、国は何ら新たな負担をしないまま現状の予算で、資料の収集事業を拡大せよというものである。独立行政法人化以前にも増して、各館とも経営努力をして事業を行っているものの、よりコスト縮減と自己収入の拡大を求められているのである。景気が冷え込んでいる中で、はたして民間の寄付は得られるのだろうか。

もうひとつの各館の施設内店舗用地の賃借についても、事業規模を縮減し、競争的入札の導入でコストの縮減も図りながら、収入拡大を徹底的に行うようにというもので、基本的に収集事業と同様な評価であった。厳しい状況に、国も財政支出を抑制するという方向性が示されたわけである。自治体ばかりか国全体が、逼迫した博物館財政であることを如実に表しているといえるだろう。

こうした逼迫する博物館財政は、いつごろから、またどうして起こってきたのだろうか。

二　博物館建設ブームとバブル経済崩壊

(一)「地方の時代」の博物館建設ブーム

博物館財政については、一九七〇年代以降、各自治体において博物館が競うがごとく建設された。この時期は、「地方の時代」ともいわれ、国の中央集権体制から脱却して、地方主権を目指そうという政治的な意味合いが強かった。一九六〇年代からの高度経済成長と、この時流に乗り一県一館、あるいは市町村もこぞって博物館・美術館・資料館を次々と開館し、博物館建設ブームといってよい状況が起きたのである。この後、一九九〇年代にかけて博物館建設は右肩上がりに増加していった。企業をバックに持つ財団系の博物館・美術館も、「文化メセナ」を標榜して同様に建設していったといってもよいであろう。

この現象は、景気や地方の時代という言葉だけでは片づけられない、様々な要因があったと思う。これを契機として、首長・企業家ら設置者は、自治体や企業のステータス誇示や豊かな文化的イメージを求めたことなどがあげられるが、それらとともに好景気に裏付けされた財政の余剰を博物館建設に向けたともいえるであろう。

(二)「バブル経済」崩壊の中の博物館

やがてバブル経済崩壊により、多くの博物館は自治体の財政難や企業は不況や業績悪化により、まず日常生活や業績に直結しない文化的な施設の運営は真っ先に見直しを迫られた。さらに予算の縮減が求められ、やがて学芸員など人員削減、場合によっては統廃合、そして最悪の場合には博物館不要論が叫ばれて廃館という図式が出来上がったといってよいであろう。

ここで改めてバブル経済崩壊前後からの、博物館財政悪化に伴う問題点を掲出してみよう。

①博物館の老朽化、②リニューアル予算がつかない、③学芸員の高齢化にもかかわらず、新規採用がなく次世代学芸員が育たない、④資料購入や展覧会費用の凍結・削減、あるいは廃止、⑤コレクションが形成できないため常設展を魅力あるものにできない一方、常設展を補う特別展なども貧弱となり、場合によっては巡回展などを受け入れるあまり、学芸員の力がつかない。

思うままあげてみたが、一九七〇年代の博物館建設ブームで開館した博物館は、三〇年たって建物の耐用年数はあるものの、施設・設備等の老朽化が表れ始めてきた。電気設備、機械設備、空調設備等のいたるところ故障や不具合が見え始め、(1) 時代の要請で機器類の省エネ化も必要になってきた。また、常設展示などの最新の研究成果や情報、新出資料などをもとに展示更新も必要になってくる。しかし、経済情勢の悪化や貧弱な文化政策などの要因が重なり、施設改修はおろか展示の更新、新人学芸員という人材確保さえ難しくなった。さらに博物館の基本となる資料収集や保存、集客が叫ばれるなか特別展などの展示事業予算が縮減、場合によっては削減ということもありうる。そのような環境では魅力ある博物館活動が困難となり、博物館への利用者が減少する。ややもすると設置者側は、博物館の存在を軽視し、さらなる財政削減を行う。一方、博物館側は無力感を感じながら不平不満をもち、博物館活動がマンネリ化するなど、停滞するという悪循環に陥るのである。

こうした過程に至るには、設置者側、博物館側にもそれぞれ言い分があり、そこに問題点が潜んでいるのである。

（三）設置者側の問題

多くの博物館に共通するのではないかと思うが、〝仏（ほとけ）造って魂入れず〟という喩えが使われるように、建設から開館までは予算を潤沢に投入しながら、開館後の運営管理については開館以前同様に継続的に予算を付けることはせずに、維持することが精一杯ということが多い。設置者側は、文化行政など博物館行政についてのビジョンを描いていない。これは現場の学芸員に共通する思いではないだろうか。設置者の文化施策への理解の欠如が招いた結果ともいえる。

さらにバブル経済崩壊以降の民間企業の業績不振、その後景気回復の兆しが見える中、二〇〇七年のアメリカにおけるサブプライムローン問題に端を発した住宅資産株価の暴落。そして追い打ちをかけるように二〇〇八年九月には投資銀行リーマンブラザースの破産という、いわゆるリーマン・ショックによる連鎖で世界的金融恐慌に発展し、日本もその波を受けて日経平均株価の大暴落となった。

自治体では、その影響を受けてそれまでの税収が伸び悩むどころか、大幅な減収という状態にいたった。多くの自治体では、住民生活に直結したインフラ整備を最優先に行政が行われる。首長からすれば、目先の生活の安定を第一に図ることは、次の選挙にも影響するわけであるから当然であるが、将来にまで目を向けて文化の振興を考えることはできないというのが現状であろう。したがって、日常生活に直結しない博物館など文化政策面への財政投資は後回しにされている、あるいは全く顧みられていないと言わざるを得ない。

財政難、即文化政策の後退、博物館不要論というのは如何なものか。ここに欧米との文化的差異がみられるのであり、日本の文化的後進性が顕著となるのである。文化を笑うものは文化に泣く。文化や教育などは、目に見えるものではなく、即効性があるわけでもない。長期戦略が必要である。目先の生活にとらわれて将来の生活の糧となる文化をおろそかにしてはならない。文化では、経済的利益は得られないが、知的満足や心の豊かさといった精神的利益が得られることを忘れないで欲しい。

(四) 博物館側の問題

しかし、博物館が建設されて以降、時代背景からくる財政難により博物館予算が厳しくなったという見方は、必ずしも正しいとはいえないであろう。設置者側にだけ問題があると、簡単に片づけられない博物館側にも非があるといえる。

これまでの公立博物館は、開館直後の初年度からは右肩上がりで入館者増が続き、数年後には当然の如く下降線を辿るという現実に対して、これは博物館における経験則でもあるわけだが、この流れに多くの博物館は当然のこととして手を打ってこなかった。そのため利用者は固定して新規利用者は増えず、また多様な娯楽や施設が生み出されて利用者が流れていくのを、ただ手をこまねいて見ていた。ひとつには開館後の博物館経営という考えが乏しかったことがあげられる。利用者の動向や意識などの博物館マーケティングを怠り、さらに近隣・地域の博物館との展示や事業が競合する、あるいは同質化を求めることさえあり、〝博物館の顔〟が見えにくくなっていたこともある。それまでは博物館経営という考え方がなかったことが大きいといえる。その反省から、博物館法にも博物館経営の必要性が明記され、学芸員資格の必修科目として「博物館経営論」が置かれている。

設置者側からも、財政面での裏付けのため存続意義を問われ、費用対効果を検証するための一つの指標を得ることを目的に、博物館評価が導入されてきた。博物館評価については、博物館関係学会や各間でも活発な意見が交わされ、導入の是非をはじめとして、様々な評価手法が示され、試行され、多くの論著も出されている。しかし、未だ決定的な定型といったものは完成されていないというのが現状であろう。

こうした経営手法が、博物館に持ち込まれたのは、競争原理から隔絶された存在に自らを置き、ただ安穏として博物館を運営していたからに他ならない。財政難だから仕方ない、という現状を受け入れるだけではなく、将来への博物館のあるべき姿を描き、それに向けての展望を持っていなかった。また、それを外に向けてアピールしてこなかったことも反省材料の一つである。博物館側が、経済的効率や利益を目指すものではないが〝経営〟という感覚を持たないまま過ごしてきたという責任も無視することはできない。小稿は、博物館評価が論点ではないので触れないが、博物館評価の導入は博物館の存在意義、そして博物館財政の安定を目指す一助となることを切に望みたい。

三　博物館財政の現状

（一）『博物館総合調査研究報告書』(2) にみる博物館財政

文部科学省の委託を受けて日本博物館協会がまとめた平成二〇年度の『日本の博物館総合調査研究報告書』は、過去の同報告書でも指摘されているが、予算の減少傾向を指摘している。調査データ数の違いがあるので一概に言えないが、平成一六年の調査と比べて、予算が「増えている」という館は、八・〇％から一二・八％と四・八ポイント上昇している明るい傾向は見られるものの、増加の割合からすれば三八・三％から三八・二％と〇・一ポイント下がっている。変わらない館は二二・三％が一八・三％、減っている館が四八・九％から五〇・〇％と、実に半数の館に及び、減少の割合も二〇・四％から二一・六％とわずかながら増加し、二割強もの削減が行われていることに変わりない。全体から見れば、増加している館が微増はしているものの、半数の博物館が減っているわけであり、依然財政的閉塞感は否めない。

また、同報告書では、資料購入予算の減少が、経常経費より厳しいことを指摘しており、博物館資料購入費がゼロという博物館が、平成一六年の調査でも五二・六％であったが、同二〇年では五六・六％と四ポイント増加し、全体的にも減少しているという結果が出ている。特に公立館では顕著で、

表１　予算の増減

	平成９年	平成16年（2030館）	平成20年（2257館）
増えている	—	8.0	12.8
		（145館）	（241館）
増加の割合・平均（%）		38.3	38.2
変わらない		22.3	18.3
減っている		48.9	50.0
		（803館）	（654館）
減少の割合・平均（%）		20.4	21.6
無回答		20.9	18.9

表2　資料購入予算

	平成9年	平成16年（2030館）	平成20年（2257館）
予算はなかった		52.6	56.6
100万円未満		19.8	20.6
100万円以上、500万円未満		11.4	9.4
500万円以上、1000万円未満		4.1	2.9
1000万円以上、30000万円未満	—	3.6	2.7
3000万円以上、50000万円未満		1.3	0.7
5000万円以上、1億円未満		0.8	0.5
1億円以上		0.9	0.5
無回答		5.5	6.1

六一・六%が資料購入予算をもたないという結果が出ている。資料は、博物館活動の基礎であるが、購入に頼らず収集することでは良質な資料を収蔵することは不可能といってもよい。そのため「資料収集活動」に力を入れる館が減少していることも、その表れである。厳しい財政状況では、管理費の減少も指摘されていることは、資料収集だけではなく博物館の管理運営費全体に影をおとしていることも示している。

報告書では、博物館事業の中心であった展示活動は依然としてトップであるものの、教育普及活動に力を入れている館が、増えていることが指摘されている。財政難により資料購入ばかりでなく展示開催費も減少傾向にあることを示しており、事業面の財政状況の悪化をみることができる。特別展開催回数こそ増加しているものの、減少していく予算とは反比例しているわけであり、展示の質の確保が課題となっている。特に予算と常勤職員の減少により、常設展示の更新が消極的になっていることが数字からも明らかになっている。しかし、入館者を増やすための取り組みとして、展示の更新が平成九年の三八・七%から四八・五%と一〇ポイント増加して、半数近くの博物館が取り組んでいるという現実がある。予算措置を伴わない展示更新の裏側には、現場の涙ぐましい努力があるわけである。展示関係予算は減少しているにもかかわらず、実は事業費は増加しているのである。報告書には具体的な事業は記されていないが、教育普及活動に力を入れていることから、この事業に振り向けられていると推定できる。

さて、収入の状況をみると、会社個人系の博物館では、かろうじて総収入の約半分が入館料収入となっているが、

表3　力を入れている活動

	1番目			2番目			3番目		
	平成9年（1891館）	平成16年（2030館）	平成20年（2257館）	平成9年（1891館）	平成16年（2030館）	平成20年（2257館）	平成9年（1891館）	平成16年（2030館）	平成20年（2257館）
調査研究活動	7.8	7.3	7.0	13.4	11.6	11.1	27.3	25.1	27.9
収集保存活動	17.1	11.1	9.6	30.5	24.8	23.9	22.6	26.9	25.4
展示活動	59.5	61.6	63.0	22.7	22.2	21.8	9.5	8.6	8.5
教育普及活動	12.4	15.8	17.2	26.2	32.4	34.6	26.9	23.4	21.8
レクリエーション	1.6	2.2	1.5	3.1	3.5	3.5	6.2	6.7	7.0
無回答	1.6	2.0	1.7	4.2	5.5	5.2	7.5	9.2	9.4

表4　総収入と入館料収入

		館数	総収入平均（千円）	入館料収入の平均（千円）	入館料収入／総収入
			A	B	B／A
全体		1,539	111,495	28,491	
設置者	国立	24	845,620	259,746	25.6%
	都道府県立	255	217,835	39,218	30.7%
	市立	715	62,405	13,886	22.3%
	町村立	238	22,280	5,697	25.6%
	公益法人	249	117,473	33,154	28.2%
	会社個人等	58	285,792	139,216	48.7%

表5　入館料収入

		入館料収入		
		館数	平均（千円）	中央値（千円）
全体		1,539	28,491	1,979
設置者	国立	24	259,746	7,842
	都道府県立	255	39,218	8,662
	市立	715	13,886	1,325
	町村立	238	5,697	404
	公益法人	249	33,154	3,788
	会社個人等	58	139,216	10,397
館種	総合	79	12,393	1,546
	郷土	182	2,781	236
	美術	392	25,851	4,759
	歴史	641	10,420	1,076
	自然史	74	20,551	3,273
	理工	64	23,736	8,229
	動物園	38	113,861	64,629
	水族館	39	430,157	75,577
	植物園	22	27,901	6,610
	動水植	8	99,246	33,431

都道府県立では一八％と二割を切っている。国立は三〇％を超えているが、他の公立館は二〇％台で、苦戦している。

しかも入館料収入について詳細にみると、中央値という最も多数を占める館の収入額は、平均値を大幅に下回っている。すなわち中央値は平均値の、わずか国立で三〇％、都道府県立で二二％、市立では九・五％、町村にいたっては七％、会社個人が七・八％に過ぎない。つまり平均値と中央値の差が極めて大きくなっているわけであり、収入額の大きな館が全体の平均値を押し上げているのである。それは、博物館の収入格差が大きいことを示しているわけで、中央値からは財政的に苦戦していることが明らかなのである。いずれにしろ入館料収入だけで、博物館財政を賄うことは不可能なのである。

博物館は、予算を使うだけで金は産まないといわれるが、文化では金銭的利益を得ることはそもそも考えられていない。むしろ文化や博物館では、知的満足など精神的豊かさを生み出すものである。金銭的利益を上げるとすれば、手っ取り早い方法としては入館料を値上げすることが考えられるだろうが、それで財政問題が解決するものではない。

(二) 非営利の恒久的機関

ただ、単純に入館料を値上げすればいいという問題ではない。入館料の値上げによる入館者減、それによりコスト高となり、収支のアンバランスに拍車がかかる危険もある。

そこで民間の経営のノウハウを導入すれば博物館財政は好転するのではないか。いわゆる指定管理者制度の導入により、この危機を乗り切ろうとする自治体がある。指定管理者制度については、本書別項で詳述されるので触れないが、民間のノウハウといっても私立の博物館がどれほど財政的に潤沢、あるいは黒字経営されているのだろうか。私立の博物館では、歳出の半分の入館料収入がある館が、約半数であることは既にみたとおりである。つまり、半数以上の収入は、他からの寄付等に依存せざるを得ないのである。私立の博物館といっても公益法人化されて運営され、民間企業が直接経営している博物館はほとんどないのであり、民間企業の関与は文化メセナなどの社会への文化的貢献として経営されているといっていいだろう。公立に比べて、民間はコスト意識が高く、経営効率を図ることができるというのは幻想にすぎない。実際のところ民間でもデパートに設置された、あるいは企業を経営母体とする美術館が相次いで閉館に追い込まれていることをみても、決して博物館を黒字経営するということは容易ではないのである。黒字経営を目指すなら、投資が必要なことは、民間経営なら言うまでもない。しかし、再三述べているように博物館は営利を目的に経営されるものではない。長年蓄積された資料、研究成果や信頼関係、経験などは、博物館にとって一朝一夕に得られるものではなく、まして金銭で買えるものではない。文化を守るためには、博物館は不可欠な存在である。

（三）日本学術会議の声明

平成一九年（二〇〇七）五月二四日、日本学術会議は、「博物館の危機をのりこえるために」という声明を出した。この声明の作成の背景として、国公立博物館の現状が、機能充実を目的とした行政改革ではなく、財政および経済効率を優先する改革に影響されて、社会的役割と機能を十分に発揮できない状況に陥る可能性を憂慮して発せられたものである。声明では、博物館サービスをささえるものの一つとして、購入財源を確保してコレクション形成の必要性を述べている。コレクションは、博物館活動に様々な可能性の核とすることができるもので、展示に活用することにより多くの来館者を期待することができ、他館との貸借を行い、幅広い展示活動を行うことができ、サービスにつなげることができるのである。声明でも指摘しているように、財政不安から、中長期的には資料保存の問題が起き、保存環境の低下、修復の困難など、将来に向けての危機となることは言うまでもない。

声明では、指定管理者制度、国立博物館・美術館の新たな公的制度の提案などの提言も盛り込まれているが、時代の変化に対応しつつ、財政に左右されない中・長期的展望に立った博物館運営の重要性が訴えられているといっていいだろう。

次に、二館の公立博物館を具体例として、本稿を締めくくりたい。

四　博物館財政の栄枯盛衰

(一) 埼玉県立歴史と民俗の博物館

埼玉県立歴史と民俗の博物館を例にとって見てみよう。同館は、昭和四六（一九七一）年一一月、「埼玉県立博物館」として開館した。当時、都道府県立博物館にあっては、比較的早い時期の開館であり先駆的な博物館として活動してきた。そして、平成一八（二〇〇六）年四月に、埼玉県立民俗文化センターと統合して再発足した。この時、民俗文化センターの活動の民俗工芸部門と民俗芸能部門の機能を吸収し、館名も「埼玉県立歴史と民俗の博物館」と改めた。

さて、同館の『要覧』（平成二四年度版）に掲載されている年度別当初予算から、予算の推移を見ていきたい。公開されている予算は、開館二年目の昭和四七年度分からである。当初は、管理運営費、施設設備管理費、展示事業費、博物館資料収集管理費、教育普及活動費、特別展開催費及び準備費の六本の予算が立てられている。

この予算は、多少の減少は見られるものの、ほぼ順調に右肩上がりでバブル景気まで推移している。この間、表の予算には含まれていないが昭和五八年には、新たに近代美術館が建設されるため、近代美術部門が同館に移管され、大幅な展示リニューアルを行った。また、平成一七年度には、博物館再編計画により民俗文化センターが統合され、その機能を集約するために、民俗展示室開設に伴う地下展示室等のリニューアルを行っている。

開館から一二年間は、管理運営費、施設設備管理費、常設展示管理運営費、博物館資料収集管理費、教育普及活動費、特別展開催及び準備費の六本の予算が立てられている。その後、埼玉県立近代美術館が開館するため昭和五八（一九八三）年度に近代美術部門が移管されることになり、展示リニューアルが行われ予算も新たに体験学習室費（現在はゆめ・体験ひろば事業費）と調査研究事業費が立てられている。同六〇年度には、展示解説員が導入され展示解説員運営費が加わった。

バブル経済の影響は、予算からもうかがえる。一九八〇年代後半から九〇年代前半頃は、同館の予算も絶頂期を迎えている。公立博物館の宿命でもあるが、税収入が予算に反映していることが堅調に見られる。平成元（一九八九）年から平成三（一九九一）年度がピークであるが、特別展開催費及び準備費が突出している。特に平成元年度の特別展開催及び準備費は、開館二〇周年記念の特別展[3]を開催したために、この予算が総額を押し上げている。ひとつには、県の政策もあってバブル経済期に埼玉県が締結した姉妹県州の博物館を中心とした海外展[4]や国内の県立博物館との交流展[5]が盛んに行われていることがある。この時期に特別展開催費及び準備費が、予算全体を押し上げているることが見て取れる。海外展は調査旅費、出品のための借用料や保険料、さらに姉妹県州政府や博物館職員の開会式の招待やクーリエとしての来日、滞在などの通常の国内展にはない費目も含まれるので、予算総額は膨らむのである。また海外展がない年度は、コンスタントではないものの年間二〜三本の特別展と一〜二本の企画展という四本の展覧会を開催している。

ところが例外はあるものの、バブル経済が崩壊した平成六年度からは、特別展開催に財政不安が影響を及ぼし、それまで年間三回の特別展開催が、年二回の開催として、そのほか企画展を一回開催するという形をとった。これは年三回の特別な展示は維持するというスタイルは残しつつも、その規模に強弱を付ける展示スタイルに移行した。企画展は、特別展とは異なり、テーマを小規模なものとして、資料の収集範囲も館蔵品を中心にして遠方からの借用は最小限に留める。したがって、調査旅費、輸送などの役務費は少額となる。また館蔵品が中心であるので展示図録は作成しない。すなわち常設展の延長上にある展示といっていいかもしれない。ところが一般利用者からみると、「企画」とうたっていることは、「特別」と何ら変わらない展示という意識がある。そのために、わざわざ見

表6 「埼玉県立歴史と民俗の博物館」年度別当初予算一覧（千円）

年度	計	管理運営費	施設設備管理費	展示事業費	博物館資料収集管理費	教育普及活動費	特別展開催費及び準備費	ゆめ・体験ひろば事業費	調査研究事業費	展示解説員運営費	その他
昭和47	116,677	35,454	12,742	11,000	38,198	7,283	12,000				
48	127,623	32,248	14,620	7,093	57,873	3,789	12,000				
49	117,745	22,420	14,513	11,933	53,100	3,779	12,000				
50	116,022	32,442	17,631	14,520	34,176	5,253	12,000				
51	104,795	34,693	15,371	12,214	26,920	3,597	12,000				
52	124,107	41,369	16,133	12,243	37,752	4,610	12,000				
53	124,833	41,742	17,055	12,939	33,369	4,228	13,000				2,500
54	132,524	42,197	17,579	13,024	34,759	4,365	15,000				5,600
55	135,588	39,121	18,311	14,614	35,121	4,421	18,000				6,000
56	158,219	55,188	19,633	16,107	38,529	5,199	18,000				5,563
57	133,375	54,073	19,916	13,890	29,318	5,628	10,550				
58	158,798	53,036	19,529	11,078	30,033	6,892	19,702	17,955	573		
59	208,269	52,506	19,744	14,843	74,507	4,027	26,769	13,221	652		2,000
60	215,432	49,017	20,765	13,498	37,447	3,812	55,311	11,021	652	22,109	1,800
61	192,171	48,482	22,857	12,354	34,128	3,661	31,232	9,732	621	27,304	1,800
62	202,340	44,429	22,316	11,177	34,113	3,483	45,696	9,403	621	28,202	2,900
63	187,547	41,680	22,128	10,853	33,736	3,299	36,312	9,084	621	28,377	1,457
平成元	237,411	39,656	23,168	11,885	37,268	3,302	82,042	8,724	625	29,203	1,538
2	209,792	42,835	23,637	13,426	35,733	2,671	52,089	7,042	596	30,270	1,493
3	230,081	40,865	24,487	15,911	34,666	2,857	72,646	6,127	604	30,425	1,493
4	221,041	40,521	25,448	13,727	35,115	3,099	48,260	7,351	600	32,971	13,949
5	212,151	40,272	25,804	13,551	34,107	3,356	44,834	7,135	600	34,442	8,050
6	205,947	38,154	24,909	11,458	31,487	3,020	37,744	6,408	540	37,283	14,944
7	183,748	37,340	24,799	8,695	26,551	2,209	30,635	5,441	518	38,047	9,513
8	184,417	37,803	24,787	6,757	22,963	2,218	43,203	7,900	293	38,493	
9	214,210	39,067	24,962	6,269	19,489	2,393	33,851	7,210	235	39,028	41,706
10	182,537	37,002	23,713	5,893	16,175	1,828	26,073	6,366	171	38,321	26,995
11	148,334	34,384	23,872	5,361	14,464	1,813	21,628	6,357	152	38,321	1,982
12	135,172	31,980	24,436	5,731	9,852	1,653	17,859	4,605		37,565	1,491
13	125,471	33,180	24,341	5,598	7,404	1,844	12,025	5,392		34,491	1,196
14	124,560	35,819	24,121	5,438	6,158	2,052	12,331	2,959		34,516	1,166
15	116,513	35,496	23,430	4,560	5,539	1,414	10,955	2,074		31,881	1,164
16	111,479	35,060	23,425	4,484	5,211	1,882	11,862	1,832		26,570	1,153
17	107,759	57,764		38,804	7,083			4,108			
18	108,220	57,812		38,298	8,784			3,326			
19	108,348	57,682		37,026	8,445			5,195			
20	103,616	54,952		35,169	8,021			5,474			
21	98,008	53,606		31,504	7,683			5,215			
22	95,103	51,557		31,651	7,030			4,865			
23	102,751	50,672		40,354	6,576			5,149			
24	100,845	54,605		33,326	8,646			4,268			

※「その他」とある予算項目は、管理運営費と施設設備管理費等を主として別建て予算であり、平成17年度以降は、予算項目に集約されている。

学に来たにもかかわらず、期待外れだった、これしか展示がないのかなど、時には不満や苦情が寄せられる。博物館によっては、一般にいう「特別展」を「企画展」というところもあるわけで、外部からは区別しがたいのである。予算の削減は、表面的には展示回数は確保したものの、このような目に見える形になって影響が出てきたのである。

バブル経済が崩壊した一九九〇年代後半、平成一一（一九九九）年からさらに大きな転機を迎える。昭和五八（一九八三）年度から計上されていた調査研究費は、もともと少額であるものの学芸員の調査研究の意義を行政の中で認められるものであり、本来聖域であるべきである。ところが、バブル経済崩壊とともに縮小していき、この年最盛期の四分の一となり、ついに翌一二年度にはゼロとなってしまうのである。調査研究費は、学芸員のスキルを上げるためにも必須であるのは勿論、資料収集や展示活動に生かされる博物館活動の基盤をなすものである。

さらに前述のとおり、平成一七（二〇〇五）年度には埼玉県博物館再編整備計画により、「埼玉県立博物館」と「埼玉県立民俗文化センター」の統廃合が行われ、予算の組み替えが行われることとなった。再編整備計画については、前章で触れられているので改めて述べないが、予算の推移をみる限り、一＋一が二にならないという、逼迫した埼玉県財政が如実に示されているのでる。

この統廃合の結果、管理運営費と施設設備管理費が統合されて管理運営費に、常設展示管理運営費と特別展開催及び準備費が統合され展示事業費、教育普及活動費と体験学習室費がゆめ・体験ひろば事業費に、そして展示解説員事業費が廃止となった。また統廃合により民俗文化センターの機能が加わったこと、それに伴って学芸員も移ってきたわけであるが、予算については増額が見られない。予算は独立した一館の予算が統合されたので二館分とならないまでも、事業費は増額されてしかるべきであろうが、その姿をまったく見ることはできない。かえって平成二一年度からは開館以来、初めて一億円を割り込むことになり、最盛期であった平成三年の四一％にまで落ち込んでしまった。逼迫する博物館財政の縮図が見て取れ、まさに博物館の栄枯盛衰をみることができる。

ところが平成二三年度は、一転して当初予算額が増額となっている。この年度は、開館四〇周年を迎え展示事業費が増えたためである。同館では、表向きは開館四〇周年記念事業を冠していないが、特別展「円空　こころを刻む」開催費が、記念事業として勘案されて計上されたのである。翌二四年度は、周年事業を終え、二二年度ベースを基準に戻されることになるはずであるが、同年より増額となっている。これをみると、展示事業費では企画展が一本増え、またゆめ・体験ひろば事業費に資料データベース化事業のウェブ公開準備費が計上されるなど、管理運営費を含めて増額となっている。これにより二二年度ベースより予算増となり、一億円台に復している。この結果、周年事業を擁した二三年度からは小幅な縮減ですんでいる。

厳しい財政状況でなあるが、時宜も得て周年事業を効果的に活用し、新たな事業展開を図ることで、財政縮減の流れからかろうじて脱出しようという試みが窺われる。限られた予算で、効率的に事業を拡大することは博物館や学芸員にとっては業務的に負担にはなるが、博物館経営的なプラス要素を積極的に取り入れ、利用者にとって還元できる事業を実施することで観覧者増の起爆剤となると共に、博物館の活性化と財政的な向上を目指すことのできる好例といえるのではないだろうか。

(二)　神奈川県立歴史博物館

次に神奈川県立歴史博物館を例に見てみよう。同館は、昭和四二（一九六七）年に開館した神奈川県立博物館を前身とし、開館当初から総合博物館として関東における県立博物館をリードしてきた先駆的な博物館である。平成七（一九九五）年に神奈川県立生命の星・地球博物館建設により自然科学部門が分かれ、人文系博物館として再スタートした。神奈川県は、前掲の埼玉県と比べて予算規模が大きく、一時、県財政が危機的状況に陥ったこともあるが、博物館財政に関しては比較的恵まれてきたといっていいだろう。しかし、予算の推移を見ていくと、予算の組み替えや、新規事業の導入、入館料の改定などにより乗り切ってきた苦労が見て取れる。

さて同館の『神奈川県立博物館館報』と『神奈川県立歴史博物館館報』（以下『館報』）に掲載されている財政状

況の推移を見ていきたい。『館報』は、予算ベースではなく決算額を掲載しており、歳入・歳出の実際の変動がわかる。

なお、掲出の表7は、手元の資料では昭和四六年までの『館報』がなく、『神奈川県立博物館開館二〇年の歩み』に掲載された年度別予算の表から抽出したので、厳密には同四七年度以降の決算とは異なることを断わっておきたい。また、予算の組み替えや新規予算などもあり、同一予算名ではないので、筆者が適宜、前の予算項目に類似していると思われる予算項目に分類しており、予算費目毎に四捨五入をしたので合計金額と合致しないところもあり、必ずしも正確ではないことを御容赦願いたい。

まず、歳入の部である。昭和四七年の歳入からバブル経済期初頭の同六二年にかけては、右肩上がりに約九倍という好調な伸びを示している。歳入の項目の中では、特に入館料収入の増加が著しい。入館者数は一日平均、二〇〇人台後半から三〇〇人前後を維持しているが、入館料の改定により歳入を押し上げている。ところが、突然平成四年には、一日平均で二〇〇人を下回ることになり、大幅な減収を見せることになる。しかし、バブル経済末期の平成五年には、博物館再編整備事業のため自然科学部門が分離し歴史博物館開館準備に入ることになり、休館により歳入は落ち込むことになる。

だが、同七年のリニューアルで、常設展と特別展の二本立ての料金体系を採ることにより平成三年レベルまで戻っている。特に収入は、特別展の観覧料収入に左右されているといってよい。常設展観覧料収入はコンスタントに四〇〇万円台で推移しているが、収入増のカギは特別展が担っていることが明らかにわかる。全国調査でも博物館が力を入れている事業は特別展であり、最も効果があるとしていることに通じる結果である。担当としては、博物館の使命を果たすために開催準備には全力を傾注しているわけで、結果的に収入増につながらない展示もありうる。これが博物館の評価や次年度予算などに反映されることがあってはならないことは言うまでもない。残念ながら平成二一・二二年と入館者数が全体的に落ち込み、翌年の歳入に影響し、歳出面でも事業費に影を落としている

表７　神奈川県立歴史博物館年度別決算額（千円）※各費目の千円未満の金額は、筆者が四捨五入をしたので、年度別歳出の合計欄の数字とは合致しない。

年度	歳入	歳出	維持運営費他		資料収集費		普及・教育費			調査研究費	特展開催費	資料補修費	施設改修費			
42		268,820	49,633		150,000		4,788			3,216	9,600	0	51,583			
43		127,713	33,058		69,464		4,420			4,100	12,841	2,000	1,800			
44		150,118	33,838		74,977		4,975			4,087	7,061	1,992	23,188			
45		119,207	27,483		45,000		4,536			4,333	9,000	6,855	22,000			
46		96,097	25,984		45,000		5,079			3,915	10,000	3,569	2,550			
									博物館協議会費			資料展示費	展示室整備費			
47	1,666	88,220	25,228		42,475		4,624		587	2,601	10,007	2,319	380			
48	1,358	114,759	35,323		54,933		5,690		743	3,511	12,033	1,665	860			
49	1,630	108,773	36,475		46,299		3,949		793	4,966	12,653	3,140	500			
50	1,862	80,862	37,844		24,232		4,641		229	4,217	7,091	2,388	220			
51	3,906	73,202	38,640		18,000		2,620	博物館活動促進事業	347	3,199	7,900	2,399	99			
52	5,696	78,974	41,281		15,900		2,791	2,000	445	3,169	10,690	2,600	99			
53	4,785	82,787	44,203	環境関係共同事業	16,000		2,806	2,000	409	3,469	11,000	2,900	0	修繕工事		
54	4,090	91,026	44,022	2,000	16,000		2,907	2,000	453	3,410	10,987	2,900	4,995	1,353		
55	5,040	175,342	52,806	2,100	90,999		2,919	2,000	456	3,601	12,000	2,804	5,658		民俗報告書刊行事業	民俗文化財分布調査
56	7,313	133,501	61,655	2,098	34,000		2,910	998	429	3,906	19,481	2,499	5,025		500	
57	8,238	114,925	62,839	1,440	19,757		3,366	1,500	482	3,925	13,048	2,518	3,050		500	2,500
58	7,372	114,753	59,333		22,630		4,994	3,715	博物館事業費	6,535	15,128	2,065	4,068	施設整備費		
59	6,583	111,507	58,135		25,992				24,697					2,682		
60	9,772	157,878	61,692		64,842				29,243					2,100	20周年記念事業費	
61	12,936	130,797	59,025		24,390				42,037		展覧会開催費			5,336	4,000	
62	15,394	126,946	57,601		24,395				11,016		26,108		5,254	2,573		
63	15,133	147,523	60,061		48,000				16,135		16,272		1,655	5,400		

平成元	10,292	266,321	61,713		152,014				26,456		24,538		16,000			
2	10,726	182,037	63,763		59,310	人文系博物館資料収集費			26,797		30,568		1,600			
3	13,224	413,596	78,099		60,000	219,949			30,143		23,806		1,600			
4	7,829	464,015	79,675		60,000	301,993			19,042		2,305		1,000	人文系博物館整備準備費		
5	885	446,520	48,893	人文系博物館維持運営費		369,999			18,850		人文系博物館展示事業費		人文系博物館初度調弁費	8,777		
6	2,117	208,591	17,386	36,600		80,000			11,795		5,800		51,100	5,910		
					資料整備費	情報システム整備費	学習支援事業費	かながわ県民アカデミー事業費	社会教育指導者養成研修事業費	調査研究事業費	展示事業費					
7	13,356	313,717	116,072		31,949	123,164	5,627	400	202	7,005	29,500					
8	12,365	322,049	119,538		28,929	123,838	6,217	366		6,776	36,183					
9	16,357	326,159	119,463		26,549	126,924	6,369	353		6,034	40,467					
10	13,940	314,295	118,435		23,841	126,858	6,216	県立機関活用講座開催費	学習活動支援設備整備事業費	6,899	32,046					
11	22,914	237,866	100,687		14,064	86,060	4,114	200	436	4,771	27,970					
12	18,654	224,319	94,080		12,580	81,017	3,779	300		4,245	27,882					
13	15,188	213,068	89,528		11,309	79,057	3,261	250		3,968	25,695					
14	16,951	212,762	92,241		9,810	76,549	2,702	291		3,299	27,870					
15	17,233	219,716	98,377		14,153	74,965	2,404	265		2,851	26,701					
16	14,562	197,979	85,792		12,167	73,838	2,034	288		2,143	21,717					
17	16,171	185,865	81,026		10,941	67,236	1,909	317		2,144	22,292					
18	18,317	175,909	80,321		9,574	59,471	1,915	267		1,789	22,572					
19	16,813	174,610	80,310		9,500	58,473	1,852	253		1,310	22,391	緊急雇用創出事業臨時特例基金委託等事業費				
20	20,227	172,171	77,334		9,395	57,774	978	211		508	25,971					
21	18,862	177,922	75,186		8,727	57,760	1,018	270		370	24,180	10,481				
22	13,815	151,288	71,109		3,720	46,062	1,021	202		473	15,984	12,717				

ことがみてとれる。

さらに、この入館料収入とともに大きいのは、雑収入である。雑収入の詳細は明らかではないが、展示解説書等販売とライブラリー複写料金があげられている。展示解説書は、常設展示解説とともに特別展図録の収入であり、やはり特別展の入館者に影響されている。しかし、ライブラリーの複写料金も大きいことを考え合わせると、これは博物館の利用がただ展示を見るだけではなく、より深く学習したい、また資料情報を得たいということを意味しており、目的を持って来館する利用者が多いことが考えられる。博物館の取り組みが、利用者に評価されていることの表れではないだろうか。だが、二一・二二度は入館者数に比例して売上げが伸びず、次年度の歳入予算に減額となって表れている。

さて、歳入は同一一年には特別展収入が最高額を出して、歳入の明らかな昭和四七年の約一四倍という歳入額を達成しており、二〇年度も二千万円台を上げている。

ところが、同二一年には歳入は二〇〇〇万円を割り込み、同二二年には一三〇〇万円台にまで急激に落ち込んでしまっている。前述の通り、観覧料収入と展示解説書（図録）の売上げの伸び悩みが要因である。特別展の観覧者が少なければ比例して図録の売上げが減るのは自明の理であり避けられないが、これを根拠に翌年度の歳出予算に響いているのを見て取ることができる。展覧会には、ある程度経費がかかるのは仕方が無いことであり、良い展示は構成、資料が揃わなければならず、そのためには収集が必要になり、調査旅費、搬出入費がかかる。また、展示の開催を知らなければ利用者は博物館に足を運ばないので、ポスター等印刷費や広報宣伝費も必要である。このうち一つでも欠けることは良質な展示とならず、利用者が博物館に来ないのである。前年の歳入が減ったからといって、直ちに翌年の予算を削減するという措置は、軽挙妄動というのは言い過ぎであろうか。

次に歳出を見てみよう。

維持運営費は、光熱水費、警備委託や受付人件費など、博物館の日常の維持管理や運営費であり、リニューアル前後に動きがあるものの、大きな変動はない。

資料関係費は、購入資料によって増減があるものの、リニューアル準備に大幅に別建て予算が付くなど比較的潤沢であった。ところが、平成一八年度には、開館以来初めて一千万円を割り込んでしまった。前掲の全国調査から見れば潤沢な資料予算を持つ博物館ではあるが、リニューアル後には資料整備費という予算名となっており、これはかつてあった資料補修費など、修理修復予算も含んでいることから厳しい状況である。後述するが、資料整備費と展示事業費の同二二年の削減は顕著であり、同館の博物館経営に暗雲の兆しが見えている。ただ資料関係では、リニューアル後は、新たに情報システム費が設けられ、資料情報化が強化されている。この予算もシステムが構築され、運用のための機器メンテナンスや新たな資料のデータ入力などの運転費用である。資料予算が減っていることと連動して入力データ数が減っているのかもしれないが、将来の機器更新などに今後予算が継続してつけられるかどうか、課題であろう。

教育普及関係は昭和五九年からリニューアルまでの、まさにバブル経済期には、展示以外の事業を集約して博物館事業費としている。予算項目から調査研究費も、博物館事業費にまとめられたとみられる。リニューアル後は、教育普及関係は、学習支援事業費として再生し、以前より増額したがバブル経済崩壊後は調査研究費とともに急速に減額されている。リニューアル直後の約一七%、最盛期の同九年の一五%に過ぎない。全国調査では教育普及活動に力点が移っている現状とは異なる様相を示している。しかし、博物館単独の事業の限界から、かながわ県民アカデミー事業、県立機関活用講座をはじめとした県単位事業を招致するなどの努力が見られる。しかし二〇万から四〇万円規模の事業で、到底以前の予算規模には及ばない。

調査研究費は、博物館の根幹をなす事業であるが、平成一〇年を境に急速に縮小し、平成二〇年度では一三分の一程度まで縮小し、五〇万円ほどになっている。全国調査でも調査研究費がない博物館がほとんどであるので、あるだけまし、ということかもしれないが、博物館の柱の一つが風前のともしびとなっているのである。この館は、学芸員が約二〇人近くいることから、単純に頭割りをすると二〜三万円にしかならず、数回の調査で使い切ってしまうということになる。

もうひとつの柱である展示事業である。当初は特別展開催費、資料展示費と展示室整備費などがあげられている。おそらく後者の予算のなかから常設展示費に充てられていたとみられる。前述のとおり費用は五九年から博物館事業費に移行したとみられるが、昭和六二年には展覧会開催費として独立した予算に復した。予算額からするとかつての特別展開催費、資料展示費を合算した以上の額となった。リニューアル後は、展示事業費となっているが、これは特別展開催費と準備費、常設展維持運営費が充てられている。仄聞するところ特別展開催費は、事業費の約半額以下であり、平成一四年度までは年間五本、翌一五年からは年間四本の特別展を開催し、近年は一本二〇〇〜三〇〇万円前後で開催しているという(6)。予算の減少から、特別展を一本減らしたことは容易に想像がつく。しかし、収入も特別展に頼っている現状もあり、予算がないからといって展示の質を下げることは学芸員の矜持が許さない。表面には出ないことであるが、調査費や研究費などの不足は、自腹を切って開催にこぎつけるというのは、当然のこととして学芸員の多くが経験していることである。こうした現実の中で特別展が開催されていることは、学芸員を目指す人は勿論、博物館に関わる人、行政や利用者にも認識して欲しいものである。

最後に歳出の総額である。実際に支出できた額であるが、バブル期までは概ね一億円前後で推移している。平成のバブル絶頂期に二億円を突破し、同三年には四億円を超えた。これは再編によるリニューアル準備費といえる資料収集費が含まれるが、まさに博物館財政のバブルといえる様相である。リニューアル直後にバブル経済崩壊を迎えたが、同一〇年までは三億円台を維持している。神奈川県は、同年末、当時の長須知事が深刻な税収不足から財政再建団体に陥る危険性を訴えた非常事態宣言を出した。翌年も緊縮財政を行ったにもかかわらず、博物館財政は微減となっている。県財政が悪化しているにもかかわらず、文化や博物館財政には大きな縮減はなかった。全くの影響がないとは言えないだろうが、健闘しているといえよう。

しかし、同二一・二二年の収入の落ち込みが、予算全体に大きく反映されている。すなわち前年の観覧料収入と展示解説書の減収が、翌年の予算に影を落としているのである。減収分が、展示事業費を抑制して二二年は三八％カットの約八〇〇万円減、資料整備費も五七％カットの約五〇〇万円減、情報システム整備費も約一〇〇〇万円減と、博物館として基盤事業費の削減となっている。この傾向は、事業費を削ることにより展示や資料収集、情報発信といった利用者のための魅力的な博物館づくりを阻害する悪循環を生み出すことになるのである。再三述べているように、博物館経営には利用者を意識した博物館側の努力と設置者（自治体）側の理解が必要であるといえるのではないだろうか。こうした双方向の理解と努力が必要なのである。

おわりに

二〇一〇年四月二三日付けの『ウォール・ストリート・ジャーナル日本版』に、「ニューヨーク・メトロポリタン美術館でピカソ展―財政難のなか収蔵品が頼りに」の記事が掲載された。アメリカ各地の美術館が緊縮予算と寄付減少に直面し、同館では二二％減少したという。多くの美術館は、様々な戦術を採り、巡回展や面倒な借用手続きやコストがかかる美術展を減らし、手持ちの作品を収蔵庫から引っ張り出してきているという。トーマス・キャンベル館長は、借用展示を継続する一方「手持ちのコレクションを見直して最大限に活用することをスタッフに奨励している」と話しているという。この記事は、日本に限らず海外でも博物館が財政難の状況であることを語っている。

日本でも、同年八月二一日付け『日本経済新聞』が所蔵品について市民とともに活用法を模索し、リストの公開はもとより市民と協働で資料の整理にあたる動きがあることを紹介している。

また横浜美術館の「横浜美術館フレンズ」制度は、コレクションに愛着を持ってもらうために一作品一万円の参加費で、支援する作品の展示期間中に名前が掲げられ、学芸員のトークや懇親会への招待といった特典を受けられるという。これは展示や保存活動にあてる資金を募る制度で、初年度一一二人の参加があったという。寄付とは違う形態であるが、博物館側には資金が入り、利用者は資料に触れ合うことができるという双方にメリットがある新たな試みである。

一方、国でも新たな動きが出てきた。文化庁による美術品の国家補償制度である。博物館や美術館が、海外から作品を借用する際、五〇億円以上の損害を対象とし、九五〇億円を上限に損害保険料を国が肩代わりする制度である。近年、特に九・一一テロ以降、資料評価額が国際的に高くなっており、それに伴って保険料率も上昇して保険料負担が展覧会開催の足かせになっている場合がある。作品数を減らしたり、展覧会開催をあきらめたりすることもある。国の補償制度により、良質な海外作品の展覧会が容易になる。こうした制度が、国内作品にも適用されることを望みたい。

また、平成一二年二月四日付『朝日新聞』夕刊に、【美術館など国立施設　収益金は自己資金に―文科省が制度見直し「頑張りに報いる」―】の記事が載った。これまで独立行政法人となった国立の美術館や博物館は、入場料やグッズ販売などの収益金は、全額国庫に納められていた。年々国から支出される運営費は減少し、各館では職員数を減らしたり、正規職員を臨時職員に切り替えるなどをして予算縮減に対応してきた。独立行政法人再編を期に、収益を自らが使える制度に改正するという。

さらに同年五月一日付『読売新聞』には、この制度では、収益を「目的積立金」として積み立て、学芸員などの人件費、展覧会関連費用や研究費などに充てるとともに、資料を購入するための基金を創設することも検討しているという。運営形態が異なるので、公立博物館が直ちに同様な措置を取ることは困難ではあるが、博物館財政にとって明るい兆しが見えてきた。

このような試みを逼迫する博物館の財政を補う手法として、今後の展開や博物館全体の動向を注目していきたい。

註

（1）群馬県立歴史博物館の企画展「関東戦国の大乱」開催時の、平成二三年八月二五日に発生した展示資料（重要文化財を含む四点の古文書）の水滴染み事故は、空調設備の不具合から発生した結露によるものであった。設備の老朽化は、通常の保守管理のみでは対応できないことを示している。なお同館では、同二四年度から数ヵ年計画の改修関連の予算化を目指している。

（2）財団法人日本博物館協会『平成二〇年度文部科学省委託事業　地域と共に歩む博物館育成事業　日本の博物館総合調査研究報告書』二〇〇九

（3）「開館二〇周年記念特別展　さいたまの名宝」。当時は「さいたま市」誕生前であったため「さいたま」としている。

（4）「メキシコの民芸」（昭和六〇年）、「古代メキシコ・オルメカ文明展」（昭和六一年）、「山西省文物展」（昭和六二年）、「クインズランド展」（平成元年）

（5）「杖刀人とその時代」（会場・岩手県立博物館・昭和五九年）、「縄文の風景」（岩手県立博物館・同上）「海上之邦おきなわ」（沖縄県立博物館　昭和六一年）

（6）平成一一年は、展示事業費が最高の収益を上げている。この年は、「磁器の技と美～有田そして瀬戸へ～」（併設「横浜が生んだ真葛焼」）、「かまくらの石塔～極楽浄土への祈りのかたち～」、「没後八〇〇年記念　源頼朝とゆかりの寺社の名宝」、「広重～その美と叙情～」の四本の特別展を開催している。

追記　小稿最終校正時の、朝日新聞夕刊（平成二四年七月三〇日付）に『中国「博物館強国」計画』の記事が載った。

国家を挙げて博物館の充実に力をいれ、文化でも東アジアの主導権を握る思惑があるという。「文化発信への潤沢予算」の小見出しがつき、二〇二〇年までに全国で三四〇〇館から六〇〇〇館への倍増計画があるという。なかでも注目する記事として、「日本と大きく異なるのは、政府の潤沢な文化予算だ。例えば政府が08年に打ち出した博物館の無料化では、減収分を補填するため、09年は20億元（二四五億円）、10年は24億元（約二九四億円）もの補助金を全国の博物館に交付した。日中の博物館運営に詳しい日本企業の担当者は「文化予算が乏しい日本とはスケールが違う」と話す。」と締め括っている。また上海博物館の陳館長のインタビューには、「収入が入場者数に左右されず、むしろ財政状況は安定しました。（職員の意識は）入場者数に気を採られなくて済む分、展示の工夫や調査・研究に力を注げるようになり、士気が上がりました。」という。

政治体制が異なるとはいえ、財政基盤の安定化を図った文化戦略を博物館に置いた中国政策には、逼迫した博物館財政を放置し続ける日本も見習わなければならないだろう。

地方公立博物館の苦境

大貫英明

一　地方公立博物館の現状

筆者に与えられたテーマは、変わりゆく地方博物館・資料館の苦境を著わすことにある。現在の地方公立博物館が置かれている財政的、人的苦境については筆者が著わすまでもなく、博物館関係者の誰もが認識せざるを得ない状況下にある。行政改革の名のもと、事業経費の大幅な節減、博物館業務の見直し委託化、学芸員の非常勤職員化、果ては民間丸投げの指定管理者制度への移行など、何でもありというのが今日の地方公立博物館の現状である。

平成二一年四月には博物館法施行規則が改正され、大学等における養成課程の科目の改善、充実など学芸員の資質の向上が図られようとしている。しかし学芸員が使命感を持って働くべき博物館はといえば、大学で学んだ姿とは遠くかけ離れたものへと変貌しつつある。

日本博物館協会が、平成二〇年度の文部科学省委託事業としてまとめた『日本の博物館総合調査研究報告書』（以下「総合調査報告」と記す）の「Ⅳ、総合調査を踏まえたこれからの課題」は、「常勤職員が減少し、非常勤職員が増えている（Ⅱ図表10、本稿表1）。資料購入予算が減少している。収蔵庫の保管状況、資料台帳や資料目録の整備は殆ど進んでいないなど。博物館は厳しい冬の時代の渦中にある。」とし、さらに「今日の経済状況や地方の財政事情では、博物館の施設の維持さえ困難になっていくのではないかと危惧される。」と博物館の苦境をまとめている。

また「Ⅲ、総合調査結果集計・分析」の〈博物館の財政〉「一九、収支の状況」では、表として「支出とその内訳の推移」を示し、厳しい経済状況を反映し支出総額、管理費と人件費を減少させる一方で、事業費は増加させている

表１　博物館の職員数（註１図表-10職員数、全体／時系列比較）

			平成９年		平成16年		平成20年	
			N=		N=		N=	
館長	常勤館長総数		1,891	1,056 人	2,030	1,133 人	2,257	1,285 人
	館長が常勤している館の割合			55.8 %		55.8 %		56.9 %
常勤職員	常勤職員のいる館の割合		1,654	92.6 %	1,997	86.9 %	2,089	82.0 %
	常勤職員総数(館長を除く)		1,654	13,178 人	1,997	13,592 人	2,089	13,784 人
	内訳	副館長		531 人		571 人		607 人
		学芸系職員総数		4,494 人		4,591 人		4,914 人
		事務・管理系職員総数		4,936 人		5,208 人		4,703 人
		学芸・事務管理系職員		3,216 人		3,222 人		3,560 人
	１館当たりの常勤職員数(館長を除く／平均)		1,654	7.97 人	1,997	6.80 人	2,089	6.60 人
	内訳	副館長		0.32 人		0.29 人		0.29 人
		学芸系職員		2.72 人		2.30 人		2.35 人
		事務・管理系職員		2.98 人		2.61 人		2.25 人
		学芸・事務管理系職員		1.94 人		1.61 人		1.70 人
非常勤職員	非常勤職員のいる館の割合		1,654	41.9 %	1,997	46.4 %	2,089	53.0 %
	非常勤職員総数		1,654	2,802 人	1,997	3,732 人	2,089	4,466 人
	内訳	副館長		100 人		81 人		140 人
		学芸系職員総数		933 人		1,131 人		1,410 人
		事務・管理系職員総数		1,104 人		1,688 人		1,838 人
		学芸・事務管理系職員		665 人		832 人		1,078 人
	１館当たりの非常勤職員数(館長を除く／平均)		1,654	1.69 人	1,997	1.87 人	2,089	2.14 人
	内訳	副館長		0.06 人		0.04 人		0.07 人
		学芸系職員		0.56 人		0.57 人		0.67 人
		事務・管理系職員		0.67 人		0.85 人		0.88 人
		学芸・事務管理系職員		0.40 人		0.42 人		0.52 人

としている。また「設置者別総予算の推移」の表は、公益法人と国立の博物館が厳しい状況下にもかかわらず予算を確保できているのに対し、都道府県立や市立、会社個人などの博物館が予算を減らしている状況を示している。[1]

文部科学省が平成二二年七月七日に報道発表した、「平成二一年度「地方教育費調査（平成二十会計年度）」及び、「教育行政調査（平成二一年五月一日現在）」の中間報告も、博物館の厳しい財政状況を示している。[2]

平成二〇年度に支出した地方教育費の総額は、一六兆二、一六八億円であり、消費的支出をはじめ全ての支出項目が減少し、平成一九年度と比べるなら三、四七九億円も減少し（対前年度伸び率△二・一%）、一二年連続の減少とする。このうち社会教育費は一兆七、一〇九億円で、これも全ての支出項目で減少し、平成一九年度との比較では九二二億円の減少で（対前年度伸び率△五・一%）、一二年連続の減少とする。

「調査結果の要旨」の表「教育分野別地方教育費

表2　教育施設別の社会教育費（註2第10表）

区分	実額 平成20年度	実額 平成19年度	構成比 平成20年度	構成比 平成19年度	対前年度伸び率 平成20年度	対前年度伸び率 平成19年度
	億円	億円	(%)	(%)	(%)	(%)
社会教育費	17,109	18,031	100.0	100.0	△5.1	△3.1
公民館費	2,453	2,565	14.3	14.2	△4.4	△0.7
図書館費	2,942	3,215	17.2	17.8	△8.5	5.0
博物館費	1,725	1,904	10.1	10.6	△9.4	△6.7
体育施設費	4,514	4,659	26.4	25.8	△3.1	△6.8
青少年教育施設費	595	668	3.5	3.7	△11.0	△13.4
女性教育施設費	29	30	0.2	0.2	△4.4	18.9
文化会館費	1,183	1,278	6.9	7.1	△7.4	△7.4
その他の社会教育施設費	1,137	1,185	6.6	6.6	△4.0	△6.0
教育委員会が行った社会教育活動費	1,301	1,329	7.6	7.4	△2.1	2.3
文化財保護費	1,230	1,199	7.2	6.6	2.6	0.6

の推移」を見ると、社会教育費は一二年連続減少の結果、実に率で三九・〇％、金額では一兆九五四億円も減少していることが分かる。また「教育施設別の社会教育費」（第10表、本稿表2）を見ると、平成二〇年度の社会教育費の内訳は、公民館費が二、四五三億円（対前年度△四・四％）、図書館費が二、九四二億円（対前年度△八・五％）で、博物館費は一、七二五億円（対前年度△九・四％）であることが分かる。残念ながら博物館費が、社会教育施設三施設のなかで最も低い経費であり、最も大きな削減率であることが分かる。

二　博物館予算・決算の事例

（一）県立博物館の財政状況

神奈川県立生命の星・地球博物館（以下「地球博物館」）は、県立博物館再編計画により、昭和四二年に開館した横浜市中区の県立博物館から自然系博物館として独立し、平成七年に小田原市入生田に開館した。敷地面積は約二万二、四六〇平方メートル、地下一階、地上四階建て延べ床面積約一万九、〇二〇平方メートルの大型館で、展示スペースは約五、〇七五平方メートル、収蔵スペースは一、四三三平方メートルである。

県立博物館は人文系博物館の県立歴史博物館（以下「歴史博物館」）として、同じく平成七年にリニューアルオープンしている。敷地面積は約四、一六〇平方メートル、地下一階、地上三階建て延べ床面積約一万五六五平方メートルで、展示室は約三、八九六平方メートル、収蔵部門は約六一九平方メートルである。

表3-1　神奈川県立生命の星・地球博物館の費目別決算額の推移

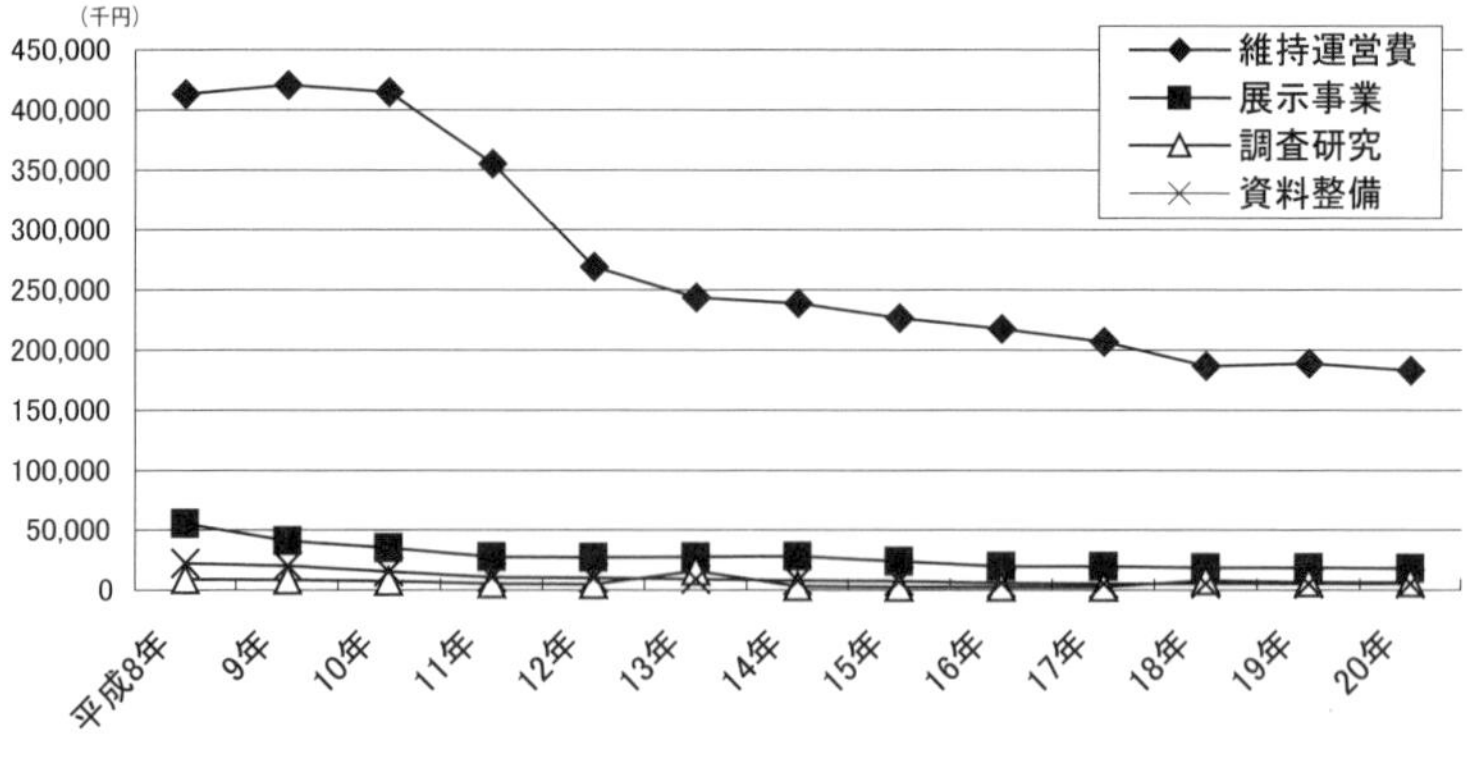

表3-2　神奈川県立歴史博物館の費目別決算額の推移

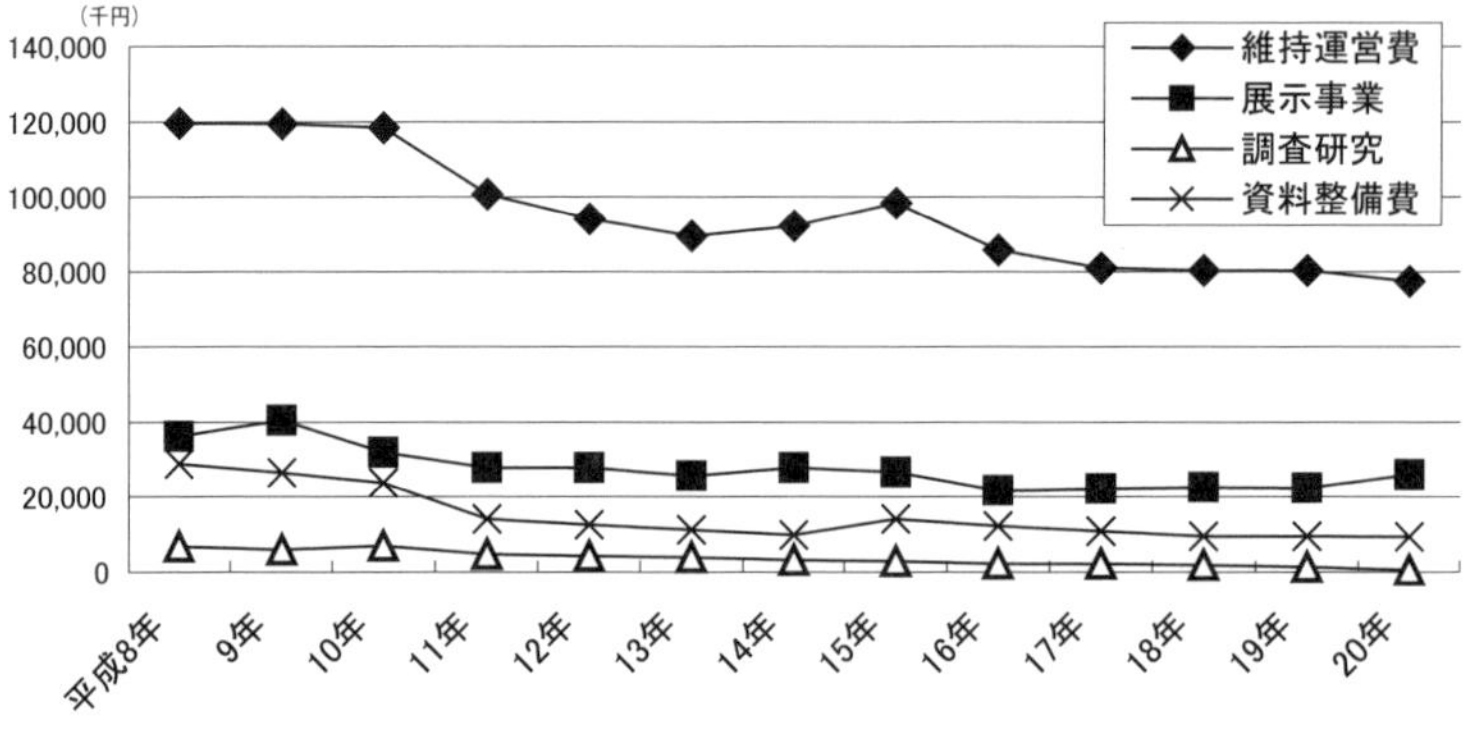

地球博物館と歴史博物館の平成八年度から二〇年度の決算額の推移は、表3-1・2[3]のとおりである。両館ともに一二年連続の減額で、地球博物館の平成八年度決算額は五億一、五一〇万円で、平成二〇年度が二億一、六九六万円であるから、率で約五七・八%の減額となる。歴史博物館の平成八年度決算額は三億二、二〇四万円で、平成二〇年度が一億七、二一七円であるから、率で約四六・五%削減されたことになる。

両館の比較で際立つのは、地球博物館の維持運営費の割合である。バブル景気の余韻が残る時期に開館した大型館のアキレス腱とも言える。開館翌年の平成八年度の維持運営費は総額の約八〇・二%、四億一、三四七万円となっている。平成一八年度には維持費としては限界の約五四・八%カット、一億八、〇〇〇万円台に突入している。歴史博物館の維持運営費は平成八年度が総額の約三七・一％、一億一、九五三万円で、平成二〇年度は約四四・九％と総額に対する割合を大きくし減額率は約三五・三％となる。平成一七年度以降の推移をみるとこれが限界と理解される。

展示事業費を比較すると、地球博物館が五、五二四万円から一、七九六万円と約六七・四％を減額し、歴史博物館は三、六一八万円から二、五九七万円と約二八・二％を減額する。開館当初は地球博物館が二、〇〇〇万円近くも多く予算を持っていたが、両館の差は平成一一年度には均衡し、同一五年度以降は逆転する。調査研究業費は地球博物館が九〇八万円から六四〇万円と約二九・五％の減額に留まるのに対し、歴史博物館は六七七万円から五〇万円と、実に九二・六％と驚くべき減額を見せる。資料整備費を比較すると、地球博物館が二、二五六万円から五〇九万円と約七七・四％の減額、歴史博物館は一四、一五年度にほぼ両館は均衡するが、歴史博物館はその後急減する。資料整備費を比較すると、地球博物館が二、二五六万円から五〇九万円と約七七・四％の減額、歴史博物館が二、八九二万円から九三九万円と約六七・五％を減額する。

県立博物館の財政を支える神奈川県の財政状況を、神奈川県ホームページ「県政基本情報[4]」の「八　県税収入と義務的経費等の推移」（表3-3）にみると、昭和六二年度の税収入は八、二四九億円で、その後平成元年度から同三年度に一兆円を超し、その後減収と増収をくり返し、平成一一年度には八、八二四億円に落ち込み、さらに増減しながら平成一九年度には一兆二、八〇五億円と最高税収を得る。しかしリーマンショックを受けた平成二一年度からは再び大きく落ち込み、平成二二年度の当初予算は九、三二五億円となる。

神奈川県財政の特徴は、総支出に対する義務的経費の割合が高いことで、平成一八年度には八〇％を超している。義務的経費の内訳は、人件費が最も多く、介護・措置・医療関係費、県債の償還元金や利子の支払いの公債費、市町村への税交付金などが続く。

地方公共団体の財政力を示す財政力指数（過去三年間の平均値）は、基準収入額を基準需要額で除した数値で、一・〇以上あれば普通交付税は交付されない。平成二〇年度の神奈川県の値は〇・九六であり、県は類似団体と比較

表3-3　神奈川県　県税収入と義務的経費等の推移（註5より）

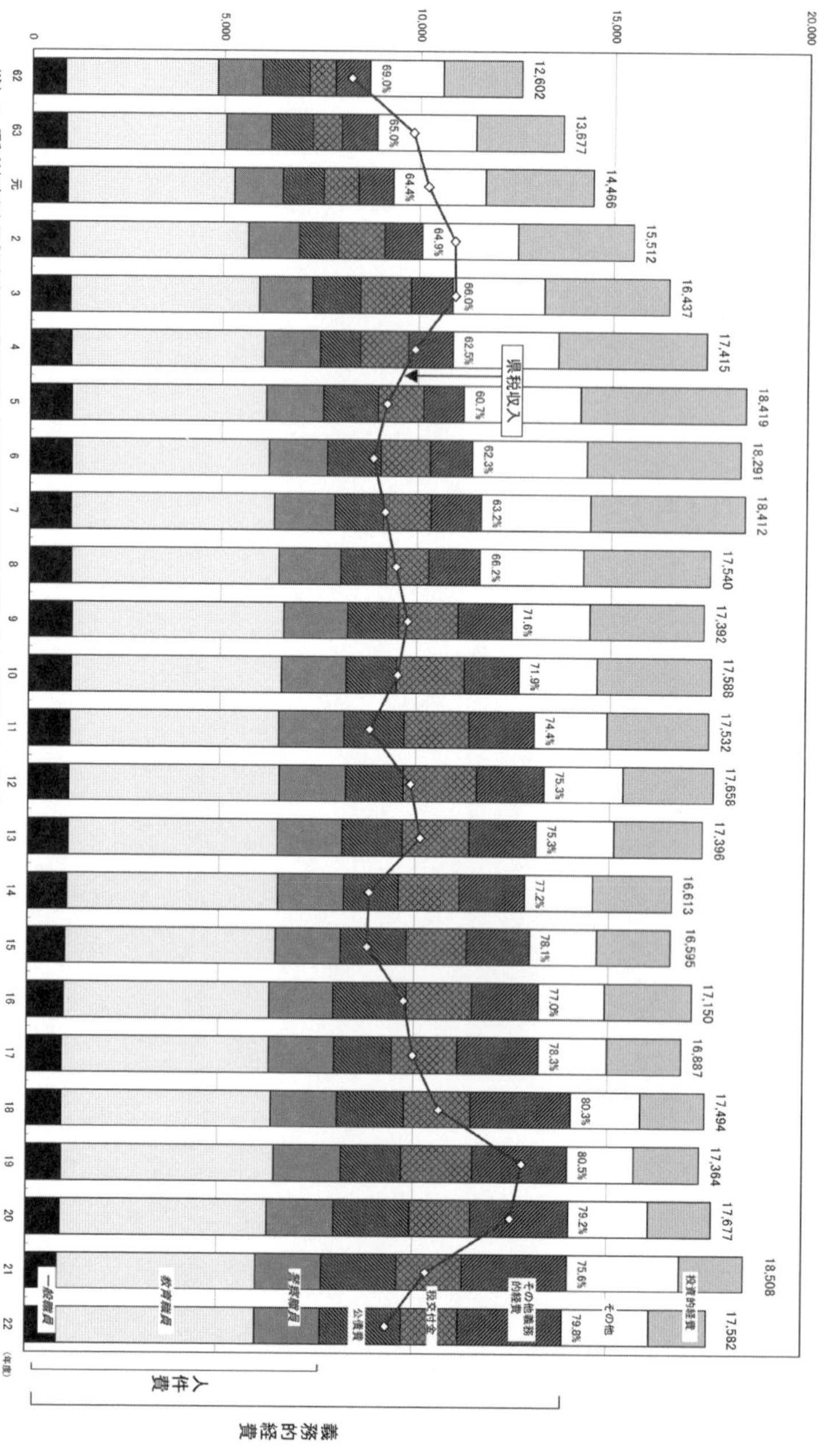

（注）1　昭和62年度から平成21年度までは最終予算額。平成22年度は当初予算額（県税収入は、平成20年度まで決算額ベース）
2　平成21年度までの公債費には臨時財政対策債の特別会計への計上分を含む。

しても高い財政力を持つとしている。また義務的経費に、施設維持補修費などを加えた経常的に支出する経費の一般財源に対する割合を経常収支比率という。神奈川県は九七・八％で、これは全国平均九三・九％に比べて高いが、平成一〇年度は全国四六位であったものを、職員定数の削減により平成二〇年度は全国三五位まで改善したと自己評価している。(5)

(二) 市町立博物館・資料館の財政状況

神奈川県相模原市立博物館と東京都八王子市郷土資料館、神奈川県大磯町郷土資料館の平成八年度から二〇年度の予算と決算額の推移は表4(6)のとおりである。

相模原市立博物館は、相模原市中央区にプラネタリウムを併設する総合博物館として平成七年に開館している。敷地面積約一万平方メートルで、地下一階地上三階建て延べ床面積は約九、五一〇平方メートル、展示スペースは約一、九〇七平方メートル、収蔵スペースは約一、五七〇平方メートルである。平成八年度の用地費を除いた予算総額は四億一六三万円で、平成二〇年度が二億五、一六六万円であるから率で約三七・三％の減額となる。市立博物館では調査研究費に増額がみられるが、これは津久井地域四町との合併に伴う一時的な調査費の増額である。維持管理費は二億三、二二五万円から一億四、四〇二万円と約三七・九％を減額させている。展示事業費は三、五八三万円から一、七二二万円と約五一・九％の減額となっている。収集保存費はほぼ横ばいの状態であるが、プラネタリウム経費は約五二・五％と大きく減額している。

八王子市郷土資料館は八王子市上野町に昭和四二年に開館した。敷地面積は約一、五〇七平方メートルで、地下一階地上二階建て延べ床面積は約一、四七二平方メートルで、展示スペースは約一、〇五七平方メートル、収蔵スペースは約四五〇平方メートルである。八王子市の決算書の記載は事業別に統一されておらず、地方自治法上の科目別となっている時期があることから他館との単純比較はできない。市郷土資料館の平成八年度決算総額は四、

表 4-1　神奈川県相模原市立博物館の費目別予算額の推移

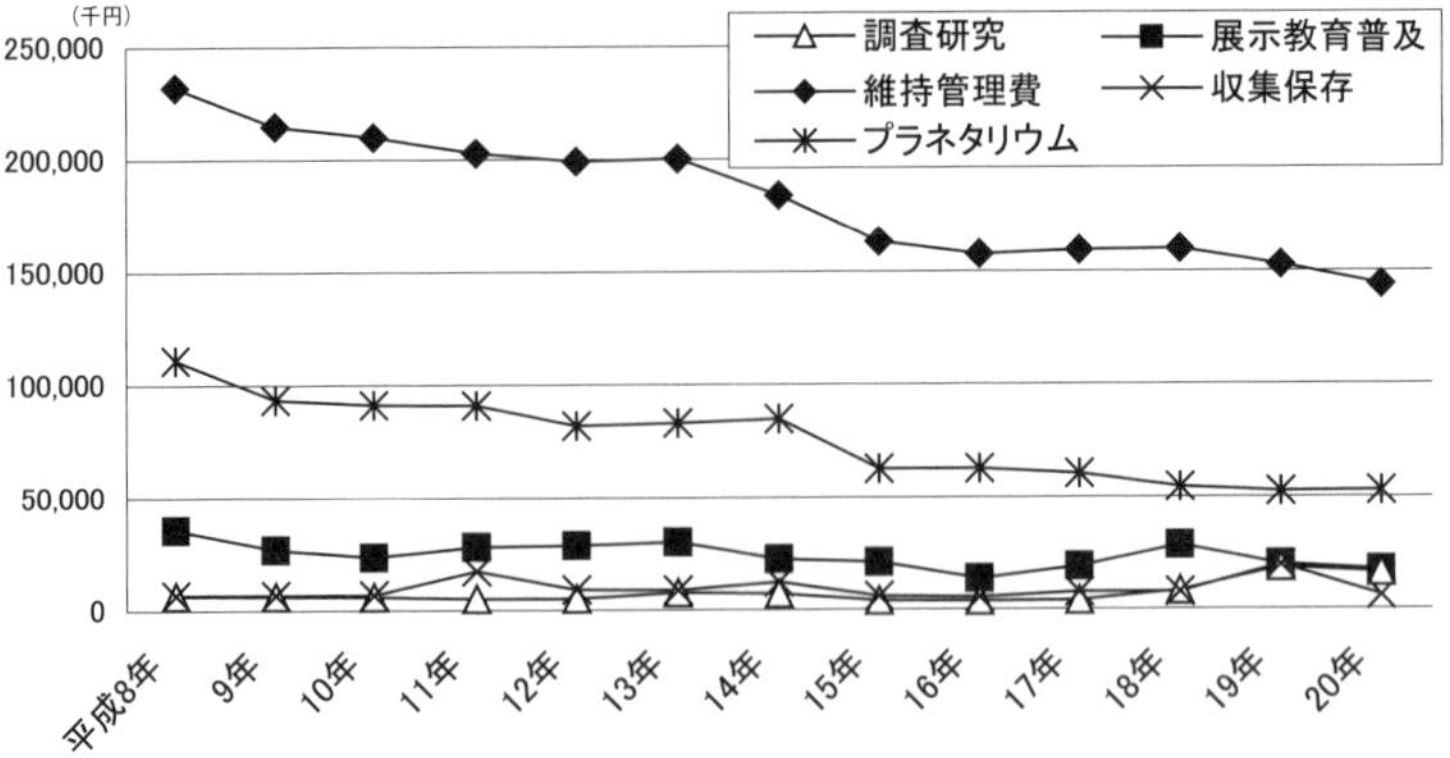

表 4-2　東京都八王子市郷土資料館の費目別決算額の推移

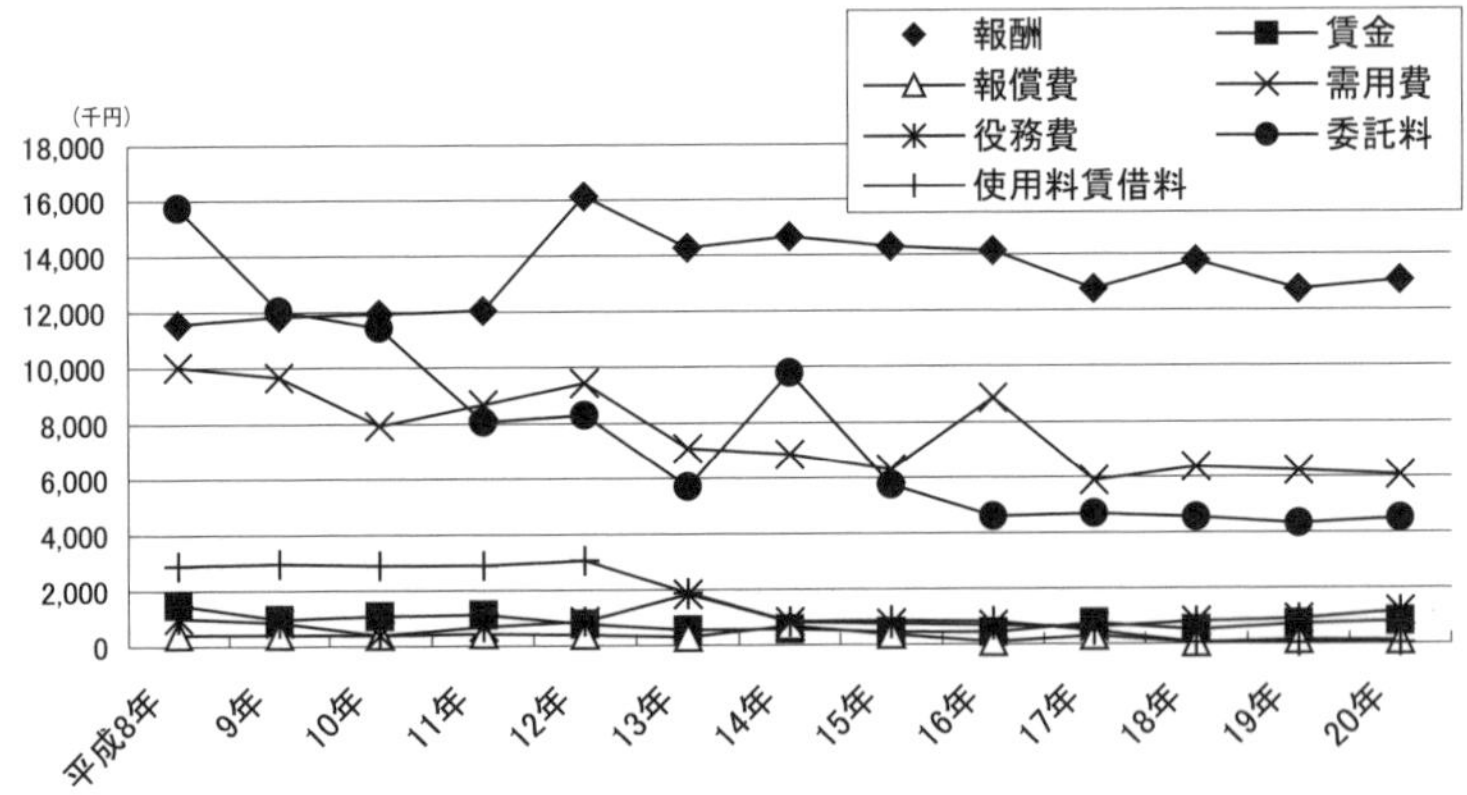

表 4-3　神奈川県大磯町郷土資料館の費目別決算額の推移

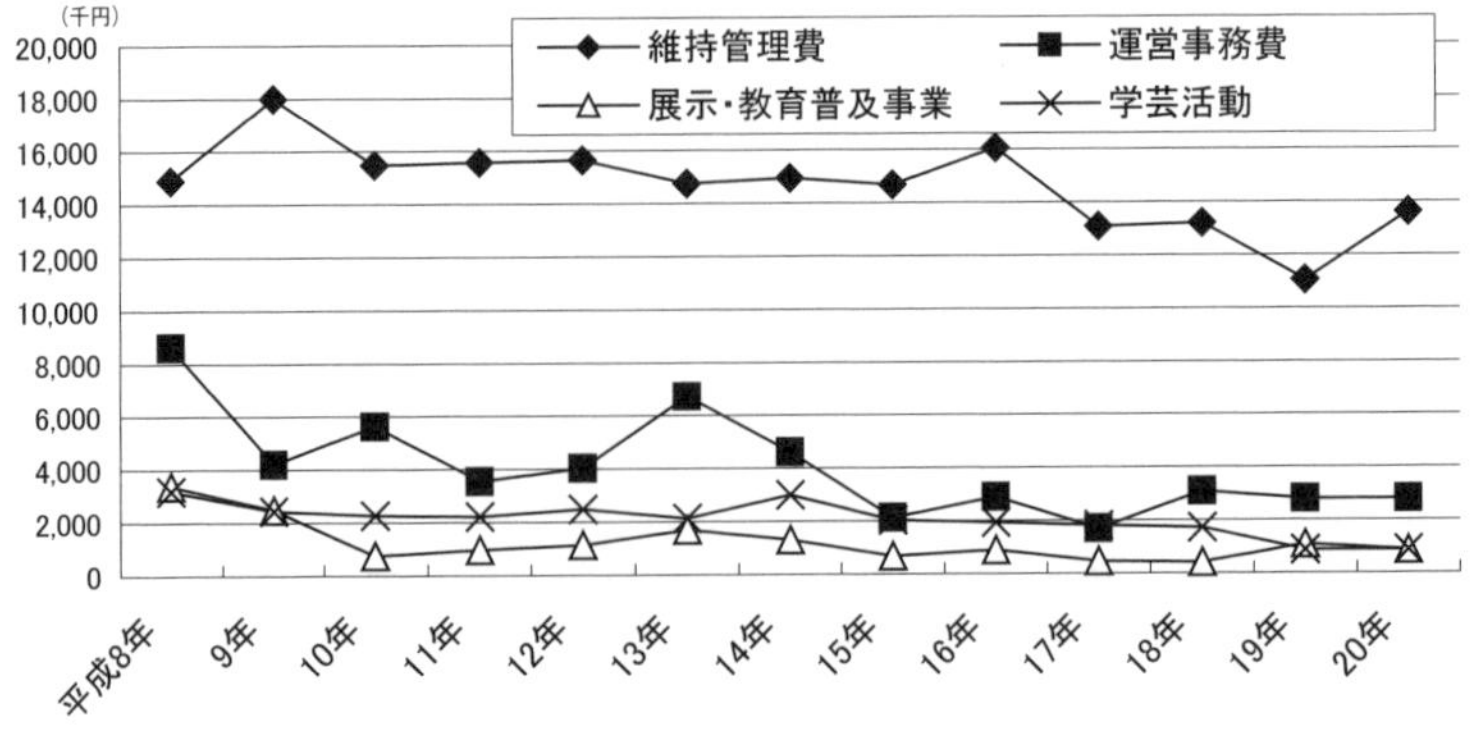

七五六万円とあり、平成二〇年度が二、八五八万円であるから、率で約三九・九％の減額が認められる。市郷土資料館で伸びているのは、非常勤学芸員の報酬である。これに対して清掃委託や警備委託、文書の目録作成やパネルの作成など多岐にわたる委託料は、平成八年度の一、五七六万円から四五〇万円と三分の一以下になっている。電気使用料や年報の印刷代、消耗品代などの需用費も一、〇〇三万円から六〇六万円と約三九・六％の減額であり、使用料賃借料は二九〇万円が二万円に、臨時事務員の賃金は一四八万円が七八万円に、講師謝礼などの報償費は四二万円から八万円と大きく削減されている。

大磯町郷土資料館は大磯町西小磯に昭和六三年に開館した。敷地面積は約七千平方メートルで、地下二階地上二階建て延べ床面積は約一、七七三平方メートルで、展示スペースは約三五九平方メートル、収蔵スペースは約五二九平方メートルである。平成八年度の決算総額は三、〇〇九万円であり、平成二〇年度が一、八一九万円であるから、率で約三九・五％の減額である。町郷土資料館では維持管理費の暫減が特徴的で、平成一九年には対八年度比で約二五・七％減となるが、下げすぎのためか二〇年度にはやや戻している。これに対して運営事務費は六七・四％の削減であり、展示・教育普及費や学芸活動費は、平成八年度には三〇〇万円台であったものが、大きく約七四・五％、約七二・八％と削減され共に八五万円台へと急落する。

なお平成二〇年度の各自治体の財政力指数と経常収支率は、相模原市が一・〇六と九四・七％で、八王子市が一・〇四と八六・八％、大磯町が〇・九九と八六・八％であり、いずれも神奈川県の数値に比べるなら健全経営の自治体といえる数値を示す。しかし、問題なのは神奈川県やこれらの市町の博物館、資料館経費の削減率は、いずれも他事業の削減率に比べて大きく、博物館、資料館の行政需要が低く位置づけられていることである。

三　予算削減の背景

（一）財政危機と行政改革

健全財政の自治体にあっても博物館は予算を大きく削減せざるを得ず、資料の調査や研究もできない、成果を活かす展示や講座も維持できない、さらにリーマンショック以後は、施設の維持管理さえ危ういところまで追い込まれている。その背景には、いわゆる行政改革の風潮がある。

行政改革とは、社会経済情勢が著しく変化する中にあって、市民の求める行政需要が多岐にわたって増大し、一方で、市民の求めに応える原資である税収が確保できない、という行政のジレンマである。

総務省ホームページは、「地方財政の財源不足は地方税収等の落込みや減税等により平成六年度以降急激に拡大、平成一五年度には約一七兆円に達しました。その後、財源不足は縮小傾向にあったものの、景気の低迷に伴う地方税や地方交付税の原資となる国税五税の落ち込みにより、平成二二年度は財源不足が過去最高の約一八兆円に達しています。また、地方財政の借入金残高は、近年、地方税収等の落ち込みや減税による減税の補てん、景気対策等のための地方債の増発等により急増し、平成二二年度末には二〇〇兆円、対ＧＤＰ比も四二・〇％となり、平成三年度から二・九倍、一三〇兆円の増となっています。」と地方財政の危機的状況を喧伝する。[7]また、同省自治財政局は、地方財政の健全化として、「地方公共団体が当面する地域福祉の充実や生活関連社会資本の整備等の重要政策課題に対応するため必要な財源を確保しつつ、不要不急な経費について徹底した節減合理化の道標を示すなど、（以下傍線筆者注）地方財政の健全化の先導役としての役割を担う」とする。[8]博物館経費は、まさに不要不急の経費と見なされ削減されているのである。

（二）世界の行政改革

経済協力開発機構（ＯＥＣＤ）編著の『世界の行政改革　二十一世紀型政府のグローバル・スタンダード』（以下『世界の行政改革』と記す）は、行政改革の背景を「政府の規制の適用範囲は拡大している。政府の関心はあらゆる方面に拡大した。すなわち、汚染、健康、安全、コーポレート・ガバナンス、環境保護、データ・マッチング、少数者の保護、グローバル・テロリズム、信用規制、商法、消費者保護、製品表示、消費税、生計調査、不法移民、インターネットのコントロールなどである。この規制の拡大は、社会の複雑さの増大を反映している。同時に、技術の進歩を通じ、これらの分野における情報を蓄積する政府の能力は著しく増大した。」とし、さらに行政改革の方向性について「国民の政府への期待と需要は成長しており、減少はしていない。国民は、公開性、より高い品質水準のサービス提供、より複雑な諸問題の解決、そして既存の社会政策上の受給権の維持を期待する。（中略）このような増加し続ける要求に財源を供給することを可能にするような、新たな効率性の利得を見つけるという大きな挑戦に直面している。今後二〇年間、政策決定者は困難な政治上の選択に直面する。多くの政府が、経済における自らのシェアを増大させることができないため、国によっては、社会政策上の受給権プログラムに圧力が加わることとなるだろう。公共経営システムの構築者に対するこのような新たな需要は、個々人としては高められた技術的、経営的、そして政治的能力を有し、集団的に思考・計画し、他のアクターと協働してよく働くことができるような職員のリーダーシップを必要とするだろう。」としている。(9) 博物館こそ、強いリーダーシップを持つ職員を必要としている。

（三）バブル経済の崩壊と博物館

わが国でも一九六二年以降、幾度となく行政改革のための調査会や審議会が設置されてきた。しかし行政改革の要因が、世界的な政治的課題であるにもかかわらず、遅々として進むことはなかった。海外では、ニュージーランドの改革に始まり、九〇年代にはカナダや、デンマーク、フィンランド、オランダ、スウェーデン、イギリス、アメリカへと広がるなか、わが国では一九九〇年代の初めまでバブル経済が謳歌し、好景気の税収に浮かれた地方自治体は、いたずらに箱物を競ってつくり続けてしまった。政府でさえ好景気の税収を「ふるさと創生」なるバラマキ政策の財源とし、債務の整理に使うことなく、財政再建のチャンスを逃がしてしまった。さらにはバブル崩壊を財政再建の契機とすることもできず、国債を乱発し景気対策として、地方経済再生のスローガンのもと公共投資、箱物行政は推し進められてしまった。

　残念ながら存亡の危機に瀕している全国の博物館や資料館の多くは、バブル期からバブル崩壊後につくられたと言っても過言ではない。「開館年区分に見た館数」（表5）[10]を見るなら、博物館の建設ラッシュは、昭和五五年以降に始まり、バブル景気の終末の平成元年から四年、そしてバブル崩壊後の経済対策期の平成五年から九年にも見ることができる。

　小西砂千夫氏は、「国の予算が縮小される一方で、自治体を通じて実施される政策が相対的に拡大した結果、地方財政の規模が国家財政に比べて相対的に大きくなるという現象が、国の財政再建が始まった時期から続きました。その現象は特に、一九九〇年代に入ったバブル期とその崩壊による景気対策の時期に顕著となりました。その流れが変わるのは、小泉内閣が予算編成を始めた平成一四年以降です。財政制度等審議会で

表5　開館年区分別にみた館数（註1図表-2、全体・平成20年）

開館年区分	1年当の館数
明治	0.4
大正	1.1
昭和元年〜	2.2
昭和20年〜	6.2
昭和30年〜	10.0
昭和40年〜	20.0
昭和45年〜	32.0
昭和50年〜	42.6
昭和55年〜	59.4
昭和60年〜	56.3
平成元年〜	74.5
平成5年〜	71.6
平成10年〜	48.6
平成15年〜	20.0
無回答	／

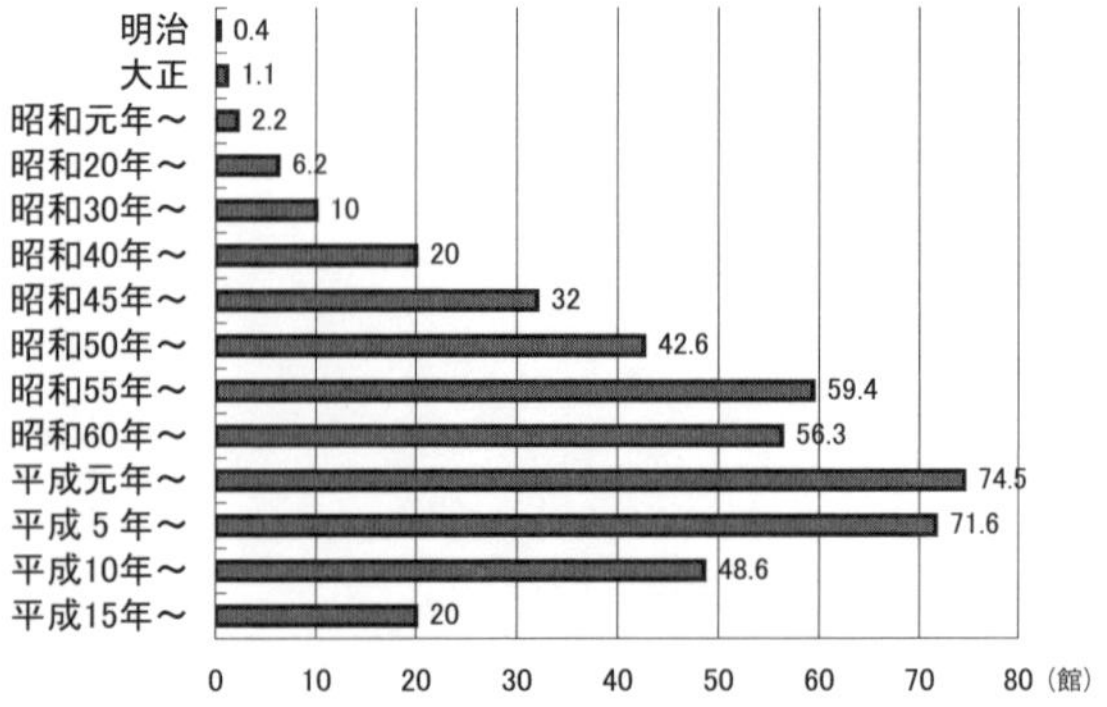

表６　国と地方の一般歳出の伸び（註11図表1-6、昭和50年度＝100）（当初）

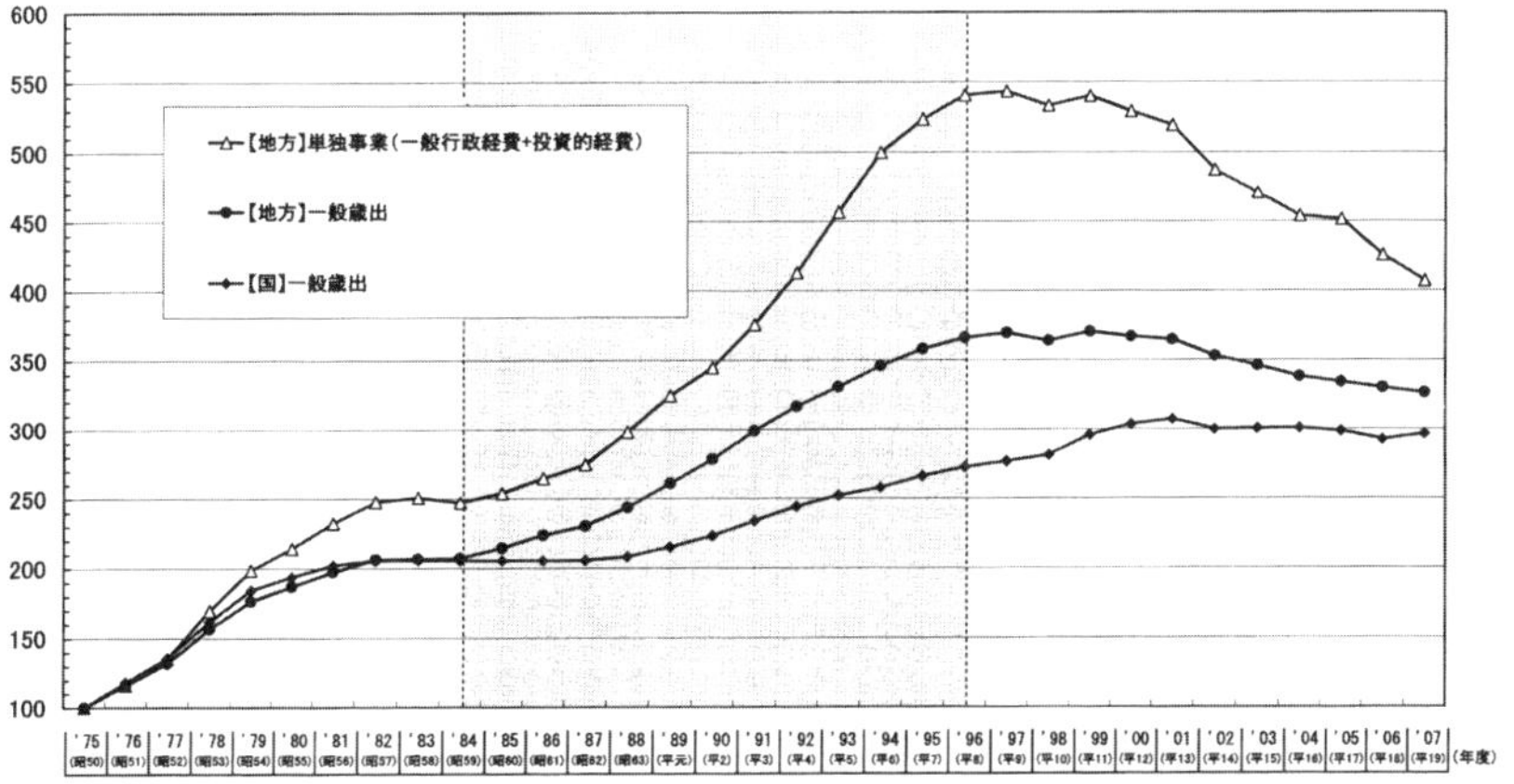

は地方の歳出が肥大化しているのではないかという疑問が呈されます。その根拠となるのが、国との比較で地方の歳出が相対的に増えていることであり、たとえば、（図表1－6、本稿表6）はそれを示しています。昭和五〇年度を起点にすれば、八〇年代のバブル期とその後の景気対策の時期に地方の歳出が相対的に増えていることは明白です。」とする。

また小西氏は自著のあとがきで「自治体を実感してみると、愛すべき対象ではありますが、同時にとんでもないところでもありますし、骨の髄まで無責任体制であることも珍しくありません。（中略）自治体は、どちらかといえば我流の制度解釈を繰り返すばかりで、制度を運営する側の真意をつかめないことが多いばかりか、ときには存在しない敵を作り上げてそれに向かって敵意を露わにしていることすらあります。」ともしている。[11]

統治の原理が不足している政府と自治体の無節操が箱物としての博物館をつくってきたことは事実であり、そのツケが、総務省に不要不急な経費について徹底した節減合理化の道標を示すとされ、その結果博物館予算は大きく削減されていると言える。[12]

四　人件費の抑制、学芸員制度の危機

(一) 公設民営の博物館

文部科学省の平成二〇年度社会教育調査結果（中間報告）によれば、社会教育施設の職員は微増で、職員数の内訳としては、総数の五三万二千人のうち、専任は二三万八千人、兼任は八万三千人、非常勤（指定管理者の職員を含む）は二二万一千人であり、この職員数は前回調査（平成一七年）と比較すると、専任職員は一万二千人の減少、兼任は微増で、非常勤（指定管理者の職員を含む）は二万七千人の増加とし[13]、102頁の表1の調査結果を裏付けている。

総務省はホームページで、「歳出の見直し」として、「行政改革の着実な推進により、人件費は一〇年連続で減少する等、大幅な見直しが進んでいる。」とし、「定員管理の取組」では、「平成二二年の地方公務員数は対前年比で約四万人の純減。平成七年から一六年連続して純減。（約▲四七万人程度）」としている[14]。

一九六〇年代以前に設置された公立博物館では、館長をはじめすべての職員が公務員であるのが一般的であった。七〇年代に入ると清掃や警備などいわゆる定型的業務の委託化が進み、八〇年代には東京都庭園美術館や世田谷美術館、江戸東京博物館や横浜歴史博物館など、いわゆる公設民営の博物館が出現する。景気対策としての公共事業、箱物としての博物館はつくるが、自治体の職員は増やさないとする、財団に運営を委託する博物館が誕生する。

しかしこうした公設民営の博物館のその後は、公務員の天下り先として、財団による独占的経営が非難され、行政改革の見直し対象とされ、地方自治法の改正によって三年以内に直営に戻すか、それとも透明性、競争性などを保った入札による指定管理者制度へ移行するかと、身の振り方を迫られることになる。

(二) 指定管理者制度の弊害

横浜歴史博物館は、横浜ふるさと財団が市の審査の結果、五年間の指定管理者とされた。横浜歴史博物館の前

沢和之氏は「指定管理者制度と歴史博物館のこれから」で、横浜ふるさと財団は他の会社との競争に勝つために、「これから五年間に行う各事業の目標（利用者や収入の増加、新しい事業や催しの実施、地域や市民との協働等）を明らかにして、その達成に向けて取り組んでいます。」とする。また「事業の計画や実績の評価を行い、その結果を運営の改善に生かすＰＤＣＡサイクルを実施する」としている。一方、前沢和之氏は「博物館の仕事をこのよう（筆者注、指定管理期間の五年間）に短期間で輪切りにするのは、利用者サービスのために不可欠な専門性の確保や事業の実施方法への配慮を欠いたもの」とし、さらに「博物館は《資料の保存と公開》の相反する行為を仕事としており、常に両者のバランスを考えて仕事を進めなくてはなりません。そのためには、資料と現場を熟知した人材が不可欠です。ところが、現在各地で見られるように学芸員や職員の雇用をこの短い期間に限るような方法では、現場で実務に携わりながら能力を向上させるための時間的余裕はありません。これが繰り返されると、近い将来、博物館の仕事に必要な能力や技能を備えた人材がいなくなり、その社会的役割と公共的使命が崩れ去ってしまう懸念が現実のものとなったわけです。」と、横浜市の指定管理者制度への移行を批判している[15]。

社会教育機関への指定管理者制度の導入に対しては批判が多く、日本学術会議による問題点の指摘や[16]、衆議院文部科学委員会による社会教育法などの一部を改正する法律案に対する附帯決議は「国民の生涯にわたる学習活動を支援し、学習需要の増加に応えていくため、公民館、図書館及び博物館等の社会教育施設における人材確保及びその在り方について、指定管理者制度の導入による弊害についても十分配慮し、検討すること[17]」としている。教育機関としての博物館の指定管理者制度の導入は好ましくないとする考え方は、一般化しつつあるようにも思えるが、残念なことに、その後も制度の導入を進めている自治体が増加していることは事実である。

文科省報道発表「平成二〇年度社会教育調査中間報告調査結果のポイント」二ページによれば、公立博物館七〇三館のうち、一三四館が指定管理者制度を導入し、その割合は一九・一％とある。指定法人の内訳としては、一一〇件が民法第三四条の法人で、民間会社が一八件、ＮＰＯとその他が三件ずつである。公立博物館類似施設では、三、四七〇館のうち九六七館、二七・九％が指定管理者制度を導入し、内訳としては地方公共団体が二四件、五二七件が民法第三四条の法人、民間会社が一七七件、NPOが四八件、その他が一九一件とある。[18]

『世界の行政改革』は、「政府が直接にサービスを提供しなくなると、将来のアウトソーシング・オプションを評価する技術的能力が時間の経過につれて失われるというリスクがある。これは当該活動がふたたび入札にかけられるとき、現在の受託者へ依存することにつながるかもしれないし、そして、または当該活動を政府内部に取り戻すことを不可能にするかもしれない。」としている。そして、オーストラリア国防軍のサポート・サービスに関するアウトソーシングを見直す委員会報告を引用する。[19] 報告の概要は、落札者は余剰となった訓練された職員を雇うことで、商業的に魅力的な価格を提供し、結果として独占供給者となり、当該業務を実行する国防軍自らの能力を無くしてしまうというものである。

（三）博物館職員の非常勤化

直営の博物館で課題となっているのが博物館職員、とりわけ学芸員の非常勤職員化の問題である。『神奈川県博物館協会加盟館園職員名簿』[20]（二〇一〇）で、神奈川県内の非常勤化の様子をみると、神奈川県立歴史博物館では職員五〇名（兼務一名）のうち非常勤学芸員などが一五名、再任用の専門員（学芸員）などが八名おり、専任職員四九名中、四六・九％が非常勤職員、あるいは退職後の再任用職員とされている。川崎市市民ミュージアムでは、職員三三名の内訳として、市職員は一〇名で、そのうち館長をはじめ二名が嘱託職員で、残りの二三名は事業のみを受託する指定管理者の財団職員で、そのうち一三名（五六・五％）が嘱託となっている。横浜市立よこはま動物園（ズーラシア）では指定管理者の職員一〇二名のうち、三七・二％の三八名が非常勤の嘱託職員とされている。財団にあっても非常勤化が進んでいることが分かる。

神奈川県立近代美術館では、職員三一名の内、非常勤学芸員や専門員などは一四名おり、四五・一％が非常勤と

表7　博物館の職員体制

市名	博物館名	設置主体	運営主体	館長	副館長	学芸員	事務	その他	合計	指定管理者制度	導入年月日	利用料金制度	指定管理料（千円）
総合博物館													
浜松市	市博物館	市教委	市教委	1	—	5	6	5（非常勤）	17	無し	—	—	—
新潟市	市豊栄博物館	市教委	市	1（学芸員が兼ねる）	—	—	2	2（非常勤）	5	無し	—	—	—
相模原市	市立博物館	市教委	市教委	1	—	7	7	8（非常勤）	23	無し	—	—	—
熊本市	市立熊本博物館	市	市	1	2	8（副館長1名含む）	5	4（非常勤）	19	無し	—	—	—
姫路市 ※	市立動物園	市	市	1	—	—	2	14	17	無し	—	—	—
長崎市	市遠藤周作文学館	市	市	1	—	—	1	6	8	無し	—	—	—
横須賀市	市自然・人文博物館	市教委	市教委	1（非常勤）	—	7	5	4（技能労務・非常勤）	16（?）	無し	—	—	—
科学博物館													
静岡市	静岡科学館	市	文化振興財団	1（嘱託）	2（指導主事1）	3（指導主事）	4	11（嘱託）5（臨時）	26	有り	平成16年3月	有り	257,468
姫路市	市立水族館	市	市教委	1	—	9（飼育係り）	1	6	17	無し	—	—	—
姫路市	姫路科学館	市教委	市教委	1	—	2	6	2（非常勤）	11	無し	—	—	—
倉敷市	倉敷科学センター	市教委	市教委	1	—	1	1	11	14	無し	—	—	—
倉敷市	市立自然史博物館	市教委	市教委	1（嘱託）	—	4	1（兼務）	5（嘱託2）	11	無し	—	—	—
長崎市	市科学館	市教委	市教委	1	—	—	3	9（係長1、指導主事3、プラネ解説2、専門指導員3）	13	無し	—	—	—
長崎市	市外海子ども博物館	市教委	市教委	1（兼務）	—	—	2（学芸員有資格1）	2（非常勤）	5	無し	—	—	—
岐阜市	市科学館	市教委	市教委	1	—	1	3（非常勤2）	8（非常勤4）	13	無し	—	—	—

※動物園を総合博物館に入れたのは錯誤と思われる。

市名	博物館名	設置主体	運営主体	館長	副館長	学芸員	事務	その他	合計	指定管理者制度	導入年月日	利用料金制度	指定管理料（千円）
歴史博物館													
堺市	市博物館	市教委	市教委	1（非常勤）	1	7	5	4（教職1、非常勤3）	18	無し	—	—	—
新潟市	市歴史博物館	市	芸術文化振興財団	1（非常勤）	1	8	3	2（非常勤）	15	有り	平成16年1月	無し	216,857
静岡市	市立登呂博物館	市教委	市教委	1	—	2	1	5（非常勤）	9	無し	—	—	—
鹿児島市	近代文学館	市教委	教育施設管理公社	1	1	2	—	6（嘱託）	10	有り	平成18年4月	無し	77,181
鹿児島市	メルヘン館	市教委	教育施設管理公社	1	1	2	—	6（嘱託）	10	有り	平成18年4月	無し	63,113
船橋市	市郷土資料館	市	市	1	1	3（非常勤1）	3（非常勤2）	—	8	無し	—	—	—
船橋市	飛ノ台史跡公園博物館	市	市	1	1	1	2	4	9	無し	—	—	—
松山市	坂の上の雲ミュージアム	市	市	1（非常勤）	—	3	5	—	9	有り	平成19年4月	無し	63,720
東大阪市	市立郷土博物館	市教委	施設利用サービス協会	1	1	2	0.5（兼任）	—	4.5	有り	平成18年4月	無し	40,154
福山市	しんいち歴史民俗博物館	市	市	1（非常勤）	—	4（非常勤2）	1	1	7（兼務）	無し	—	—	—
福山市	市立福山城博物館	市	芸術文化振興財団	1（非常勤）	1	—	1	6（非常勤）	9	有り	平成18年4月	無し	50,772
金沢市	湯涌夢二館	市	芸術創造財団	1	1	1	4	—	7	有り	平成17年4月	無し	44,064
金沢市	くらしの博物館	市	文化振興財団	1	—	1	1	—	3	有り	平成17年4月	無し	20,141
金沢市	前田土佐守資料館	市	文化振興財団	1	1	1	3	—	6	有り	平成17年4月	無し	38,155

市名	博物館名	設置主体	運営主体	館長	副館長	学芸員	事務	その他	合計	指定管理者制度	導入年月日	利用料金制度	指定管理料（千円）
金沢市	泉鏡花記念館	市	文化振興財団	1	1	1	3	—	6	有り	平成17年4月	無し	38,476
長崎市	歴史文化博物館	県・市	（株）乃村工藝社	1	—	13（非常勤1）	10（非常勤4）	1（名誉館長）	24（名誉館長含まず）	有り	平成17年11月	有り	345,445
高松市	歴史資料館	市	市	1（非常勤）	—	1	2	6（非常勤）	10	無し	—	—	—
岐阜市	歴史博物館	市教委	市教委	1	—	10（非常勤1）	2	1	14	無し	—	—	—
八王子市	郷土資料館	市	市	1（文化財課長兼務）	—	7（非常勤5）	2	—	10	無し	—	—	—
町田市	市立博物館	市	市	1（非常勤）	1	2	3	—	7	無し	—	—	—
美術館博物館													
浜松市	市美術館	市教委	市教委	1	—	3	3	1（非常勤）	8	無し	—	—	—
浜松市	秋野不矩美術館	市教委	市教委	1	—	1	1	1（非常勤）	4	無し	—	—	—
新潟市	市美術館	市	市	1	1	3	2	3	10	無し	—	—	—
新潟市	會津八一記念館	市	（財）會津八一記念館	1（非常勤）	—	2	2（非常勤）	—	5	有り	平成18年4月	無し	30,875
静岡市	市立芹沢銈介美術館	市	市	1	—	1	4	8（パート）	14	無し	—	—	—
岡山市	市立オリエント美術館	市	市教委	1	1	3	1	1	7	無し	—	—	—
熊本市	現代美術館	市	美術文化振興財団	1	1	5	2	—	9	有り	平成18年4月	無し	307,608
鹿児島市	市立美術館	市	市教委	1	1	4	3	1	10	無し	—	—	—
姫路市	市立美術館	市	市教委	1（非常勤）	1	5	4	1（非常勤）	12	無し	—	—	—
宇都宮市	宇都宮美術館	市	（財）うつのみや文化の森	1	1	8	4	4	18	有り	平成18年4月	有り	435,569
倉敷市	市立美術館	市	市教委	1	—	4	0.5（兼任）	4（派遣）	9.5	無し	—	—	—

市名	博物館名	設置主体	運営主体	館長	副館長	学芸員	事務	その他	合計	指定管理者制度	導入年月日	利用料金制度	指定管理料（千円）
大分市	市美術館	市	市	1	—	5	9	1（学芸顧問嘱託）	16	無し	—	—	—
福山市	ふくやま美術館	市	芸術文化振興財団	1（非常勤）	—	6	7	2	16	有り	平成18年4月	無し	243,178
金沢市	21世紀美術館	市	芸術創造財団	1	1（総括マネージャー）	14	17	1	34	有り	平成16年4月	無し	723,239
金沢市	能楽美術館	市	芸術創造財団	1	—	3	4	—	8	有り	平成18年7月	無し	46,193
金沢市	中村記念美術館	市	文化振興財団	1	1	—	5	—	7	有り	平成17年4月	無し	38,410
金沢市	安江金箔工芸館	市	文化振興財団	1	—	—	5（兼務1）	—	6	有り	平成17年4月	無し	23,464
長崎市	須加五々道美術館	市	市	1	—	—	1	—	2	無し	—	—	—
長崎市	野口彌太郎記念美術館	市	市	1	—	—	1	1（嘱託）	3	無し	—	—	—
豊田市	市美術館	市教委	市教委	1（非常勤）	1	9	6	2（臨時）	19	無し	—	—	—
高松市	市美術館	市	市	1（非常勤）	—	4	5	5（非常勤）	15	無し	—	—	—

なっている。また茅ヶ崎市文化資料館では、職員七人の内、社会教育課文化財保護担当との兼務が五名、他の二名は嘱託とある。逗子市郷土資料館では職員八名のうち、文化財保護との兼務が四名で、他の四名が嘱託とある。神奈川県内では大型館は非常勤化が進み、中小館では文化財行政職員との兼務が認められる。

相模原市議会が平成二〇年に類似都市二六市を対象として行なった博物館運営状況調査[21]の結果をまとめたのが（表7）である。二四市の五六施設のうち二〇施設、三五・七%が指定管理者制度を導入している。館長を兼務または非常勤、嘱託としているのは一八館、三二・一%あり、学芸員に非常勤職を導入しているのは五館、事務職に非常勤、兼務を導入しているのは八館、その他の職員に非常勤や嘱託を導入しているのは二五館、四四・六%にのぼる。非常勤化や指定管理者制度を導入していないとする館はわずか一一館、一九・六％にすぎない。

『世界の行政改革』が指摘するように、「公共部門の雇用を現代化する」ことは行政改革をすすめる重要な手段の一つであり、「多くの国では公務員の雇用の枠組みが、法的な地位と雇用条件の変更によって民間部門の雇用の枠組みに類似したものになってきた。」とし、「伝統的な公共部門の雇用の枠組みのままでいることは、多くの国で現実的な選択肢ではない。」とする。[22] しかし「公共部門の雇用を現代化する」ことが世界的趨勢であったとしても、わが国には固有の政治状況と労働環境があることを考慮しなくてはならない。

まず、わが国では政府及び地方自治体の膨大な借金の削減の手段として、公債費削減の原資として人件費の削減が求められていることに注視しなくてはならない。総務省が地方行革の取り組みとして、人件費の大幅な見直しをあげているように、世界的な行政課題である効率的、効果的な行政運営を図るための雇用の現代化（多様化）ではなく、景気対策で使った借金を返済するための公債費の増大をカバーしきれない税収を補う手段として人件費が削減され、委託化が進められていることを確認しなくてはいけない。

次に、わが国では非常勤労働者、いわゆるパート労働者を、いまだに家計を補う者ととらえる風潮から脱しきれずにいるということである。他のＯＥＣＤ諸国に対しわが国の非常勤の賃金は著しく低く、同一職場、同一労働、同一賃金という考え方が確立できていないことを認識しなくてはならない。その結果わが国では、公務労働の非常勤化イコール官製ワーキングプアの創出へとつながっており、新たな社会問題と行政需要を生み出していることを確認しなくてはならない。

非常勤職員の制度は、自治体にとっても任用される者にとっても、一種の麻薬であることに気付かなくてはならない。専門性を持った者を行政の都合によって一〇年以上も、都合が悪ければ一年限りで雇用止めができる非常勤制度は、自治体にとって都合の良い制度でもあるが、同一職員の長期顧用は、業務のブラックボックス化、行政が業務の進行管理や評価もできない状態を生み出すことを再確認すべきである。

異動もなく好きな仕事ができ、食費と小遣いが得られればよいとする若手の被任用者にとっても、非常勤制度は危険な制度である。親が健在なうちは良いとしても、親を扶養する立場になったとき、初めて自分が生活給すら得られていないことに気付く危険な制度なのである。

非常勤の嘱託学芸員として八王子市郷土資料館に勤務する小林央氏は、「私が勤務する東京都八王子市郷土資料館は、館長は本庁文化財課長の兼務となっており、館長を除いた職員数は一〇名である。その業務別の内訳は、事務系職員二名、学芸員八名である。学芸員八名の身分別の内訳は常勤の正規職員二名、非常勤の嘱託職員が五名と退職後の再任用職員一名となっている。嘱託学芸員の勤務年数は二年〜一五年である。一五年ほど前には、正規職員の学芸員二名と嘱託学芸員二名であったが、ここ二〇年で非常勤の嘱託員が倍増している。（中略）ともかくも、非常勤である嘱託の学芸員がいなくては、博物館の業務はまわらなくなった。」と郷土資料館の運営実態を非常勤職員の側から指摘している。[23]

上林陽治氏は、「総務省調査によれば、二〇〇五年四月から二〇〇八年四月までに自治体の臨時・非常勤職員数は四万三、四六二人増え三年間で約一割も増加した。この間、正規の地方公務員数は一四万二、七四四人減少していることからすると、アウトソーシングされなかった業務について、常勤職員から臨時・非常勤職員への置き換えが進行したことになる。」としている。[24]

東京都荒川区は、総務省公務員課の指摘を受けた東京都の指導にも屈することなく、地方公務員法で継続雇用を認めていない非常勤職員を、条例で継続任用する試みを、全国に先駆けて実施した自治体である。荒川区は、非常勤職員の継続雇用を前提とし、平成一九年四月から、それまで一律であった月額報酬一六万八、六〇〇円を、能力や技量、責任に応じ一般非常勤一七万一、三〇〇円、主任非常勤二〇万二、一〇〇円、総括非常勤二五万三、〇〇円とした。[25]

荒川区立荒川ふるさと文化館副館長である非常勤の野尻かおる氏は、「当館は、この七月一日まで、非常勤学芸員のみで運営していた歴史民俗系の公立博物館（博物館類似施設）である。」とし、「平成一九年度に実施された荒川区の非常勤改革により誕生した非常勤の主任・総括職（係長級）制度に則って、（筆者注、野尻氏は）総括学芸員に委嘱された。同時に当館の管理・運営・文化財保護を束ねる館長（事務職・係長級）を補佐する役目である副館長にも任ぜられた。」とする。注目すべきは野尻氏が「各地の博物館が導入し始めた指定管理者制度を、荒川区が選択しない理由は、現状のコスト・パフォーマンスがそれより勝っている面もあろうが、最も大きな理由は、（筆者註：ふるさと文化館が）文化財保護の拠点として位置付けられていること、そして不十分ながら継続性を補う非常勤制度があるからに他ならない。」とする点にある。(26) コスト・パフォーマンスから見るなら、委託化より非常勤化の方が安あがりであるとしている点と、文化財保護行政など所有者との信頼を築くことができるのは、継続性を保つ異動のない非常勤職員だからこそできる、と荒川区の専門職員制度に対する行政課題を指摘している点である。

八王子市や荒川区に限らず、非常勤職員がいなくては運営が成り立たない博物館が存在することは明らかである。むしろ非常勤であるからこそ、常勤職員のようなローテーション人事がなく、専門職員としての積み上げが可能であるとする背筋の寒くなる職員の指摘さえある。また委託や指定管理を退け直営を堅持しているなどとは言っても、委託化より安あがりとされる非常勤職員の増加は、博物館が本来もつべき姿や機能さえ大きく変えてしまう可能性を秘めている。

五　博物館、学芸員の行方

（一）非常勤職員の待遇

博物館同様、委託化や非常勤化が進む図書館では、日本図書館協会が「図書館事業の公契約基準について（試案）」をまとめている。公契約制度は、手抜き工事や官製ワーキングプアづくりを防ぐとして、千葉県野田市ではじめて条例化されたもので、その後川崎市、東京都国分寺市へとその輪は広がり、相模原市でも条例化が進められている。公務労働を安ければよいとする入札によって契約者を選定する制度は、無理なコストダウンにつながり、結果として住民サービスに不安と不安定化をもたらすことになることから、これを防ぐとする制度である。

日本図書館協会は、公契約基準の試案をつくった背景を、派遣職員は正規雇用職員総数の五割に匹敵するまでに至っているとし、このような図書館の管理運営や業務の外部化の現状は、直接雇用の非常勤・臨時等の有期雇用職員が正規雇用職員を上回っている実態と相俟って、将来にわたる図書館振興やそこで働く「司書」の雇用に係る専門性の蓄積に大きな懸念を抱くとする。

「図書館事業の公契約基準・試案」では、その対象職員を受託者に雇用される者、下請負者に雇用される者、受託者または下請負者に派遣される者として、その賃金の基本は、生計原則＝生活できる賃金であり、また同じ地域で働く図書館職員一般的な水準を下回らないこととする[27]。

こうした日本図書館協会の公契約基準の提言は、同じ図書館に働く仲間として適用職員の生活を守るための基準作りとして評価できる。また同様に荒川区の非常勤職員の改革も、有期雇用の不安を取り除く改革であり、非常勤の生活を守る改革として評価できる。しかしこれらの試みは、有期雇用者の救済、働く仲間の救済としては評価できるとしても、学芸員職への適用については、疑念をもたざるを得ない。

(二) 博物館学芸員の存在意義

これまで述べてきたとおり、博物館とそこに働く学芸員ととりまく今日の社会・経済情勢は、きわめて厳しい状況下にある。公立博物館は今、資料の収集・保存、調査・研究や、住民のやすらぎの場、学習の場としての役割を持って、その存在を主張するだけでは、納税者の支持を得ることは難しい状況となっている。納税者が、機能の停止や縮小に対して強く反対する保育園や図書館と同様、自分たちの生活に博物館は必要であると主張できる、住民生活に結び付いた機能の展開が博物館には求められている。

より積極的に活かすべき機能の一つに、来館者や利用者が、社会や地域がかかえる課題を発見し、その課題を科学し、行動を起こすきっかけとなる展示や講座などの教育事業の展開が考えられるが、学芸員には、こうした事業を組み立て運営する能力が期待されている。また住民の自由で自発的な学習や研究活動などを、集団による継続的な活動へと育成・支援し、その成果を地域社会に還元する場を、住民と共に創造する役割を学芸員には期待している。

しかしこうした能力や役割を担うべき学芸員を、期限付きの雇用職として認めた場合、期待する能力とは異なる技能で事足りるとする学芸員像がつくり出されてしまう恐れがある。例えば古文書の読解力や、土器や動植物の同定力があればよい、住民の学習権の保障などおこがましいとする職員像の創出である。生涯学習という美名のもと、学芸員を自己学習のツールとしてしか認識できない利用者を、行政や関連業界が博物館としての使命とは別の動機を持って意図的に作り出す恐れも否定できない。

地方公立博物館の設立と運営、そして市の生涯学習政策の責任者としての役割を担った者としては、税収に見合った博物館活動や、予算の削減に甘んじることはできても、学芸員を専門職としての能力や使命を自覚し、研鑽することのできない職制下に置くことは承服しかねる。なぜならそれは、公立博物館が公的社会教育機関としての責務を放棄することに他ならないからである。

註

（1）財団法人日本博物館協会『平成二〇年度文部科学省委託事業　地域と共に歩む博物館育成事業　日本の博物館総合調査研究報告書』二〇〇九、一一七～一一八頁　表一九－三・五　一三二頁

（2）文部科学省報道発表　平成二二年七月七日　担当生涯学習政策局調査企画課　平成二一年度「地方教育費調査（平成二十会計年度）」及び、「教育行政調査（平成二一年五月一日現在）」の中間報告　二・三・七頁

（3）神奈川県立生命の星・地球博物館、神奈川県立歴史博物館　平成八年から平成二〇年の『年報』記載の決算額をまとめた。
（4）神奈川県HP→電子県庁・県政運営・県勢→財政・経理→財政（予算・決算・県債）→神奈川県の財政状況（政策局財政部）→平成二二年度神奈川県の財政状況
（5）神奈川県HP→電子県庁・県政運営・県勢→財政・経理→財政（予算・決算・県債）→都道府県財政比較分析表
（6）相模原市立博物館、大磯町郷土資料館　平成八年から平成二〇年の『年報』記載の予算額、決算額をまとめた。八王子市資料館は、平成八年から平成二〇年の『八王子市各会計決算の主要な施策の成果・事務報告書』記載の決算額をまとめた。
（7）総務省HP→政策→地方財政制度「地方財政の現状」
（8）総務省HP→組織案内→自治財政局→自治財政局の紹介「地方財政の健全化」
（9）経済協力開発機構（OECD）編著　平井文三訳『世界の行政改革　二十一世紀型政府のグローバル・スタンダード』株式会社明石書店、二〇〇六、三二一・二六五頁
（10）前掲註1、八頁の「図表2開館年区分別にみた館数」
（11）小西砂千夫『基本から学ぶ地方財政』学陽書房、二〇〇九、五五・五六・二九四頁
（12）全ての自治体で、博物館予算が削減されているわけではない。神奈川県内でも平塚市博物館は、平成八年度の九、七四一万円に対し、平成二〇年度は一億一、一四八万円と増加させている。印刷製本費や消耗品費を含む需用費の下げや、非常勤職員の賃金の大幅減も見られるが健闘している。
（13）文部科学省　報道発表平成二一年一一月一二日　平成二〇年度社会教育調査中間報告について　調査結果のポイント三頁　二、調査結果の主なポイント㈡職員数
（14）総務省HP→「地方公共団体における行政改革の取り組みについて（地方行間コーナー）」→地方行革の取組状況（平成二二年一一月九日公表）」
（15）前沢和之「指定管理者制度と歴史博物館のこれから」『横浜市歴史博物館　博物館NEWS二三』二〇〇六（横浜市

歴史博物館ＨＰ→出版物案内→博物館ＮＥＷＳ→ＮＥＷＳ二三）
(16)　日本学術会議　平成一九年五月二四日「声明　博物館の危機をのりこえるために」
(17)　参議院文教科学委員会も指定管理者制度の導入による弊害について十分配慮するよう附帯決議を行っている。
(18)　前掲註13、平成二〇年度社会教育調査中間報告について調査結果のポイント二頁表一－二種類別指定管理者別施設数
(19)　前掲註9、一七九頁
(20)　神奈川県博物館協会『神奈川県博物館協会加盟館園職員名簿』二〇一〇
(21)　相模原市議会事務局『調査時報』№二四三、二〇〇八、一九～二四頁
(22)　前掲註9、二〇・二一頁
(23)　小林　央「非常勤学芸員の業務実態と課題」『博物館研究』四四－一一（№四九七）、財団法人日本博物館協会、二〇〇九、七～九頁
(24)　上林陽治「地方公務員の臨時・非常勤職員に係る法適用関係と裁判例の系譜」『自治総研』三六九、二〇〇九、三五頁
(25)　上林陽治「条例による臨時・非常勤職員の処遇の改善」『自治総研』三八〇、二〇一〇、七三頁
(26)　野尻かおる「荒川ふるさと文化館における非常勤学芸員」『博物館研究』四四－一一（№四九七）、財団法人日本博物館協会、二〇〇九、一・二頁
(27)　社団法人日本図書館協会ＨＰ→日本図書館協会の見解・意見・要望→二〇一〇年九月一日

指定管理者制度と変質する博物館

鈴木章生

はじめに

二〇〇三年六月に公布され、同年九月に地方自治法の一部を改正する法律の施行を受けて、地方自治体が有する公の施設の管理運営に指定管理者制度が適用されることとなった。それから五年が過ぎ、多くの施設が一期目を終え、二期目を迎え、すでに八年が過ぎた。

この間、指定管理者制度導入をめぐっては公設の博物館もその例外ではなく、現場の学芸員、博物館関連の学会や大学の研究者、役所や民間企業やシンクタンクの間でも多くの議論が交わされたものの、その方向性は未だに不確実さと不安の中にあると言ってよい。さらに二〇〇八年には博物館法の一部改正、その翌年には博物館法施行規則の一部改正が行われ、博物館を取り巻く状況はめまぐるしく変わり、転換期あるいは変革期に入ったといっても過言ではない。

指定管理者制度発足の前、二〇〇一年六月に経済財政諮問会議の「今後の経済財政運営及び経済社会の構造改革に関する基本方針(1)」で、公の施設について自治体の直営もしくは指定管理者制度のいずれかに移行する方針が取られ、小泉純一郎内閣総理大臣の提唱する構造改革の具体策として「官から民へ」と大きく舵取りが行われた。それを受けて二〇〇一年度から設定された内閣府の総合規制改革会議は、二〇〇二年七月に「中間とりまとめ―経済活性化のために重点的に推進すべき規制改革―(2)」を提出し、官から民への推進の一つとして、民間参入・移管拡大による官製市場の見直しを柱として、官から民への事業移管の推進を細目に掲げた。具体的には、公の施設の受託管理者を民間事業者等へ拡大し、行政財産の民間開放によって官民役割分担の再構築を図るべきとの提言が盛り込まれた。その結果、二〇〇三年に地方自治法の一部が改正され、指定管理者制度導入が実施に移されたのである。

この制度の出発点は、いうまでもなく多くの自治体が抱える財政難であった。公の施設を官から民へと管理運営の体制を変えて、地方経済の活性化と新しい社会構造の編成と経済効果を期待しての制度変更であった。経済至上主義的な社会風潮のなかで博物館も大きな波を受け、現場は混乱の渦に巻き込まれることになった。

本稿では一連の変化の過程を確認しつつ、自治体側、民間事業者側、そして現場からの声をそれぞれ紹介しながら、博物館を取り巻く変貌と課題を見ていくことにする。

一　指定管理者制度の導入の経緯とその目的

これまで公設の博物館の運営管理体制は自治体が直営で運営するか、または自治体が出資する財団法人や公共的な団体に管理委託するかに限定してきた。地方自治法の改正を受け二〇〇三年九月より三年以内に公の施設の管理運営を自治体の直営とするか、自治体の指定を受けた者に委託するかの二者択一が迫られた。これにより博物館をはじめとする多くの公の施設は、民間企業はもとよりＮＰＯ法人も加わった民間事業者等に施設の管理運営を委託することが可能となったのである。指定管理者となれば、条例の範囲内という縛りはあるものの料金を自由に設定でき、使用料を指定管理者の収入として得ることができ、さらには従来自治体の権限であった使用許可を出すことも指定管理者が決定できるようになる。

管理委託制度によってこれまで博物館の管理運営にあたってきた財団法人では、条例等で定められた料金設定に従って、設置者である自治体との委託契約によって料金徴収業務を代行してきた。しかし、自治体が担っていた施設の管理権限とその責任までも民間事業者が請け負うことができるようになるのは、これまでにない画期的な権限移譲であった。

こうした「官から民へ」の一連の動きは、郵政民営化に代表される小泉内閣の構造改革の一環であることは言うまでもない。本来、自治体の権限であった利用料の設定や利用許可を民間に委ねるという大胆な転換によって、民間活力を導入する呼び水になった。このことはマスコミ関係者、経済界にとっても関心の示すところとなり、市場原理を公的な施設にも持ち込み、収益性や効率性を高めることに、自治体と民間事業者の期待が合致したといえる。

そもそも、こうした制度の発端は日本ではなく、一九八八年のイギリスのサッチャー政権時代に取られた政策であった。イギリスでは地方公務員の九五%が行政サービス部門を担っており、中央からの管理ルールに縛られてきた。その非効率性を打破するため、公務員組織を外部組織へと移行し、政策立案部門を除く行政サービス等の事業実施部門に独立裁量権を持たせて行政サービスの質的向上をめざしたことが最初であった(3)。日本では、この事例を参考に一九九〇年代から導入され始め、二〇〇三年の地方自治法改正によって指定管理者制度の導入に踏み切ったという経緯である。

その目的は、二〇〇三年七月一七日付の総務省自治行政局通知(4)において、指定管理者選定基準として「住民の平等利用確保」「管理経費の縮減」「管理を安定的に行う物的能力・人的能力の保有」があげられており、既存の組織にとらわれることなく、スクラップ・アンド・ビルドを徹底することと、「住民サービスの向上を図るとともに、経費の節減等を図ることを目的とする」ことが記されている。ここでまず理解できることは、住民サービスを前面に出しながらも、その根底には徹底したコストダウンとそのための民間事業者が有する物的・人的な能力の活用に大きなねらいがあるということである。

このような政策を取った背景には、日本社会の豊かな繁栄に支えられ発展した人びとの多様化するライフスタイルに対して、民間活力を導入して役所より人も時間も多くして、効果的かつ効率的なサービスを目指す環境づくりがまずある。さらにはそれぞれのニーズに応じた要望を満たすために、画一的でなく柔軟なサービスが可能となるような公の施設運営を目指すことが意図されている。何よりも重要な点は、限られた予算と人員のなかで、いかに税金の無駄遣いをなくし経費節減をするか、そのために民間活力を利用することが最大の目的であることは明白である。つまり、①民間の能力を活用する、②住民サービスの向上を図る、③経費の削減、ということになる。

このような指定管理者制度導入のねらいや目的を踏まえながら、各自治体の公の施設を担当する職員、博物館などの学芸員や事務職員は法改正の内容を十分に吟味して、導入を受け入れるかどうかを定める必要があった。

制度の効果を考えるにしても前例があまりないなか、公の施設全般を対象にこの制度導入の是非を単純に問うわけにはいかない。私立も含めて六、〇〇〇館以上あると言われる博物館では、館の種類や規模、職員の数や役職も違う。まだ五里霧中の段階で総務省が出してきた通知は、こうした担当事務職員らのガイドラインとして大きな効果を発揮した。さらに文部科学省からも二〇〇三年一二月一日付で指定管理者制度導入の博物館への適用について方針が出され、(5)館の設置目的・地域の状況に応じた選択と指定条件の選定が可能であることが示された。経費削減や民間企業らの活用などを検討するよき道しるべとなったことは間違いない。

当初、指定管理者制度そのものの評価や論点はコスト削減に目が向けられ、税金でつくった公の施設で民間会社が利益をあげてよいのかといった批判、コスト削減のあまり住民サービスの低下につながらないかといった懸念の声が相次いだ。

また、博物館など公の施設で働いてきた職員、とりわけ博物館の学芸業務といわれる資料の収集・保管・展示・研究などの学芸員の職をどう対応させていくか、さまざまな不安の声があがり、学芸員が関連する学会などではしばしばシンポジウムや検討会などが行われてきた。(6)

こうした不安と懸念の声が多くあがってくる理由としては、総務省や文部科学省をはじめとする国が、指定管理者制度導入を拙速気味にトップダウンで推し進めた反動ともとらえられる。各自治体の担当者および現場で働く館長の一部には制度導入の説明があったものの、現場で博物館業務にかかわる学芸員にあまり理解されないうちに決定され、社会構造の変革という流れのなかで推し進められた制度であったことが大きな要因であろう。このしこりは、今もなお根強く残っているといえる。

さらに博物館関係者から相次ぐ指定管理者制度に対する批判の声は、博物館の目的や機能といった施設個別の設置目的や機能を無視し、公の施設として一律に対象範囲を定めた配慮のなさが招いているとみることができる。また「経費削減」と「住民サービスの向上」を目的とするとは、「お金をかけずにいかに住民サービスを向上させるか」という一見すると矛盾するような難問を自治体や施設に発している。何も、指定管理者制度を導入するまでもなく、これまでも自治体や現場の博物館では日夜努力していたことで、制度導入の前に、自助努力を促す指導がなぜできないかとの反発が多くの批判を呼んだ原因と理解できる。

二　指定管理者制度導入後の動向

（一）国・自治体の動向

総務省は、二〇〇三年七月一七日付の総務省自治行政局通知「地方自治法の一部を改正する法律の施行について（通知）」において、指定管理者制度の目的を「公の施設に民間の能力を活用しつつ、住民サービスの向上を図ると共に、経費節減を図ること」と各自治体に示し、住民サービスの向上とコスト削減を明確にした。

財団法人地方自治研究機構と社団法人地方行財政調査会が二〇〇五年二月に行ったアンケート調査においても、指定管理者制度導入のねらいを「施設管理運営コストの節減」（七七％）、「施設サービスの向上」（六九％）と示し、多くの自治体でサービスよりも経費節減が重要であるとの認識を数値で報告している。[7]

ではどれくらいの公の施設が指定管理者制度を導入したか、表1を見ながら概観してみる。総務省は二〇〇四年に第一回目の導入状況の調査を行っている。しかし、経過措置中のため都道府県で一〇施設、政令指定都市で九施設、市区町村で三七四施設の計三九三施設に過ぎなかったと報告している。

二〇〇六年の第二回目の導入状況の調査では、数値は大幅に上がり、その傾向は二〇〇九年四月一日の段階に至っ

表1　指定管理者制度導入状況（単位：施設数）

都道府県別指定管理者制度導入施設数			
調査年	2004	2006	2009
都道府県	10	7083	6882
指定都市	9	5540	6327
市区町村	374	48942	56813
合計	393	61565	70022
指定管理者制度導入施設状況			
会社	113	6762	10375
財団・社団法人	157	22264	19275
公共団体	2	331	434
公共的団体	481	27718	29824
NPO 法人	44	1043	2311
その他	44	3447	7803
合計	841	61565	70022
指定管理者選定手続状況			
公募	197	17913	27992
選定	224	37909	36584
その他	22	5743	5446
合計	443	61565	70022

総務省が行った2004年6月1日現在調査、2006年9月1日現在調査、2009年4月1日現在調査、「公の施設の指定管理者制度の導入状況に関する調査結果」より抜粋作成。

ては、指定管理者制度が導入されている施設の数は、都道府県で六、八八二施設、指定都市で六、三二七施設、市区町村で五六、八一三施設、合計七〇、〇二二施設となったと報告している。

一方、その施設の状況としては会社関係が大きく伸び、これまでの財団が減る傾向があると理解できる。さらに、公募が伸びており、選定となるこれまでの指定管理者をそのまま更新し引き継ぐ形が減少傾向にあることがわかる。二〇〇九年四月一日の段階で、指定管理者を更新した博物館は六〇館、その更新時期は二〇〇九年度が四七館となっている。(8)これは二〇〇六年度に指定管理者となったところが更新したという実績になる。

表の数字からは、直営から指定管理者制度への移行が着実に増えていることがわかる。しかし、公募しても応募者がなく指定管理者制度導入そのものを中止した事例もある。また指定期間の延長をしたり、選定方法を指名から公募へと変更したりすることも出ている。これは当初管理委託をしていた財団がそのまま指定管理者となったものの、更新を迎えて公募として指定を受ける機会を民間事業者も含めて同じに扱うという措置であろう。また、近年の経済状況の悪化から指定管理者の倒産や契約解除、再指定の辞退などの事例も指摘されている。(9)民間事業者が景気の動向に左右されやすい影響がみられる。

　博物館の動向はどうか。法律の改正直後の経過措置のなかで多くの公立博物館が、その運営について直営または指定管理者制度への移行という選択を迫られた。自治体の多くでこれまで管理委託をしてきた自治体出資の財団法人をそのまま指定管理者にするといった対応措置が見られた。浅香澄雄によれば、二〇〇九年四月における公立の登録博物館と相当施設（六六五館）の指定管理者制度導入は一二八館で全体の一九・二％に過ぎず、しかもその内の約四〇％に満たない館が公募で、六〇％が財団からの移行との指摘がある[10]。

　こうした博物館の動きは、指定管理者制度導入への経過措置がきわめて短期間で、自治体の意思決定、博物館側の理解と内部合意が整わず、そのまま看板を付け替えて様子を見たという施設側の苦慮も垣間見られる。

　文化庁では、二〇〇六年六月一日現在および二〇〇七年二月現在の導入状況を表2、表3のように示している。

表2　都道府県立の美術館・歴史博物館の指定管理者制度導入状況（単位：館数）

導入した館	27
検討中および検討予定の館	52
導入予定のない館	49
計	128

＊2006年6月現在　文化庁調査

　表2のように二〇〇六年の「都道府県立の美術館・歴史博物館における指定管理者制度の導入について」では、都道府県立の美術系・歴史系・総合系の博物館で、博物館法の登録博物館・博物館相当施設、文化財保護法の公開承認施設の一二八館が回答を示し、指定管理者制度を受け入れた館が二七館、検討中・予定の館が五二館、導入予定のない館が四九館となっている。この表2だけでは全国の博物館の動向は把握できないが、指定管理者制度導入の経過措置時期において自治体の多くが検討中および検討予定を回答しており、積極的に導入するかどうかまだ決めかねている状況にあったと理解できる。

　この動きは翌年の二〇〇七年においても導入した公立館が九三館であり、全館五五〇の約一七％でしかないことからも消極的な姿勢を見ることができる。しかも、市区立の館が都道府県立の館より多く、その実態は管理委託をしてきた財団法人に対して公募の手続きを経ずに選定して指定管理者に移行させたというのが実状である。

　実際、筆者が全国大学博物館学講座協議会の東日本部会より助成金を得て博物館にアンケートを依頼し、表4のような結果を得た。有効回答三八〇館のうち、指定管理者制度を導入した館は九三館である。二〇〇七年の段階においてはまだ指定管理者制度の経過措置期間にあることが、導入状況の数字にも現れているように思われる。また、二期目に入った二〇〇六年九月の総務省の調査において公の施設全体の指定管理者制度の導入状況の調査でも、公募によって職員以外の外部の合議体で選定したのが三八施設、同じ公募で職員を中心とした合議体で選定したのが一一六施設、公募による選定が四三施設と、公募全体で一九七施設に対して、従前の管理委託者を公募の方法でなく選定したのが七三施設、その他に選定したのが一五一施設、それ以外の選定が二二施設といわゆる選定によって指定管理者となった施設は二二四施設であった。

この数字状況を考えると、やはり公募制によって公の施設の管理運営に参入する機会は控えめで、公募であっても自治体職員の合議体で選定する、というような自治体側の判断がそこに入り込む余地があることが確認できる。

表3　博物館にみる指定管理者制度導入状況

（単位：館数）

指定管理者制度導入状況	
直営館	457
指定管理者制度導入館	93
計	550

指定管理者制度導入館の内訳	
都道府県立	25
市区立	64
町村立	4
計	93

＊2007年2月現在　文化庁調査

公立の登録博物館・相当博物館（665館）の導入状況

指定管理者制度導入状況	
美術館	50
歴史系博物館	35
総合博物館	10
野外博物館	2
科学館	14
水族館	6
動物園	9
植物園	2
計	128

選定方法	
県　公募	30／42
市　指名	65／86
市　公募	21／86

指定管理者の属性	
財団法人	111
民間企業	15
NPO法人	2
計	128

＊註9、2009年4月1日現在の導入状況より作成。

一方、従前より携わってきた管理委託者を選定する施設は多く、すでに指定管理者として運営にかかわった団体を公募でなくそのまま継続して選定したのが一五一施設と多くなっていることがわかる。

つまり、博物館施設をはじめとする公の施設では導入当初から慎重な姿勢が見られたことは事実で、二期目を迎えた今も自治体職員が選定に向けて大きな権限をもって対応しているか、財団を指定管理者にした場合はそのまま指定を継続する状況が見える。

そのことを重く捉えたのか、二〇一一年一月五日に片山総務大臣が閣議後の記者会見の中で重要な発言をしたことが記憶に新しい。その会見の主旨は、その前年の一二月二八日に総務省自治行政局長の名で各都道府県知事、指定都市市長、都道府県議会議長、指定都市議会議長宛てに出された「指定管理者制度の運用について」[11]と題する通知をめぐって記者からの質問に応じた大臣の見解であった[12]。

まず通知の全文は八項目にわたって記されているが、筆者が最も注目したい点は以下の四点である。

①公の施設の設置の目的を効果的に達成するための制度

②サービスを確保するための提供者を議会で指定するもの

③指定期間について各地方公共団体において施設に応じた選定を行う

④住民サービスのためにサービス提供者を民間事業者から幅広く求める

①は制度そのものの意義に触れたものであった。②は指定管理者の選定経緯を明確にしたもの。③は指定期間の柔軟な対応が可能であることを示したもの。④は指定管理者の選定にあたっては特定の業者に限定せず、民間事業者から広く求めることを奨励したものと考える。

これらの通知に対して、片山総務大臣は記者会見のなかで「本来、指定管理者制度になじまないような施設についてまで指定管理の波が押し寄せている」ことへの懸念を表明した。さらに、指定管理者制度そのものがコストカットのツールと見做されて使われてきたことへの警鐘とともに、外部化すなわちアウトソーシングの推進に伴う官製ワーキングプアを生んでいることを見直してほしいという自治体への要望を大臣が述べ、指定管理者制度の適正な運用を求め、この制度そのものに対する理解不足の解消を訴えたものであった。

これまで筆者は、冒頭より地方自治法の一部改正にはじまる指定管理者制度導入の経緯や目的を振り返って来た。公の施設のコスト削減を目的としつつ質的なサービスを損なわずに、民間活力を最大限に利用してその運営を任せるというこの制度の大きなねらいは、片山大臣の言葉を使えば「理解不足」の状況にあるということになる。トップの意向と現場の受け留め方に誤解やズレが生じることはいくらでもあることであるが、大臣の懸念という形で報道された指定管理者制度の問題点は、この制度そのものの根幹を揺るがしかねない発言だと思われる。

経済界の要望を聞き入れた経済至上主義的な発想で進めてきたこの制度は、地方自治法という枠組みで一気に進められた。公の施設には個別法があり博物館や図書館などにもそれぞれの目的や機能を示した法体系のなかに設置されている。それを一本の法律で一律に推し進めたことが大臣の懸念表明記者会見に結実してしまったというのが実状ではなかったか。

大臣の発言が全国の公の施設、すでに指定管理者制度を導入した施設およびその関係自治体に与えた影響は大きい。地方自治法の一部改正に伴い、限られた時間と労力で書類を作り、指定管理者制度を導入するべく体制を整え、議会で承認を受ける準備を進めてたどり着いた。その挙句に大臣の「問題がある」との懸念が報じられたのは、全国の関係者を落胆させたに違いない。

何が問題なのか。すでに記したように指定管理者制度の導入に際して、自治体や博物館は慎重に対応した。それは多くの博物館が財政難の厳しいなか直営でやってきたのは、社会教育施設としての理念や条例による博物館の設置目的を重視したからで、すぐさま民間の事業者に運営を任せることに抵抗があったからであり、規模の違いや、収益の見込めない博物館に民間事業者が応募してこないという現実もあったからである。

さらに、管理委託制度によって自治体出資の財団が博物館の管理運営を行ってきたところは、その後の事業運営の継続と学芸員らの処遇に関することで慎重にならざるを得なかったというのが実状である。それが、先に見たような指定管理者選定手続きの状況において、公募より選定の数字が上回っていた背景である。

現場の混乱は大きく、公募によって他の民間事業者と指定管理者の座を争うことで、管理委託団体として学芸員が培ってきた経験や技能がもしかするとそこで途絶えることになりかねない。自治体側もまた、博物館の持つ特有の機能である収集、保管、展示、研究といった学芸業務を継続するために、従前の組織をそのまま活用することで事務的な処理を効率よく処理するのがよいと判断したところが多かったから、先ほどのような公募より選定が数字的に多く表れたのであろう。

総務省の通知にしても、片山総務大臣の見解にしても、「民間事業者に幅広く求める」というコメントの背景にはそうしたこれまでの導入の状況をとらえて、従来の組織運営にこだわらず大胆な改革を求めることが本来の主旨であると運用の適正化を求めているが、現場の認識はそうではなく、いかに博物館の機能をそのまま活かしながら継続的に博物館業務を遂行していけるかという現場を守る価値基準が独自に働いているといえる。

博物館を含む公の施設全体で指定管理者制度が進んでいる施設について調査した小林真理の報告によると、駐車場や公園などの基盤施設（三一・〇%）、病院や児童館などの社会福祉施設（二五・六%）、市民会館や美術館などの文化施設（一八・五%）、体育館やプールなどのレクリエーション・スポーツ施設（一五・〇%）、観光案内施設などの産業振興施設（九・九%）になっている。その管理団体の種類は、自治会や町内会などの公共団体（四三・五%）、財団・社団法人（三〇・八%）、株式会社・有限会社（一六・五%）とあり、いわゆる従前の管理団体の導入に加え、会社や民間団体・NPO法人など他の団体については総務省調査より若干増だと報告している。[13]筆者は会社やNPO法人などのいわゆる民間事業者が参入することより、これまでの管理委託してきた団体がそのまま継続している実態を重視すべきで、この公共団体や財団法人の数の多さは、指定管理者制度そのものがすぐに民間事業者に馴染まない性格や機能を有していることを如実に表していると考える。

片山大臣の発言は、各施設に応じた柔軟な対応をするよう提言している。必ずしもすべての公の施設に指定管理者制度を導入するものではなく、直営にするか指定管理者制度を導入するかは自治体側で柔軟に対応して判断することが肝要であると示している。このことは現場に対する配慮には違いないが、従来の管理委託の財団に対して継続的な選定を容認する発言とも受け取れ、指定管理者制度導入が博物館などに馴染むものかどうかその効果に疑問があるとみることができる。

(二) 企業の動向

指定管理者制度の目的の一つはコスト削減であり、民間活力の活用による住民サービスの向上であった。この制度を強く要望し、その経済効果を期待したのは日本の財界、企業であった。これまでの公の施設については、競争を伴う入札などによって業者が決められ、いつまでに何をするのかという形で委託契約を結んで行われてきた。

例えば、博物館の外観や建築設計などは、設計コンペによって有名な建築家の名を刻み、内部の展示施設も大手建設企業あるいは展示業者に基本設計から実施設計を委託し、実際の展示施行を行ってきた。めでたくオープンとなると、発注した施主である自治体の側に引き渡されるのである。これは自治体の意向を受けて、設計し、建設するという行政と企業の委託契約の一般的な構図である。この契約の中に外部有識者と学芸員等の意見を盛り込んで進めるかどうかは、委託契約の文面一つで大きく変わる。

今回の指定管理者制度による企業等の参入の様子を見てみると、駐車場管理、貸出施設の維持管理、レストラン、ミュージアムショップ、教育普及事業の企画実施、宣伝広報など、博物館のハード面からソフト面に至るまで広い業務に指定管理者が入り込んでいることがわかった。しかし、これらの部分はいわばそれぞれの企業の得意分野があり、比較的参入しやすい業務に限っていることが多い。飲食関係の企業がレストランの指定管理者となったり、地元の小売業者がミュージアムショップを扱ったりするのは、その典型的な事例である。

指定管理者の動向では博物館の全部の業務を一つの団体や民間事業者に任せることもできるが、収集・保管・展示・研究といったいわゆる学芸業務に関する専門的な部門を、民間事業者の側でどれだけ対応できるか難しい判断に迫られる。収益性だけで事業者が飛びついたとしても、質を落とさないで展覧会を維持させていけるか、リスク面の大きさも考慮に入れなければいけなくなる。実際の民間事業者のなかで博物館の学芸部門の業務まで参入している企業は、博物館の展示に長くかかわってきた特定の業者であることに気づく。幅を広げて民間事業者に参入の機会を与えるにしても、博物館の専門的な知識も経験のないところではなかなか運営できないのが実状であろう。結果として、公立の登録博物館・博物館相当施設において従前の管理委託である財団などに任せるケースが多くみられるのは想定できることである。

表1の総務省の公の施設全体の指定管理者制度導入施設の状況ではあるが、二〇〇六年と二〇〇九年の調査数字を比較してみると次のようになる。

二〇〇六年で会社関係の導入数は全体の一〇・九％であるのに対して財団・社団法人は全体の三六％を占め、その数の多さに驚かされる。ところが二〇〇九年の会社関係の導入数は全体の一四・八％で四％弱の伸びに対して、財団・社団法人の数字は二七・五％となり八・五％ばかりポイントを下げた。

これまでの経験と人材が財団にはあったため指定管理者への移行が進んだが、二〇〇九年段階では会社関係が公の施設に多く参入しはじめたことになる。

博物館ではどうであろうか。表3の指定管理者の属性をみてわかるように、二〇〇九年段階で指定管理者となった館は一二八館。その内、財団法人が指定管理者となっているところは一一一館。民間企業が一五館、ＮＰＯ法人で二館である。

あきらかに一般的な動向とは異なる数字が出ている。前述したように、単独一社が指定管理者となるケースばかりでなく、管理委託を受けていた財団が指定管理者となってこれまで通り学芸業務に携わり、レストランやミュージアムショップ部門を飲食関係の会社が指定管理を受けるといった複合型で館全体のサービス向上に努めているところもある。さらに広報部門を旅行会社や印刷出版会社が参入することもあり、複数の企業がそれぞれの得意とする業務分野で自社のノウハウと人材を最大限に発揮しながら博物館の運営の一翼を担う場合もある。

企業の側は、多くの入館者が確保されている博物館であれば、その入館者数からそれぞれ収益性を試算し、自社の創意工夫によってより収益につなげていく青写真を組み立てて指定管理者として名乗りを上げるに違いない。これは逆を言えば、入館者がそれほど望めない施設であればなかなか指定管理者への道は遠く、結果として応募なしという場合も少なくない。

そもそも企業は、収益性を度外視した運営を自ら選ぶことはない。会社の宣伝効果を期待してあえてリスクを冒すことはあるかも知れないが、儲かるのであればする、社会貢献によって知名度が上がるならやる、儲からなければ投資も人材も割くことはないという論理である。このような場合は指定管理者選定の場において自治体や議会の場での選定評価が問われることになろう。

地方自治法の一部改正による「官から民へ」の転換は、確かに企業をはじめとするNPO法人や団体など、公の施設の運営に参入できる機会が増えた。しかし、企業の側にチャンスが来たとしても博物館運営のノウハウや博物館機能を理解していない企業が指定管理者になったとしたら、博物館運営は破たんし、住民サービスの低下を招くリスクは極めて高くなるに違いない。

指定管理者の選定は、議会の承認を経て行政処分として決まる。選定する側の自治体および議員に博物館の目的や機能、事業展開のビジョンが正しく理解されていなければ、コストが下がればどこの業者でもよいという結果になりかねない。コストカットの競争に走り、これまでより利用者サービスの質が悪くなれば、利用者の博物館離れに拍車がかかり、博物館活動そのものの存続を危ぶむ事態になるのである。

さらに入館者数がもともと低い博物館に企業が参入して、新しいノウハウを駆使して館の経営を切り盛りしたとしてもそうそう黒字になることは期待できない。もともと財政難の自治体が税金を切り詰めて運営していた博物館を、指定管理者となった企業がすぐさま黒字にすることはありえないであろう。それほど博物館運営は甘くはない。仮に黒字になることが見込まれるのであれば、民間事業者の指定管理者導入数がもっと増えるに違いないが、現状はそうなっていない。公の施設のなかでも博物館を対象にした指定管理者制度の導入は、片山総務大臣のコメントにもあったように、「なじまない公の施設」の一つであるといえるであろう。

（三）博物館の動向

前述したように、指定管理者制度導入当初の二〇〇七年に、全国大学博物館学講座協議会の研究助成を利用して全国の博物館五四七館にアンケート調査を実施した。有効回答として三八〇館（六九・四％）の回答を得ることができ、そのなかで導入当初の博物館職員、学芸員らの指定管理者制度に関するさまざまな意見を聞くことができた。

表4はその結果をまとめたものである。

その中で「導入した」と答えた施設は九三館（二四％）、「導入していない」と答えた施設は二八七館（七六％）であった。

アンケートは全国の博物館を無作為に抽出している。館種も設置主体もバラバラで数字のもつ信頼度は不足しているが、三八〇館の回答のなかで九三館導入した数の内、七二館が自治体出資の財団という結果は、民間事業者よりまずは財団でという

表4　指定管理者制度導入のアンケート結果

導入の推移	
導入した	93
導入していない	287
計	380

指定管理者の種類	
自治体出資の財団	72
民間企業（単独）	7
民間企業（複数）	2
NPO 法人	2
他（不明・無回答を含む）	10
計	93

指定管理者制度導入の受け止め方	
たいへん良い	4
良い	9
どちらともいえない	183
悪い	95
たいへん悪い	76
無回答	13
計	380

＊2007年　全国大学博物館学講座協議会東日本部会助成研究の結果　547館送付　有効回答380館

様子見の状況がよくわかる数字である。

二〇〇七年の調査段階でいくつかの博物館に直接インタビューを試み、現場の声を聞くことができた。そこからいくつか指定管理者制度導入をめぐる博物館側の動きを記してみたい。

【事例1】

ある企業が学芸業務も含めて指定管理者となった。運営を委託された博物館では、これまでの学芸員が出向というかたちで残り、新しい指定管理者が配置した学芸員との間である種の対立構造ができているとの話を聞いた。

長年地域博物館の学芸員として足を運んで信頼関係を築きながら、資料の所在や情報を入手してきたこれまでの学芸員は、指定管理者側の学芸員から資料情報の提供を要請されたという。これまでの学芸員が長い年月のなかで調査研究し、蓄積してきた情報は、ついこの間まで大学院に在籍していた新人学芸員に差し出すことになった。本来、資料に関する情報は地域の財産であり、学芸員の属人的な私物ではない。

この博物館の指定管理者側の管理職は、これまで入手した情報は個人の調査研究の成果であると認めつつも、税金で得た情報であり、本来還元されるべきものとして、今後はコンピュタに入力してデータベース化して情報の共有化を図るという見解を述べた。

どこまでの情報をデータベースに載せるかという詳細な事柄までは未確認である。名称や時代年代などの資料情報は公開されるにしても、資料の価値や評価は学芸員個々の調査研究に関わる。さらに所有者や地域の情報は学芸員が足で集めた情報で、その中には公にできない事柄も多い。個人の専門領域に関することや地域の情報をどこまでデータベースに載せていくかは単純ではない。

指定管理者側の言い分は十分理解でき、企業のノウハウを活かした合理的な説明である。しかし、その背景に横たわる問題には、学芸員の専門性と継続的な調査研究をいかに担保したらよいかという問題もある。

博物館の学芸員が組織人として働くのは当然であるが、研究者としての側面もある。学芸員の専門分野における個別のテーマについては、個人の属人的な研究が全くないとは言えない。美術史担当の学芸員は美術資料の情報を絶えず収集しているし、近世史担当の学芸員はどこにどんな古文書が存在しているか、その概要はいうまでもなく、所蔵者の個人情報も含めて長年の情報を蓄積してきた。その活動が博物館における調査研究の成果となり、収集・展示などの業務に活かされてきたのである。

新たな指定管理者制度では、こうした学芸員の長年の調査研究の成果ばかりでなく、そのベースにある情報ソースまでも奪うかのような状況が起こっているのである。新たな学芸員が配属された際、その地域の情報が全くないなかで、資料の収集や展示の活動をしなければならないという現実的な課題に直面するからである。つまり、博物館は長年の調査研究の蓄積の上にあって、地域（住民）と博物館（学芸員）との信頼関係の上に成立していることを物語っているのである。組織力を使って情報の共有化を図ることで一定の成果は出るとは思うが、地域に根付いた活動ができるかどうか、新しい学芸員をすぐさま受け入れてくれるのかどうかは指定管理者制度においては未知数と言わざるを得ない。地域との信頼関係に亀裂を生む可能性も孕んでいるのである。

【事例2】

ある県立クラスの歴史系博物館では、総務部門は県が運営し、学芸部門の業務を自治体出資の財団、施設管理・案内誘導を地元企業、教育普及部門を民間企業、広報宣伝業務を大手旅行業者が指定管理者となった。

もともと財団による管理委託制度のもとで開館した博物館であったため、指定管理者制度の導入にあたって、各部門で得意とする業務を指定管理者に委ねるいわゆる複合型の博物館運営の体制に移行した。

宣伝広報部門を担当する旅行業の企業は、博物館に近い支社から出向という形で博物館にデスクを置き、宣伝広報業務を担当し、主に集客力を高めていくことを任されていた。ところが、実際に業務が始まると支社からの出向職員の仕事ぶりに不満が募ったという。

財団側が担当する新しい企画展について、今後の広報宣伝について関係スタッフで打ち合わせを何回か繰り返し、調整して来館者サービスの向上をはかり、少しでも収益につなげていく戦略を練った。具体的な計画を策定し、それを実行に移すにあたってその出向職員が何もしないという状況が生まれ、展覧会業務に支障を来したという。解決に向けては自治体側の調整も加えて、業務遂行の徹底を確認し、担当者の配置換えなど体制を整備して臨んだという。

個人的な能力ややる気の問題もあるが、こうした複数の団体や企業が一つの館のあるミッションを分担しながら進めていくことは他館でもある。単独の指定管理者であればスムーズな組織決定や議論のプロセスが容易に確認できるが、複数の団体や企業が業務をシェアするとなるとその意志決定プロセスが不明瞭となり、業務上の進行管理も、誰が、どう確認するかがうまく機能しないことが出てくるようである。

こうした事例の背景にある問題は、民間事業者のノウハウを活用するとはいえども、利益追求の企業である以上は、本社の意向をうかがいながら判断を迫られることが生じる。そこにタイムラグが生じ、博物館内での意思決定を遅らせるという事態も起こり得る。危機管理上の措置も含めれば指定管理者制度における全体のマネージメントには、リスキーな問題が横たわっていることがわかる。

指定管理者制度の導入当初から、一元的なマネージメントが可能かどうか博物館側の組織構造とそのプロセスのあり方に課題があるとされてきた。事例2のように、学芸部門、営業部門、管理部門でそれぞれ分断した指定管理者導入の場合は、博物館のマネージメントは難しいとされてきた。結果として事例1でみたように、民間事業者が一括した形で指定管理者となり、齟齬のないように調整を進めることで効率的な成果を生み出す環境づくりに努力するケースもあろう。

博物館の設置目的や博物館活動のミッションを確認しながらどう業務を遂行すればよいかは、職員それぞれが自覚していくことが重要であるが、組織全体がうまく機能するかどうかという点では館長の指導力が問われる。

ところが非常勤の館長が多い日本の博物館では、指定管理者制度の導入によって館長の力量とその差配の仕方で館の活動は大きく左右されることになろう。博物館の運営に関心のない、タレント張りの館長が就いた時、複合型の指定管理者が博物館を運営する場合、現場職員の士気を盛り立てながら束ねていくことができるかはなはだ疑問である。民間事業者からの職員が配属されたとしても、この職員が本社に戻ればそこには会社の社長がいるわけである。館長の指示を受けるのか、本社の社長の意向を聞くのか、意思決定のレベルにもよるであろうが、博物館を基軸に考えるのではなく、会社の利益や負担を考慮しながら博物館運営にかかわるとしたら、そこで働く職員はもとより、来館者サービスの向上が本当に実現できるのかどうか疑問が残るであろう。

指定管理者制度に参入した民間事業者の多くは、博物館だけを業務活動の場としているのではなく、ほかに会社としての本来業務を持ちながら博物館運営に参入しているところが多い。そこが前述したような利益追求の企業がどこまで博物館運営にかかわるのか不明瞭な部分である。会社が倒産したらどうなるのか。自治体直営の博物館の収支決算が赤字続きであったのであれば、博物館の指定管理者になりたいと実際に声をあげるかどうか。いろいろなデータに基づいて採算を考えるであろうが、普通の考えであればリスクが高いであろう。ましてやさまざまな民間事業者が一堂に集まる博物館であれば、誰の判断を仰ぐのかはっきりしないことが多い。

指定管理者制度における民間事業者の姿勢は、公の施設の管理運営に直接参入し、新たなビジネスチャンスとして会社が有する技能や人材を活用することで住民サービスの向上を図り、利益につながるのであれば会社としては成功なのかもしれない。しかし、公の施設全体では民間事業者の指定管理者となる率が上がってはいるものの、博物館を対象に指定管理者になる民間事業者は少ない。総務省から幅広い民間事業者への参入を期待するようなコメント(14)（総務省）が出るなかで、この制度に日本の経済界は期待はずれであったと評価することもできるであろう。この制度そのものの評価を出す前に日本経済の先行き不安のなかで、だれも指定管理者に名乗りを上げなくなるとしたら、博物館そのものの存在意義も問われるのかもしれない。

結果として博物館の指定管理者に参集した企業の顔触れが、展示施行会社や出版関係、旅行業者などの特定の企業に集中していることを考えると、特定の企業でなければ博物館運営はリスクも専門性も高く、他業種の企業が参入することが難しいと理解することが妥当である。効率性だけを考えて業務を遂行できるほど博物館の運営は甘くはない。博物館に指定管理者制度を導入することが良いかどうかは、自治体側も慎重に評価基準をつくり、公平公正に判断する必要がある。

三　指定管理者制度がもたらした現場の混乱

指定管理者制度がもたらした現場の混乱は計り知れないものがある。地方自治法の一部改正によって指定管理者制度の導入が決まったとき、博物館にかかわる多くの人に衝撃と混乱を招いたことは言うまでもないが、それに拍車をかけたのは博物館の根幹となる博物館法の改正に加え、運営にかかわる博物館法施行規則の一部改正が行われたことであろう。博物館をめぐる近年の変動は大きく、変質していく博物館に不安を感じない現場の学芸員や職員はいない。ここでは学芸員や職員を取り巻く混乱をとりあげてみたい。

（一）コスト削減と博物館

【現場の声1】

1－1（北海道　科学）本来の目的が損なわれ、コストの削減が最優先されることから、人員を減員することとなり、また入館者数などの数値的な事柄だけの管理の良し悪しが判断されることにつながる恐れがある。

1－2（関東　美術）地域文化の発展を考えれば、地域と無関係の組織が経費節減という名目で管理運営することは明らかなマイナスである。

1－3（関東　美術）発想の原点が、博物館をよくしようということでなく、いかに安く運営できるかである。

1－4（中部　美術）実質的には予算削減のための切り捨てにしか思えない。館の実状に即した制度への変更が望まれる。

1－5（近畿　歴史）博物館は利潤を追求するものではなく、公益のための負担があって当たり前、指定管理者制度を導入すれば儲からなくなれば館が見捨てられる恐れがある。

1－6（関東　歴史）指定管理者が向いている施設と向いていない施設があると思います。当館のような町の施設は小規模ゆえに指定管理の方が割高になるようです。ボランティアなど支援者に支えられた形での運営が進んでいくと思います。

1－7（関東　水族）確かに経費を削減し、効率よく運営するためにはよいことだが、誘客がメインとなり、本来の博物館や水族館が果たすべき役割が見失われる。

1－8（近畿　歴史）指定管理者制度の利点として、企業的努力による効率化があげられるが、これによって収益性・利用率の向上が見込める館は一部にすぎず、大半は地方自治体の地域文化保護義務の放棄につながる。

指定管理者制度の原点が経費節減であると認識している学芸員や職員が多いが、そのことについて「人員削減」「予算削減の切り捨て」にすぎないといった厳しい意見がある。その一方で、指定管理者の努力と効率化、収益性・利用率の向上への期待があるものの、それが見込めるのは一部の館に過ぎないという。また、小規模博物館では指定管理者制度の導入は割高となりなじまないという指摘はよく地方の博物館でも聞かれる。自治体の地域文化保護義務の放棄だというのは、コスト削減を優先するあまり自治体の文化行政に対する怠慢、姿勢そのものが問われているということであろう。

(二) 学芸員の役割と業務の継続性

【現場の声2】

2－1（関東　自然）継続性の高い資料収集、調査研究など専門性をもつ学芸員が欠落する可能性がある。

2－2（近畿　自然）地元に根付いた博物館という施設にとって期間を区切って運営する指定管理者制度はなじまない。また標本の収集、保存という博物館の根幹をなす業務に支障をきたす恐れがある。

2－3（関東　歴史）継続性や信頼関係が事業展開の必要な事項なのでなじまないと考える。館それぞれの設置目的が異なるので一元的な議論は間違っていると考えるが、事務系職員と作り上げる運営（意識）を持つことは大切だと思う。

2－4（近畿　歴史）コスト意識を持つようになったが、管理期限が五年で展示計画や施設の維持管理に継続性が保てない。職員の身分が不安定になった。

2－5（近畿　歴史）定期的に公募されることにより安定した雇用にならない。短期雇用に問題がある。

2－6（中国　自然）自主的な運営が可能な点ではメリットがある一方、博物館の場合は貴重な収蔵品の収集・

管理・継承という使命を担っており、指定期間によってはこれが果たせない可能性もある。

2－7（関東　野外）学芸の職員が半数になったが、入館者や収入は増加している。その反面、調査研究に十分な時間が得られないという欠点もある。

経済効率を優先する民間事業者が学芸部門の業務のなかで、利用料金の収入をあげるための事業や集客性の高い展覧会実施などに固執するようであれば、これまでの地域社会との信頼も絆もなくなり、学芸業務自体がおろそかとなり、博物館の根幹業務が崩壊しかねないともいえる。

そのような状況に陥らないためには、どのような組織や運営形態になろうとも専門性を有する学芸員の確保が大事である。現状では、指定管理の期間は三年から五年を選択するところが多い。この期間のなかで学芸員は、資料を中心とする収集、保管、展示、研究とどのようにかかわっていくかが重要な課題である。しかし、指定管理期間が終わると再び指定管理者に選定されなければ、これまでの蓄積が次の指定管理者に引き継がれる保証はない。中長期的な展望にたった博物館の活動は指定管理者制度のもとでは難しいといわねばならない。

また、学芸員の雇用や人材育成を考えるとき、新規採用の学芸員の力量は知れている。ここから一〇年、二〇年と経験を積んでいくなかで、技量も知識も上達し、また研究成果も公開されることになる。したがって、指定管理者となった民間事業者から学芸員が配属されたはいいが、五年で指定管理者の見直しなど選定のやりなおしがある。そこでもし、継続できなかった場合はこれまで築いてきた資料の情報や調査研究の成果、あるいは展覧会の企画ができなくなるなどの懸念がある。

雇用の問題は非常勤雇用の問題とも直結し、三年から五年の短期雇用でその先が見込まれないとすれば、学芸員資格取得希望者の減少は必至である。民間事業者が元の学芸員をそのまま採用することは稀である。公的財団で業務にあたっていた財団固有の職員は県や市の職員ではないため本庁勤務となることはない。そのため自治体職員でつくる組合などでは、深刻な雇用問題と受け止め、指定管理者制度導入に反対することが多いのである。[15]

直営から民間事業者が指定管理者となって学芸部門に参入した場合、元の学芸員や職員は一部博物館に残る者もあるが、通例は本庁に戻る。異動によって教育委員会、生涯学習部門に残れるなら良いが、別の部門に回されることもあり得る。その結果、何十年と博物館や埋蔵文化財等の業務を担当してきた学芸員や職員が全く関係のない部署に配置され、不慣れな業務で精神疾患に冒される人や自殺者もいると聞いている。

今回二期目に移行するなかで、同じような財団が指定管理者として再び選定されることが多いのは、博物館運営そのものを民間事業者に任せることが困難であるとの判断が自治体側のなかにも認識されているのではないかと思われる。

博物館が地域のなかで生かされていることを今一度認識するとき、そこで長く勤めている学芸員の役割は、地味な仕事ではあるものの地域文化の掘り起しと継承にどれだけ貢献できるかである。歴史系の博物館になればその地域依存度は高い。そこに民間事業者が参入して新たな学芸員を配置したとしても、学芸業務が本格化し、博物館が機能するには時間がかかる。学芸員の役割は博物館の建物の中だけではなく、地域住民と密着した業務であり、交流であり、発信であることを認識することが重要である。

指定管理者はもとより、自治体側にもこうした地道な博物館活動や学芸業務に対する継続性の理解がないのであれば、博物館はもはや死んだことになる。博物館の危機的状況はより深刻化するに違いない。

おわりに──博物館の原点は何か

これまで見てきたように、博物館における指定管理者制度導入とその後の問題は、いまだ解決には至っていない。博物館の設置目的や理念と指定管理者制度の関係は、社会教育施設としての使命と経済効率と住民サービスの関係性をいかに考えるかという根本的な問題に突き当たる。指定管理者制度の適正な活用のためにその評価をめぐる議論も大きな課題である。

今回、評価にまで触れることはできなかったが、コスト削減と来館者の数だけが優先される市場経済的な発想で、文化行政の進展がどこまで計れるのかも疑問である。全く数字を見ないというわけではないが、博物館の活動を公平公正な基準でもって評価をすることで、指定管理者制度の有効性や効率性、適正かどうかの判断ができるものと考える。

そのために必要なことは、自治体が博物館を含む指定管理者の業務内容を熟知する必要があり、合理的な評価基準でもって判断する目を自治体側が持ち得ているかどうかということである。そこに労力を惜しむのであれば、指定管理者の民間事業者への丸投げともいわれ、無責任体制が露呈することになるであろう。

一期目の指定管理者制度導入当初、管理委託をしていた財団をそのまま指定管理者に選定することが大半であった博物館も、二期目となって公募して競争することも現実にみられるようになった。競争するのはコストの削減率なのか、来館者に向けられたサービス向上の具体策なのか、相反するような二つの項目について、絶えず緊張と真剣な取り組みが必要であることは言うまでもない。

結果論ではあるが、地方自治法の一部改正をもって全国の公の施設を市場開放しようと拙速に進めようとしたことに無理があったのかもしれない。自治体が博物館を指定管理者制度導入の対象としたとき、何を基準に導入するかその根本が揺らいでしまっているように思われる。多くの自治体は経費削減が優先され、博物館と地域住民の関係や役割を考えていないとまでは言わないが、優先基準がコストカットにあったことは現場の学芸員の多くが指摘しているところである。

駐車場や公園管理と異なり、社会教育施設として生涯学習の拠点を担う博物館が、民間事業者に取って替わることが本当にサービスの向上につながるのか。直営で進めた方が学芸員らの長期間の雇用を確保し、その中で十分な専門性を磨き、力を発揮できるのではないかという意見はいまだに多い。多角的な分析と判断に基づいた指定管理者制度の是非を今一度考える必要がある。

その結果として足利市美術館のように指定管理者として一度選定した館を直営に戻した事例もある。この背景には学芸員の専門性を長期的に活用することが住民サービスにつながると自治体が判断したことが大きい。経済的なコストよりも、安定した博物館事業の展開と住民サービスによる満足度の確保という選択である。

博物館の数が六、〇〇〇館を超えるとされるなかで、公立の登録博物館、博物館相当施設、博物館類似施設が四、五〇〇館を超えるという。全博物館が指定管理者制度の導入館でないことはすでに明らかである。多種多様で多彩な活動を展開している博物館だからこそ、設置者である自治体の姿勢が問われるであろう。

導入した館に対しては文部科学省から告示として「公立博物館の設置及び運営上の望ましい基準」（二〇〇三年六月六日）が出されている。この基準にしたがって設置者である自治体と応募者である公共団体や民間事業者らの立脚点を共有することが定められ、人材確保のための学芸員を擁している団体の活用や従前の学芸員の保障などの方向性を示した。

民間事業者を指定管理者に選定して管理運営を任せるにあたり、博物館の場合には特定の業者が参入している例が多くみられた。民間活力を広く募り、住民サービスの向上につとめるというあり方が基本である。しかし、足利市のように直営に戻した事例をみると、指定管理者にすべてを任せるのではなく、地域住民の参加によって博物館が活気づき、学芸員や学校関係者、ボランティアなどと広く連携しながら新しい事業連携をする仕組みも再考する必要があると考える。

例えば、島根県の施設への指定管理者導入において、施設の運営を自治体が関与し、維持管理だけ指定管理者に任せるという「島根方式」と呼ばれる折衷型の方式が注目されている。[16] 島根県立美術館の学芸部門は県の直営で、それ以外は指定管理者である。もともと導入前から学芸部門以外は財団に管理委託をしてきた経緯がある。

博物館の施設管理を最も得意とする団体が関与するというスタイルは合理的である。経費節減を理由に全面的な指定管理者制度の導入を主張する財政担当に対して、安全管理などに不安があるとして教育庁で反対意見を表明し、その折衷論としてこうしたスタイルを生んだ。社会教育課のコメントは自治体側から美術館に十分な指導・監督ができないと判断したからとしている。このことは言い換えれば、指定管理者制度のもとでは自治体は常時十分な指導・監督ができないという実態を明らかにしたことになる。これは島根県だけのことではないはずである。

博物館の展示部門を直営または財団の学芸員が担当し、管理部門や教育普及部門を指定管理者である民間事業者に分離していくことも検討すべきである。学芸員は、大学や大学院において自分の学問分野の専門性を基軸に学芸員資格取得をめざす。晴れて学芸員となって博物館に勤務してからは、これまでの基礎的な知識・技量に加え、継続的な業務と技量の積み上げが経験となって良質な学芸員となっていく。

一方、博学連携やボランティアの受け入れや地域住民との交流は、博物館における生涯学習拠点として重要な役割である。教育普及に関しては、学芸員との協力体制は必要であるが、欧米の事例のように教育専門の学芸員（いわゆるエデュケーター）を民間事業者に任せ、キュレーターとエデュケーターの両者が積極的に事業連携する仕組みづくりも必要であろう。そこにマネージメントとイニシアチブを取る人材や組織のあり方を模索しながら利用者へのサービス向上を目指していくことは無駄ではない。指定管理者制度導入によって経済効率だけを考える博物館よりは、建設的な指定管理者制度の活用になるに違いない。

博物館の原点が、博物館法に謳われた「国民の教育、学術及び文化の発展に寄与する」ために「教育的配慮の下に一般公衆の利用に供し」ていくことが目的であるならば、経済効率を優先させる民間事業者のための博物館ではなく、時代とともに変わる利用者ニーズに合わせた博物館事業の柔軟な展開ができるような仕組みを、時間をかけて再構築すべきである。

註

（1）内閣府経済財政諮問会議　二〇〇一（平成一三）年会議結果　http://www5.cao.go.jp/keizai-shimon/minutes/2001/index.html

（2）内閣府総合規制改革会議　二〇〇二（平成一四）年七月二三日　http://www8.cao.go.jp/kisei/siryo/

（3）New Public Management（NPM）ニュー・パブリック・マネジメントとは公的部門の外部化・民間化の一連の流れ。一九九〇年台初頭から英国で用いられた用語。

（4）総務省自治行政局通知（二〇〇三年七月一七日付）
http://www.bunka.go.jp/1aramasi/pdf/18_bunkaseisakubukai_1_3_3.pdf

（5）文部科学省生涯学習分科会議事要旨（二〇〇三年一二月一日付）
http://www.mext.go.jp/b_menu/shingi/chukyo/chukyo2/siryou/03120101.htm
「公立博物館に対する指定管理者制度の考え方について」『博物館研究』四三五（三九―八）、二〇〇四

（6）美術史学会は、美術館博物館委員会シンポジウム「美術館・博物館の新たな公共性を求めて―指定管理者制度・NPO・地域社会―」二〇〇五年を開催。地方史研究協議会は、博物館・資料館問題検討委員会によるシンポジウム「地域博物館・資料館と指定管理者制度」二〇〇五年、「地域博物館の社会的使命と指定管理者制度」二〇〇六年、「博物館法改正と学芸員制度」二〇〇七年に開催されるなど、活発な議論が展開された。

（7）財団法人地方自治総合研究所・全国地方自治研究センター「指定管理者制度の現状と今後の課題」二〇〇八

（8）総務省「公の施設の指定管理者制度の導入状況等に関する調査結果」二〇〇九年一〇月二三日付
http://www.soumu.go.jp/main_content/000156595.pdf

（9）浅香澄雄「登録博物館・相当施設における指定管理者制度導入状況について」『博物館研究』四九八（四四―一二）、二〇〇九

（10）前掲註9に同じ

（11）総務省自治行政局長通知「指定管理者制度の運用について」二〇一〇年一二月二八日

http://www.soumu.go.jp/main_content/000096783.pdf

（12）「片山総務大臣閣議後記者会見の概要」二〇一一年一月五日
http://www.soumu.go.jp/menu_news/kaiken/02koho01_03000154.html

（13）小林真理「指定管理者制度が馴染まない公の施設はあるのか」『社会教育』七七二（六五―一〇）、二〇一〇、同「指定管理者制度の成果と課題」『地域政策研究』四六、二〇〇九

（14）前掲註11に同じ

（15）博物館に限らず公の施設全体にかかわることとして自治体職員の組合などでは、指定管理者制度に対して課題を要求しているところが多い。そのなかでも、従来の管理委託団体に対する解散・廃止の場合の職員に対する雇用継続または雇用保障について、直営施設に指定管理者制度を導入する場合の労働条件の変更および職員の雇用問題について交渉できるよう要求し、職員の身分や雇用の不安解消を求めるための自治体側の姿勢を問う発言が多くみられる。

（16）槻谷敦文「島根県立美術館における指定管理者制度の運営事例」『社会教育』七七二（六五―一〇）、二〇一〇

第三章　学芸員をとりまく環境の変化

高度博物館学教育に至る経緯と実践

青木　豊

はじめに

我が国の博物館は、低迷する日本経済の中で、指定管理者制度の導入問題や団塊の世代の集団とも言える定年退職者に対する補充問題、更には市町村合併による混乱、私立博物館にあっては公益法人改革による一般社団法人・一般財団法人への移行等々で混迷を来たしているのが現状である。

しかし、この博物館の混迷は社会の変革のみを原因とするのではなく、次の二点が抜本的原因であると考えられるのである。

一　博物館法及び関係法規の不整備な点

二　博物館運営者の博物館学意識が脆弱である点

博物館法及び関係法規の不整備な点は、社会教育法の精神に基づく社会教育機関である博物館に、費用対効果の判断基準が採り入れられる唯一最大の原因である博物館法第二三条（入館料等）や、第二点の根幹に関与する問題で別稿で記した(1)無資格者の博物館への配置を可能としている博物館法第六条の不適切さは基より、最大の原因は昭和四八年の文部省告知の「公立博物館の設置及び運営に関する基準」（通称四八基準）が平成一五年六月に廃止されたことに起因しているものと考えられるのである。つまり、改正されたはずの「公立博物館の設置及び運営上の望ましい基準」の内容の空洞化が、直截的な原因となっていると看取されるのである。

一　博物館法及び関係法規の不整備な点

不具合を代表する条文として博物館法第二三条（入館料等）が、先ず挙げられる。公立博物館の入館料等の施設の利用については、博物館法第二三条の条文で記されていることは周知の通りであるが、再度確認すると下記の如くである。

（入館料等）

第二三条　公立博物館は、入館料その他博物館資料の利用に対する対価を徴収してはならない。但し、博物館の維持運営のためにやむを得ない事情のある場合は、必要な対価を徴収することができる。

当該条文の構成は、法学で言う「原則と例外」の両面を合わせ持った条文である点を最大の特徴とする。この意味で共に社会教育法を親法とする図書館法の第一七条（入館料等）とは基本的に異なる思想によるものと判断されるのである。当然のことながら、例外を容認するには客観的合理性に基づく社会的相当性による許容が必要であることは確認するまでもない。

しかし、これらの検証が無いまま例外が一般化し、社会通念化しているのが現状である。社会教育施設としての公立博物館の有料化に関しては、古くから数々の反対論文があり、有料化に伴う不具合についても多々議論されてきた論題であるところから、本論では仔細については省略するが、基本的要件は以下の二点に集約されるものと考えられる。

①　博物館入館料の徴収は、博物館利用者にとっては最大のバリアである。

②　博物館入館料の徴収は、生涯学習機関としての博物館を自ら否定するものである。

その結果、利潤を目的とする法人と同様に費用対効果の判断基準が適用されることとなり、さらなる結果として博物館廃止にいたる原因を醸成するものが入館料なのである。

以上からも明確であるように博物館法第二三条は、博物館の根幹に係わる条文であるにも拘わらず博物館法改正を高らかに謳った「これからの博物館の在り方に関する検討協力者会議」では、歯牙にもかけられなかったのは極めて残念である。

(二) 博物館法第四条の不具合

次いで不具合な条文として挙げねばならないのは「博物館法」第四条三項であり、当条文には、「博物館に専門的職員として学芸員を置く。」と明示されていることは周知の通りである。しかし、現実には学芸員資格を持たない無資格者が学芸員に相当する専門職員として従事しているのを多々目にする。ただ、具体的な統計は持ち合わせていないので、以下の記述に於いて適確でない部分があれば容赦を願うものである。

例えば、県立の博物館・美術館・自然博物館の年報等の組織表を見る限り、学芸員資格無資格者が学芸員に相当する職員として多く存在していることは事実である。

この原因は、県立博物館に於いてはその採用が学芸員採用ではなく、教員採用した教育職員等の配置転換が常套化している結果と看取される。そして、博物館学芸員相当職へ配置転換された元教育職員の多くは学芸員資格を有していないがために、当然ながら「学芸員」の職名は使用できず、研究員・主事等々の職名を冠しているのが常である。しかし、その職務内容は正に学芸に関する仕事であろうことからも、極言すれば無資格者の任命と実務への従事と言うことになる。この不法とも表現できる行為は「博物館法」第四条五項に記された「博物館に、館長及び学芸員のほか、学芸員補その他の職員を置くことができる。」(傍線筆者)と明記されている「学芸員補その他の職員」に相当させることにより、合法としているのであろうが、如何なものであろうか。ならば、職名を学芸員補とすべきであるが、組織内での所謂配慮であろうか、学芸員補の職名を使用していないのが現状である。

また、教育職員からの配転とは別途に、博物館自体が採用する場合に於いても、その採用条件は要学芸員資格

（学芸員資格取得見込み）が加えられていないケースも決して珍しくはないのである。学芸員無資格者を良しとする考え方は、博物館側にご賢察戴き是正願わねばならない点である。抜本的には、県立博物館を始めとする公立博物館の専門職の採用及び配置は、学芸員資格有資格者に限定する旨の厳格な指導を文部科学省に切望する次第である。

（二）学芸員有資格者採用の要望に基づく博物館法第六条の改正案

我が国の成熟した社会では、車の運転は勿論の事、医師、教師、美容師、理容師等々のいずれに於いても無免許、無資格は許されない社会情勢下にあって、生涯教育・文化の拠点である博物館に無法が存在すること自体がゆゆしき問題なのである。拠って、法の遵守の上からも有資格者の配置を徹底して戴かねばならない事は前述の通りである。

それが何故、かかる不具合な事態が出現したのかを考えると、具体的には下記の博物館法第六条（学芸員補の資格）が無資格者の博物館専門職としての採用を許す法的根拠となっていると見做せるのである。

（学芸員補の資格）

第六条　学校教育法（昭和二二年法律第二六号）第九〇条第一項の規定により大学に入学することのできる者は、学芸員補となる資格を有する。（傍線筆者）

と明記されており、「大学に入学することのできる者」、換言すれば即ち高等学校を卒業した者や大検に合格した者は学芸員補に就くことが出来るのである。昭和二六年の博物館法制定時から昭和四〇年頃までなら兎も角として、今日の社会では高校卒業者が学芸員補として採用されることは、現実的ではないといっても過言ではないであろう。学芸員有資格者の少なかった時代とは異なり、年間約一万人の有資格者を養成している現状では不必要な条文であることは自明の通りであり、本条文の存在が前述した無資格者採用の温床であると指摘できるのである。

拠って、当該条文の内容は今日の社会情勢に鑑みても早急に撤廃しなければならない条文であると考えられるのである。更に、短期大学での学芸員養成に意義を持たせる為にも、下記の如くに博物館法第六条の改正を提案するものである。

現行（学芸員補の資格）

第六条　学校教育法（昭和二二年法律二六号）第九〇条第一項の規定により大学に入学することのできる者は、学芸員補の資格を有する。

改正案（学芸員補の資格）

第六条　短期大学を卒業し、博物館に関する所定の科目の単位を取得した者は、学芸員補となる資格を有する。

以上の例示のように改正することにより、無資格者の採用及び配置に歯止めがかかることと、短期大学での学芸員養成の整合性が明確化できるものと考えられる。

（三）「公立博物館の設置及び運営に関する基準」廃止による博物館の混迷

当該基準に関しては、昭和四八年一一月三〇日付で、各都道府県教育委員会教育長宛に出された文部省社会教育局通達（平成一五年六月廃止）による、（別記）「公立博物館の設置及び運営に関する基準」の取り扱いについてで、次の通り記されている。

一、第一条関係

（一）この基準は、博物館法第八条の規定に基づき、公立博物館（以下「博物館」という。）の健全な発達を図るために博物館の設置及び運営上の望ましい基準として定めたものである。

（二）この基準は、博物館法に定める登録要件に係る審査基準でも、補助金の交付基準でもない。

と明記されているように、何らの規制を目的としたものではなく、あくまで博物館の健全な発達を図る目的で定められた基準であったにも拘わらず、世をあげての規制緩和の名のもとに解体されたことは我が国の博物館にとって基本的示準を無くすこととなった。つまり、博物館の混迷のほころびはここから始まったと言っても過言ではなかろう。『公立博物館の設置及び運営に関する基準』の「別記取り扱いについて」では、具体的には、博物館の構成要素と一般に称される〝モノ・人・場〟に関する示準が「規制緩和」の号令のもとに消滅し去り、結果として博物館界は混迷期に突入したものと看取されるのである。

したがって、当基準の改訂に関与した博物館関係者の責任は極めて重大である。

かかる状況の中で、更に博物館界に追い打ちをかけたのは平成二一年の秋に出された「地方分権推進委員会による第三次勧告案」で、博物館法第一二条及び第二一条の廃止または条例委任が勧告されたことは未だ記憶に新しい。第二一条は、博物館協議会の委員に関する内容であるから兎も角として、第一二条の廃止または条例委任の対象となった条文は下記の通りである。

一、第二条第一項に規定する目的を達成するために必要な博物館資料があること。
一、第二条第一項に規定する目的を達成するために必要な学芸員その他の職員を有すること。
一、第二条第一項に規定する目的を達成するために必要な建物及び土地があること。

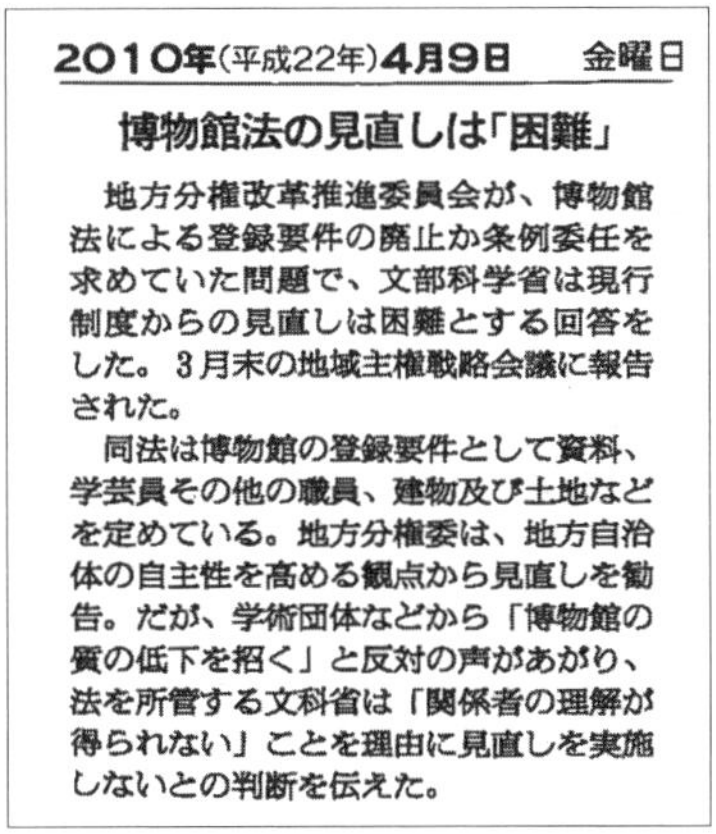
2010年(平成22年)4月9日　金曜日

博物館法の見直しは「困難」

地方分権改革推進委員会が、博物館法による登録要件の廃止か条例委任を求めていた問題で、文部科学省は現行制度からの見直しは困難とする回答をした。3月末の地域主権戦略会議に報告された。

同法は博物館の登録要件として資料、学芸員その他の職員、建物及び土地などを定めている。地方分権委は、地方自治体の自主性を高める観点から見直しを勧告。だが、学術団体などから「博物館の質の低下を招く」と反対の声があがり、法を所管する文科省は「関係者の理解が得られない」ことを理由に見直しを実施しないとの判断を伝えた。

図1　第3次勧告案についての記事
（朝日新聞 2010 年 4 月 9 日）

これら三項は、第一二条の登録要件の審査の要件を明示した条文であり、前述した〝モノ・人・場〟を明示したものである。当該部分の廃止は、世界に類を見ない博物館の軽佻浮薄化をもたらすであろうし、先ず存続に関わる基本的なものであった。

全国大学博物館学講座協議会・全日本博物館学会をはじめとする各種の学術団体からの反対により幸いに、朝日新聞（平成二二年四月九日）でも報じられたように博物館法に関する勧告案は撤廃された。撤廃は幸か当然かは兎も角として、かかる機運が社会に発生して来た事を博物館界は真摯に受け取り、社会が必要とする博物館を構築しなければならないのである。その為には、結果として博物館

表 1-1 「公立博物館の設置及び運営に関する基準」と現行の比較

<table>
<tr><td>公立博物館の設置及び運営に関する基準</td><td>（職員）
第 12 条　都道府県及び指定都市の設置する博物館には、17 人以上の学芸員又は学芸員補を置くものとし、市（指定都市を除く。）町村の設置する博物館には、6 人以上の学芸員又は学芸員補を置くものとする。</td></tr>
<tr><td rowspan="2">同上別記</td><td>10 第 12 条関係
本条第 1 項の 17 人及び 6 人の職務内容別の内訳は、左の表に掲げるとおりである。</td></tr>
<tr><td><table>
<tr><th>区　　分</th><th>都道府県立・指定都市立</th><th>市町村立</th></tr>
<tr><td>ア　第 8 条の教育活動及び資料に関する研究を担当する者</td><td>8 人</td><td>3 人</td></tr>
<tr><td>イ　1 次資料の収集、保管、展示等を担当する者</td><td>8 人</td><td>3 人</td></tr>
<tr><td>ウ　2 次資料の収集、保管等を担当する者</td><td>1 人</td><td></td></tr>
</table></td></tr>
<tr><td>現　行</td><td>（職員）
第 9 条　博物館に、館長を置くとともに、事業を実施するために必要な数の学芸員を置くものとする。</td></tr>
</table>

<table>
<tr><td rowspan="2">公立博物館の設置及び運営に関する基準</td><td>（施設の面積）
第 5 条　博物館（動物園、植物園及び水族館を除く。）の建物の延べ面積は、都道府県及び指定都市の設置する博物館にあっては 6,000 平方メートルを、市（指定都市を除く。）町村の設置する博物館にあっては、2,000 平方メートルをそれぞれ標準とする。
2　動物園、植物園及び水族館の施設の面積は、左の表に掲げる面積を標準とする。</td></tr>
<tr><td><table>
<tr><th>博物館の種類</th><th>施設の面積</th></tr>
<tr><td>動　物　園</td><td>建物の延べ面積　20 平方メートルに平均同時利用者を乗じて得た面積</td></tr>
<tr><td>植　物　園</td><td>敷地面積　20 万平方メートル</td></tr>
<tr><td>水　族　館</td><td>敷地面積　4,000 平方メートル</td></tr>
</table></td></tr>
<tr><td rowspan="3">同上別記</td><td>5　第 5 条関係
(1) 本条第 1 項の 6,000 平方メートル及び 2,000 平方メートルの用途別面積は、左の表に掲げるとおりである。</td></tr>
<tr><td><table>
<tr><th></th><th>都道府県立・指定都市立</th><th>市町村立</th></tr>
<tr><td>展示・教育活動関係</td><td>2,500㎡</td><td>850㎡</td></tr>
<tr><td>保管・研究関係</td><td>2,500㎡</td><td>850㎡</td></tr>
<tr><td>管理・その他</td><td>1,000㎡</td><td>300㎡</td></tr>
</table></td></tr>
<tr><td>(2) 総合博物館にあっては、その性格にかんがみ、本条第 1 項に定める面積のおよそ 1.5 倍程度を確保することが望ましい。</td></tr>
<tr><td>現　行</td><td>なし</td></tr>
</table>

表 1-2 「公立博物館の設置及び運営に関する基準」と現行の比較

<table>
<tr><td rowspan="2">公立博物館の設置及び運営に関する基準</td><td>（資料）
第６条　博物館（動物園、植物園及び水族館を除く。）は、実物又は現象に関する資料（以下「一次資料」という。）について、当該資料に関する学問分野、地域における当該資料の所在状況及び当該資料の展示上の効果を考慮して、必要な数を収集し、保管し、及び展示するものとする。
2　動物園、植物園及び水族館は、おおむね、左の表に掲げる数の一次資料を収集し、育成し、及び展示するものとする。</td></tr>
<tr><td><table><tr><th>博物館の種類</th><th>資　料　数</th></tr><tr><td>動　物　園</td><td>65 種 325 点ないし 165 種 825 点</td></tr><tr><td>植　物　園</td><td>1,500 種 6,000 樹木</td></tr><tr><td>水　族　館</td><td>150 種 2,500 点</td></tr></table></td></tr>
<tr><td>同上別記</td><td>第６条関係
本条第２項の表に掲げる動物園、植物園及び水族館に示す「種」の収集に当っては、広い範囲にわたって比較展示ができるように生物分類学上における複数の「綱」及び「目」にわたることが望ましい。</td></tr>
<tr><td>現　行</td><td>3　第３条関係（資料）
(1) 動物園、植物園及び水族館を含め博物館は、各館園の創意工夫により、当該資料に関する学問分野、地域における当該資料の所在及び当該資料の展示上の効果を考慮して必要な数の資料の収集、保管及び展示に努めるものとすること。</td></tr>
</table>

の混迷のもう一つの原因が、博物館運営者の博物館学意識が脆弱である点であることから、博物館学意識を有した熱心な学芸員を養成する事が必要なのである。

二　博物館運営者の博物館学意識が脆弱である点

この博物館運営者の博物館学意識が希薄な点は、熱心で博物館学意識のある学芸員を養成できなかったことが直接的な原因であったと看取される。その理由としては、次の二点が挙げられる。

①　学芸員養成科目の不足

②　博物館学の体系的教授ではなかった点

学芸員の養成科目の不足については、博物館法施行規則が昭和三〇年より現行の改正にあたる平成八年までの四〇余年間、博物館学の専門科目は「博物館学」四単位と「博物館実習」三単位のみであったことが指摘できる。これは余りに少なく昭和二六年の博物館法制定以来、今日までの六〇年のうちの四二年間も学芸員の養成科目が不足し

表2　法定科目の推移表

〈昭和30年改正科目〉

NO.	科目名	単位数
1	社会教育概論	1単位
2	博物館学	4単位
3	視聴覚教育	1単位
4	教育原理	1単位
5	博物館実習	3単位

（5科目10単位）

〈平成9年改正科目〉

NO.	科目名	単位数
1	生涯学習概論	1単位
2	博物館概論	2単位
3	博物館経営論	1単位
4	博物館資料論	2単位
5	博物館情報論	1単位
6	視聴覚教育メディア論	1単位
7	教育学概論	1単位
8	博物館実習	3単位

（8科目12単位）

〈平成24年4月施行科目〉

NO.	科目名	単位数
1	生涯学習概論	2単位
2	博物館概論	2単位
3	博物館経営論	2単位
4	博物館資料論	2単位
5	博物館資料保存論	2単位
6	博物館展示論	2単位
7	博物館情報・メディア論	2単位
8	博物館教育論	2単位
9	博物館実習	3単位

（9科目19単位）

ていたという厳然たる事実が、現在博物館の実相の形成となったのであろうと考えられる。

改正により、平成九年からは従来の「博物館学」四単位を二単位増加させて六単位とし、「博物館経営論」・「博物館資料論」・「博物館情報論」の三科目を加え、全体で従来の五科目一〇単位から八科目一二単位に引き上げられたがまだまだ不充分で、博物館学の体系の教授には程遠い改正であったことは明白である。例えば、博物館を特徴づける機能であり、博物館最大の機能である「展示論」ですらこの時点でも欠如していたのである。当該科目の必要性については別稿[2]で記した通りであるが、展示論が養成科目に含まれていなかった事は、博物館学意識形成の上での大きな欠如であり、明治五年に始まる我が国の博物館展示が何の改良もなく、社会情勢に呼応することなく今日まで引き継がれ、博物館の低迷の要因となったものと看取されるのである。つまり、展示は展示業者が行うものであって、学芸員が行うべき職務内容ではないとする考え方が従来より根強く存在しているのは事実であろう。

三　博物館学の存否

博物館運営者の博物館学意識の脆弱な点は、博物館学を否定する学芸員が博物館に存在する事からはじまる。また、否定までも行かなくとも無関心である学芸員が一般的であると言っても過言ではなかろう。例えば、日本考古学協会や地方史研究会等々の学会への参加者には圧倒的に学芸員が多いことは間違いのない事実である。これに対し博物館学会には何人の学芸員が会員となっているだろうか。

博物館学の確立期は、明治三〇年代であろうことは別稿[3]で指摘した通りである。博物館学の存否については、確認するまでもなく厳然と存在しているのである。例えば基盤となる学会にしても「全日本博物館学会」をはじめ「日本ミュージアム・マネージメント学会」「日本展示学会」等々が存在し、基本文献にしても新旧二版の『博物館学講座』があり、事典・基本文献目録などの学術面でのインフラも確立されている。何と言っても博物館学を専門とする単行本が四〇〇冊を凌駕し、平成一九・二〇年度の両年のみをとっても、この二年間に博物館に関する論文が六、五〇〇余編を数える事実を博物館学否定者は直視しなければならないのである。また、平成一九年度より時限付きであった科学研究費も平成二三年より「博物館学」として恒常化されたことからも、博物館学の存在をもはや疑う余地などは全くないのである。

しかし、博物館学の体系に不足する要件は歴史である。「博物館学史」と日本博物館史・欧米博物館史を合わせた「博物館史」を基軸に据え、従前よりの科目や新設科目にあっても、先ずそれらの歴史を確認する事が必要なのである。その他に「博物館展示論」や「博物館資料論」は、博物館の発生に関与した分野であるが故に、その必要性は大きいと考えられる。温故知新の格言が明示するとおり、いずれの学術分野でも先行研究・先行事例を確認の上での批判と踏襲があって学問は成立するのであろう。博物館学が学として不明瞭であったのは、その場その場の事例報告的研究が一般的で学史に至らなかった点が、軽薄感を有する原因となったものと考えられる。

四　養成学芸員の資質の向上

学芸員養成の基本理念は、博物館学の体系的教授による理解が目標であることは述べた通りであり、それは同時に博物館学研究者の育成を第一義とするのである。学芸員は、資料さえ扱えれば良いといった職人的職性に決して留まるものではない事を、再度確認しなければならないのである。それには博物館学意識の涵養が重要なのである。

平成一九年六月一五日付で、これからの博物館の在り方に関する検討協力者会議より、「新しい時代の博物館制度の在り方について（報告）」が出されたことは周知の通りである。当該報告の中の別紙に、「今後早期に検討する必要がある事項について」の（二）学芸員制度関係が記されている。その中の（一）学芸員養成科目の見直しについては、学芸員養成科目の充実と博物館実習の見直しの二点が明記されており、詳細については次の通りである。

二、学芸員制度関係

（一）学芸員養成科目の見直しについて

大学の博物館に関する科目は、従来から取得が求められていた資料の取り扱い等について基本的な技術に加え、「第四章二（一）学芸員に求められる専門性」で述べられている新たに求められる知識・技術の習得を加える必要がある。このため、現行の科目については、社会の変化に利用者のニーズ、学芸員養成科目の体系化に則して内容を見直し、新たな科目の追加、単位数の拡充等を早急に検討する必要がある。

①　学芸員養成科目の充実

科目編成や単位数について見直し、学芸業務を遂行するために最低限必要とされる知識・技術を明確にするとともに、新たな科目編成・内容とする場合は、各科目に含まれるべき内容・要素の例示が必要であり、また、大学関係者によるモデル的なカリキュラム作成の支援が必要である。

②　博物館実習の見直し

博物館実習についても、これまで以上に大学と博物館の連携・協力を緊密にし、その内容を精査することが求められる。特に、実習の実態については、その扱いが大学や受け入れ先の博物館によりかなり差があり参考になる実習内容を例示する必要がある。ただし、見直しの際には、年間約一万人の学生が実習を行うことを考慮し、受け入れ側である博物館に過度の負担がかかることのないように、配慮しながら検討することが必要である。

以上①学芸員養成科目の充実に記された骨子に基づいて、養成学芸員の資質向上を目指すべく現行の八科目一二単位から九科目一九単位へと、科目数と単位数の引き上げが決定された。科目数に於いては一科目の増加であるが、従来の「視聴覚教育メディア論」を「博物館情報・メディア論」へ、「教育学概論」を新しく設けた「博物館教育論」の科目内容の一部へ組み込むことにより二科目が削除され、新たに「博物館資料保存論」「博物館展示論」「博物館教育論」の三科目六単位が増設された。

このことは、博物館学の体系化を図る上からも不可避であったことは事実であり、当該三科目の新設により養成学芸員の学術的資質向上は大きく推進されるものと期待できるのである。また、この提言により博物館実習に於いても『博物館実習ガイドライン』[4]で「学内実習」の必要性が明記されたことは、曖昧模糊とした博物館実習に於いて大きな進展といえよう。

しかし、残念ながら大局的には博物館学を構成する科目群には至っていないと考えられる。

五　養成学芸員の資質向上の為の大学養成過程の改革

博物館学芸員に要求される高度な学識は、それぞれの学術分野の専門知識と博物館学知識の二つであることを忘れてはならない。前者の各学術分野に於ける専門知識は、最高学府である大学卒業と同時に確立されているものと見做せる。またそうでなければならないのである。この点は、学芸員の採用にあたっても博物館側が専門性を重視している点からも明白であり、且つまた一般的である。確かに、博物館は研究機関であり、あらねばならない点に異論を差し挟む余地は無いが、しかし今日の社会情勢下に置かれた博物館を観た場合、博物館展示や教育諸活動がその重要さを増しているところからも博物館経営の上でより必要となるのは、後者の博物館学知識と熱心な博物館意識なのである。

尚、人文系博物館、中でも考古・歴史・民俗等では、そこに介在する資料は過去の遺産であり、未来へ伝える保存行為こそが、歴史・民俗系博物館の第一義であるところからも博物館学意識は不可避なのである。この博物館知識・意識の脆弱な点が今日の社会下での博物館経営に影を落としているものと看取されるところから、博物館学の研究者の養成、学芸員の博物館学知識・意識の向上に直結すべき養成制度と体制が必要であると考えねばならないのである。それには、次の三点が必要要件と考えられるのである。

（一）博物館学を専門とする専任教員の配置
（二）大学附属博物館の設置
（三）法定課目・単位数の拡充に基づくカリキュラムの充実

（一）博物館学を専門とする専任教員の配置

養成学芸員の資質向上には、博物館学の体系の教授と理解による博物館学意識の涵養は述べた通りであるが、それには先ず筆者を含めた大学教員の資質の向上が必定であることは明記するまでもない。

この件に関しては、山種美術館の学芸課長から北海道立近代美術館館長へ転じた後、明治大学教授となり博物館学を講じられた倉田公裕は、その著『博物館学』(5)で次の如く記している。

その教授或いは講師に、過去博物館に勤務していたという人などを迎え、その人の過去の博物館での体験を博物館学とか、博物館概論と称しているのではないか、（略）これで果たして良いものであろうか。

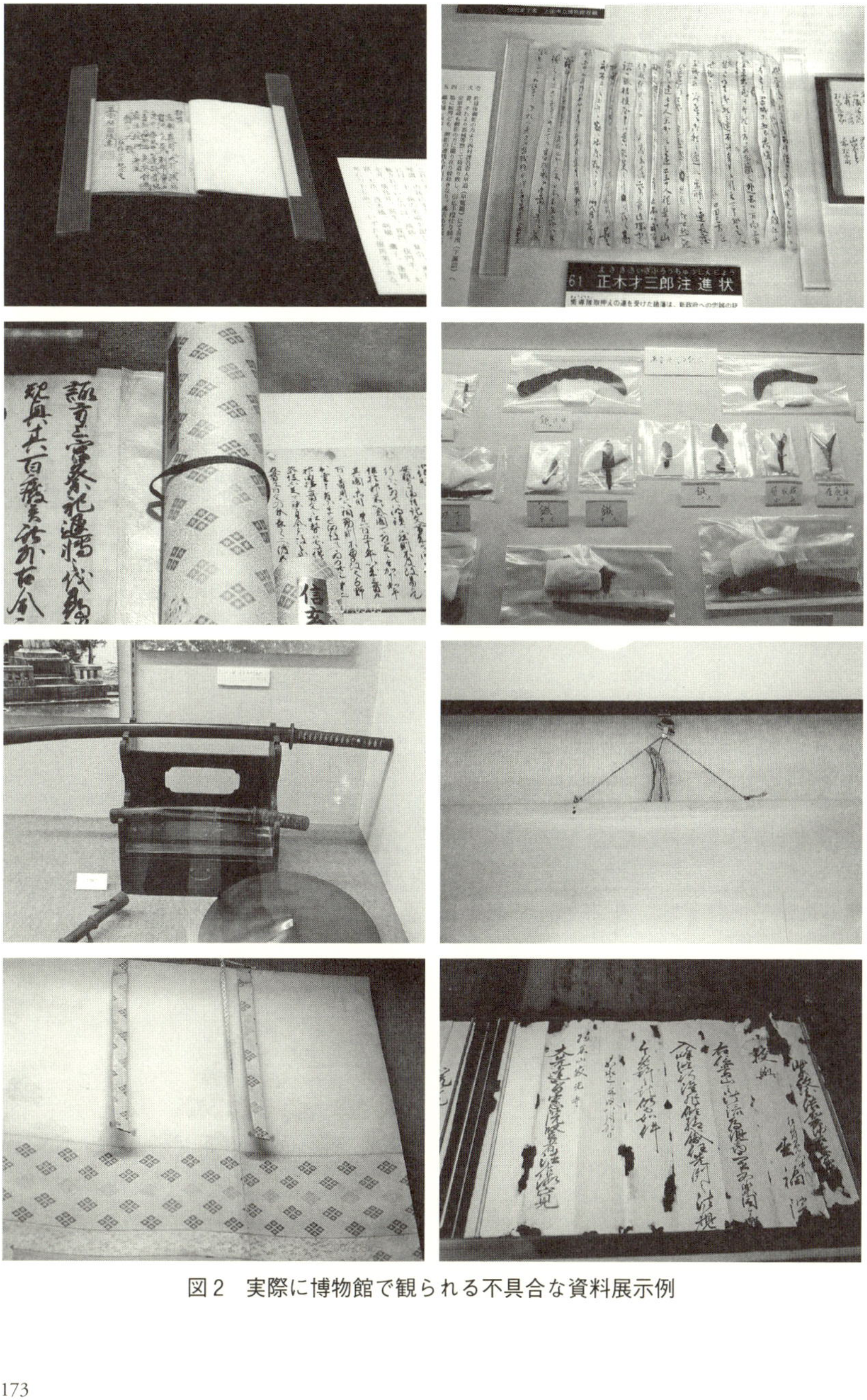

図２　実際に博物館で観られる不具合な資料展示例

勿論、中には優れた探究と業績をあげられている人も少なくないが、それにしても博物館学に関する研究発表の少ないことをどう説明するのであろうか。

博物館学とはそんな狭い体験やほんの片手間にできる浅薄なものであろうか。これは博物館学を講ずる大学教員の資質に疑問を投げかけたものであった。昭和五四（一九七九）年の事である。それから三〇余年、改善された気配は全く認め難いのである。

更にまた、博物館学界では最大の学会である「全日本博物館学会」は、約四〇〇名の会員を擁しているが、このうち大学に籍を置く者は五〇余名である。全国大学博物館協議会（以下、全博協）加盟大学の一八三大学を始めとし、非加盟大学一五二大学を合わせた博物館学課程開講大学は全国で三三五大学の多きを数えるのが現状である。全博協は、加盟大学は勿論、非加盟大学をも含め約五年に一度の割合で開講講座実態調査を実施しており、平成一八年三月刊行の『全国大学博物館学講座実態調査報告書（第一〇回）』によれば回答大学二一七大学で、そこで博物館学専門科目の教鞭を執る非常勤講師を含めた教員数は雑駁に数えて約七〇〇人の多きを数えるのである。大半の旧国立大学は全博協に非加盟であり、アンケート調査にも無回答であるから教員実数は更に加算される事となる。諄いようであるが、全日本博物館学会員数はこの中にあって五〇名を数えるのみなのである。

更にまた、全博協が平成一九年に創立五〇周年事業の一環として刊行した『博物館学文献目録』によると、各大学で博物館学に関する科目を担当する教員で博物館学に関する著書・論文を記している人数は驚くほど少ないのも現状である。かかる現実を鑑みると、先ず博物館学を専門分野に置く専任教員の配置が必須要件であり、急務なのである。ただ単に、博物館での館長経験や勤務経験、教育委員会での文化財担当・生涯学習担当経験者といった一要件のみではなく、その上に整合性のある論文審査による教育資格審査を実施することが学芸員の資質の向上に直接結びつくものと考えられる。

文部科学省が今回の博物館法改正の中で重要視する要件の一つである学芸員の資質向上の基本は、実務経験であることは一貫して明示されてきた。実務経験、即ち養成大学での博物館実習の充実と高度化に他ならない。博物館実習の単位と具体的授業内容等の詳細については後述するが、実習の場としての博物館が必要であることは多くの博物館研究者によって従来より指摘されて来た通りであり、至極当然の事である。

（二）大学付属博物館の設置

この点に関し岡田茂弘[6]は、「学内に実習できる博物館を持たない大学の学芸員資格取得課程は、譬えて言えば附属病院をもたない大学医学部のようなもので、卒業生が医師の国家試験に合格していても危なくて治療を任せるわけにはいきません。その前にそのような大学医学部は許可されないでしょうが、学芸員資格取得課程の場合にはまかり通っています。」と制度の不整備を指摘している。医学部を例に持ち出すまでもなく広く教育という意味で同類である教育学部には附属小学校が必要である事は論を待たないのと同様である。

大学直属施設、学部・学科付属施設を含め、我が国の大学付属博物館数は、伊能秀明[7]らの報告によると一七二大学二六〇館（平成一五年）と報告されて居り、今日大学総数七三四であるから概ね二二％の設置率である。博物館講座開設大学での大学付属博物館の設置数は、前掲の『全博協開講実態調査報告書』[8]によれば、回答大学二一七大学の内設置大学は一一〇大学で、その中でも相当施設は五三大学であり、まだまだ学内実習に供するに足るユニバーシティー・ミュージアムの設置率は少ないようである。

大学付属博物館の必要性と特質は、博物館学講座開講大学にとっては先ず本稿の主旨である博物館実務の基礎を修得する博物館実習施設の確保を第一義とする。当然また、地域研究の拠点とし、地域に於ける生涯学習の場としての役割を担うものであり、その多くは郷土博物館的総合博物館とは異なり大学・学部・学科の特質に基づく専門領域を限定した単科博物館であることも、地域に於いては更なる特徴を有するものである。

また、その専門性が大学・学部・学科そのものの具現的展示であり、即ち大学の象徴であり広告塔となるのである。

大学博物館は、これほど多岐に亙りその存在を発揮し、利用価値の高い施設であることを再確認し、少なくとも学芸員養成課程を開講している大学に於ては、学術審議会による『ユニバーシティー・ミュージアムの設置について』[9]の報告、『博物館実習ガイドライン』（平成二一年四月）の「3、実習施設」にも明記されているように鋭意推進させるべきであると考える。

（三）法定科目・単位数の拡充に基づくカリキュラムの充実

学芸員養成科目と単位数の増強は、前項の「養成学芸員の資質の向上」で確認したとおりであり、中でも新設科目である「博物館資料保存論」「博物館展示論」「博物館教育論」の平成二四年の入学生からの適用は、養成成果に大きく反映するものと期待できる。

しかし、これも前述した通りであるが博物館学の大局的科目群には至っていないと考えられる。具体的には、学の体系に不可欠である日本博物館学史・欧米博物館学史・日本博物館史・欧米博物館史・地域博物館論・博物館関係法規論・博物館建築論・博物館展示工学論が少なくとも欠如しているのである。

と言って、すべてを学部の博物館課程で開講することは現実的には不可能であろう。そこで『高度博物館学教育プログラム』では、表3の如く「資料保存展示

表3　國學院大學大学院博物館学コースと学部の学芸員過程との科目比較表

学部	大学院
生涯学習論	論文指導演習
博物館概論	資料保存展示論研究・特殊研究
博物館経営論	地域博物館論研究・特殊研究
博物館資料論Ⅰ（資料論）	博物館史特論
博物館資料論Ⅱ（資料論）	博物館学史特論
博物館資料論Ⅲ（展示論）	欧米博物館史特論
博物館情報論	博物館関係法規特論
博物館実習Ⅰ	博物館資料論特論ＡⅠ（金工）
博物館実習Ⅱ	博物館資料論特論ＡⅡ（有識）
博物館実習Ⅲ	博物館資料論特論ＢⅠ（民俗）
博物館実習Ⅳ	博物館資料論特論ＢⅡ（絵画）
視聴覚教育メディア論	博物館経営特論
人間と教育	博物館教育活動特論
教育と社会	展示工学特論
	博物館学専門実習・特殊実習

論研究」「地域博物館論研究」「博物館史特論」「博物館学史特論」「欧米博物館史」「博物館関係法規特論」「展示工学特論」を座学として設け、博物館技術学の実践を目的に「博物館学専門実習」を設置し、さらには博物館学以外の学術分野の専門性を高める為に博物館資料論特論として本学の専門領域から「金工」「有職」「民俗」「絵画」の四種の授業を設定した。

六　高度博物館学教育プログラム

國學院大学文学研究科史学専攻の中に、平成二一年一〇月より博物館学コースが新設されたのと時を同じくして、「高度博物館学教育」は文部科学省の大学院教育改革推進プログラムに採択(平成二一・二二・二三年度の三ヶ年)された。目的は、前述して来た博物館及び学芸員養成の問題点を踏まえた上で、博物館学に関する大学教育に携わることのできる研究教育者、ならびに高度博物館学知識・技能を有する上級学芸員の養成を目的とするものである。

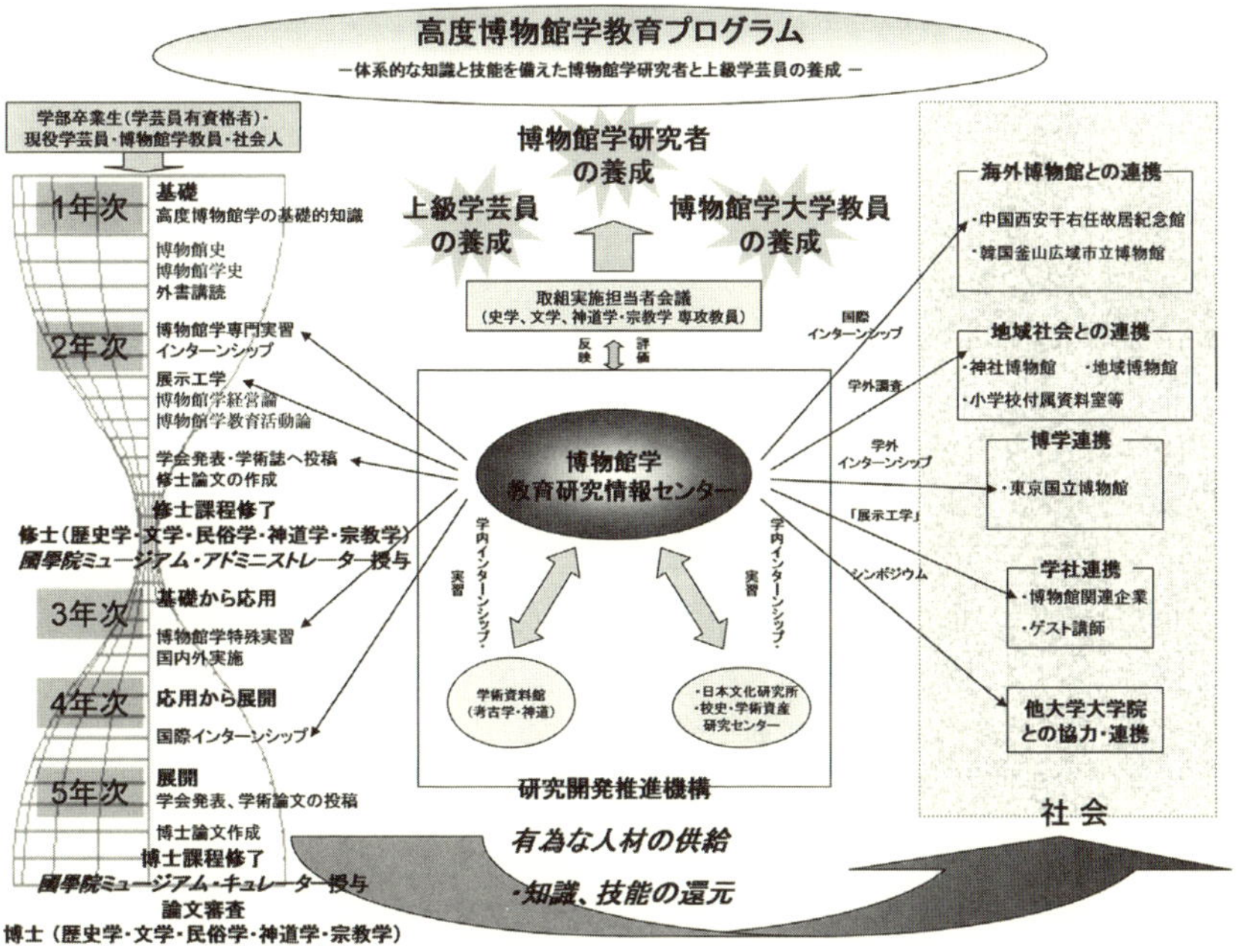

図3　國學院大學高度博物館学教育プログラム

第一の特質は、博物館学の体系を意図した科目の設置で、本学学部の科目との大きな違いは「博物館学史特論」・「博物館史特論」・「欧米博物館史特論」の学史・館史に関する科目を設定する一方で、「資料保存展示論研究・特殊研究」・「地域博物館論研究・特殊研究」の二つの演習科目、更には「博物館専門実習・特殊実習」・半講義半実習タイプの「展示工学特論」の設定を特質とするものである。「博物館専門実習」は通年科目の四単位で、海外インターンシップ（約三〇日間）・学内外のインターンシップ（一五日〜三〇日）を一単位、夏期の学外調査（一週間）一単位を含めての四単位である。

第二の特質は、複専修制度の設置であり、目的は、文学研究科の中での他専攻（文学専攻・神道・宗教学専攻）及び他コース（日本史学・外国史学・考古学・美学／美術史）生への博物館学知識の涵養を目的とする。国家資格の学芸員資格は学部卒業の資格である事は十分承知している。しかし、学芸員採用要件を見た場合、修士修了が一般的となっている現在、修士修了者に博物館学意識を涵養することが重要であるとする考えからである。当該プログラムの修了者には、國學院大學独自の資格を授与する。博士課程前期修了者には國學院大學ミュージアム・アドミニストレーターを、本資格を取得した上で博士課程後期を修了した者には博士号の取得の有無に限らず國學院大學ミュージアム・キュレーターを授与する。

七　実施の具体と現時点での成果

本プログラムの遂行に当たっては、学校法人國學院大學・國學院大學大学院・國學院大學研究開発推進機構・國學院大學文学部といった全学的な支援体制の下で取り組んでいる。取り組み実施担当者は、一一名で成り立ち、それぞれを分担している。実務の担当は、國學院大學大学院構成員（文学部教授）一名、文学部准教授一名・助手一名、國學院大學研究開発推進機構博物館学教育研究情報センター助教一名・RA二名・TA二名と大学院事務課課長・課員一名である。

以下実施の内容と現在までの成果について報告する。

（一）大学院での高度博物館教育と従来の過程との違い

前項で明示した様に、博物館学の体系の理解を目的とする科目群の構成を意図したものである。中での特質は「博物館学史」「博物館史」と「博物館専門実習」である。本構成で十分であるとは決して考えていないが、博士課程前期修了の単位数は「論文指導」が八単位（二年間）を含めた三〇単位であるところから一五科目三八単位が適当であると考えた次第である。

（二）複専修制度設置の目的と履修状況

本学大学院文学研究科は、文学専攻・神道／宗教学専攻・史学専攻の三専攻から成る。コース構成は文学専攻三コース、神道／宗教学専攻は二コース、史学専攻は日本史学・外国史学・考古学・美学／美術史・博物館学の五コースからなる。複専修制度は、この博物館学を除く他コース及び他専攻生が博物館学を複専修することができるシステムで、所謂ダブルメジャーである。当該制度の目的は、大学院教育受講生の博物館知識の涵養を直接に目的とするもので、これはまた従来の学芸員養成制度からの離脱を意図したものでもある。

履修の具体は、先ず博士課程前期では二年間で「資料保存展示論研究・特殊研究」（演習・通年四単位）を含む博物館学専門科目一六単位の取得である。尚、一六単位の内、八単位はそれぞれの専攻コースに於ける要修了単位として認められる。博士課程後期では、前期と同様であり三年間で一二単位の博物館学専門科目の取得を必要とする。それぞれの修了者には、國學院大學アドミニストレーター・國學院ミュージアム・キュレーターを授与することは前述した通りである。尚、國學院大學アドミニストレーターの資格は、学部での国家資格である学芸員資格の上に、國學院大學ミュージアム・キュレーターは國學院大學アドミニストレーターの上に重なる資格である。

平成二二年度の履修生は、日本史学コースから二名、考古学コースから一名、美学／美術史コースから一名の都合四名であった。また、平成二二年度博物館学コースの入学者は、博士課程前期一二名・博士課程後期四名であり、詳細は表4の通りである。

(三) プログラムの具体

○海外の博物館との連携の実績

博物館学の共同研究とインターンシップを受け入れていただく目的で、中国西安市に所在する西安于右任故居記念館と韓国釜山広域市立博物館と協定を締結した。

○ゲスト講師

西安于右任故居記念館からは于大方館長を、釜山広域市立博物館からは白承玉学芸研究室長と全玉年前学芸研究室長をゲスト講師として招聘した。

○インターンシップ

西安于右任故居記念館では、博士課程後期一年生一名が平成二二年七月二九日～八月二七日までの一ヶ月間従事した。大韓民国釜山広域市立博物館では、七月二八日～八月二六日までの一ヶ月間、博士課程二年生一名が就業体験に参加した。

○講演会・特別講演会

大英博物館アジア部日本セクション長ティモシー・クラーク氏を招聘し、講演会を開催した。聴講者は、二五〇余名を数えた。特別講演会では、仁済大学教授

表4　國學院大學高度博物館学教育プログラム平成22年度履修生

博士課程前期	秋季受験者	一般　11名	合格者　5名
		社会人　2名	合格者　2名
	春季受験者	一般　13名	合格者　4名
		社会人　1名	合格者　1名
	小計	27名	12名
博士課程後期	春季受験者	一般　4名	合格者　3名
		留学生　1名	合格者　1名
	小計	5名	4名
総計		32名	16名

李永植先生をお招きし「韓国仁済大学校博物館の運営と社会教育プログラム」と題するご講演を戴いた。聴講者約六〇名。

○学内機関でのインターンシップ

國學院大學研究推進機構学術資料館で、同資料館の内川隆志准教授の指導の下で、博士課程前期二年生三名が通年のインターンシップに従事した。

○学外機関でのインターンシップ

東京国立博物館・千葉市科学館・廣池千九郎記念館（麗澤大学付属博物館）・丹青総合研究所（展示業界最大の丹青株式会社のシンクタンク）の以上四機関で受け入れて戴いた。

○学外機関との協力・連携大学との協力

上記の麗澤大学（インターンシップの受け入れ）、お茶の水女子大学・明治大学・和洋女子大学（上記三大学より大学院教員来校）、明治大学・目白大学（上記二大学大学院へ出校）

○共同研究

山梨県立博物館と魔鏡の展示を含めた総合的研究、株式会社パスコとのバーチャル三次元映像展示の研究

○展示の協力・資料調査

加古川市博物館、長野県木島平村・熊本県市房山神宮での夏期調査実習。夏期調査実習は、前述したように「博物館学専門実習・特殊実習四単位」の中の一単位に位置づけている授業で、野外での博物館学調査の実践を経験することを目的としている。

○長野県木島平村の調査

調査は、平成二二年七月一九日～二五日間での七日間に亙り実施し、木島平村が打ち出す「農村文明」の具現化としての展示の構成を最終目的に今回は基礎調査となる、村内の三小学校で保存されていた民俗資料の整理を実施

し、資料台帳の作成に努めた。

○熊本県市房山神宮の調査

調査は、平成二二年九月一日～七日までの七日間に亙り実施した。奉納絵馬・奉納鳥居・木製高杯・懸仏・掛け軸等をはじめとする歴史資料の目録作成のための写真撮影・実測・拓本による記録を行った。

○学生の研究能力を高める事業

本事業では、四名が海外の博物館調査を行った。行き先は、ＵＫ・フランス・トルコ・韓国であった。国内博物館調査は、一五名が後述する『神社博物館事典』編纂を目的の一つとして、神社博物館を加え得て全国各地の博物館を各人の意図で調査した。

○博物館学教育研究情報センターの事業

本センターでは、上記事業の全ての準備・調整を担うと同時に、『神社博物館事典』『高度博物館学教育プログラムニュースレター 2010』及びリーフレットの製作・刊行を行った。

結　語

我が国の博物館運営者の博物館学意識と知識の向上が急務であることは、以上述べてきた通りである。また、これらの向上がひいては博物館学芸員の社会的地位の向上に直結するものと想定される。再度の繰り返しになるが、博物館学的資質の向上を目的に國學院大學大学院での「高度博物館教育プログラム」を実施したのである。学部での養成学芸員の資質の向上は、あくまで資格課程であるが故に設置科目に限度があることは事実である。したがって、社会的情勢からしても大学院での資質向上を行なわねばならない時点に到達しているものと看取される。具体的には、大学教育に携わることができる博物館学研究者、ならびに高度な博物館学の知識と技能を有する熱意ある上級学芸員の育成を目的とするものである。直接には、平成二四年度の入学生より適用される学芸員の資質向上を目的とした新たな科目の新設と単位増による「博物館法施行規則」の改正に伴う博物館学大学教員の需要と団塊の世代の退職も相俟った博物館学芸員の需要といった世の中のニーズに呼応するものと考えている。

また、基本的にはそれは我が国の博物館の改善に直結するであろうと考えている。従って、基本目的を完遂するには博物館学意識を持った学芸員の雇用が先ずなければならない事は確認するまでもない。それには、先ず学芸員有資格者の採用と配置が基本なのである。これには、文部科学省から各都道府県教育委員会へ、例えば「学芸員有資格者の採用と配置に関する通達」等による積極的な指導をお願いするものである。これなくして我が国の博物館の改善はあり得ないものと考えている。

註

（1）青木　豊「学芸員有資格者の採用を求めて」『全博協研究紀要』一一、全国大学博物館学講座協議会、二〇〇九

（2）青木　豊「博物館法改正に伴う資質向上を目的とする学芸員養成に関する考察」『博物館学雑誌』三三―一、二〇〇七

（3）青木　豊「博物館学史序論」『國學院大皐博物館学紀要』三四、二〇一〇

（4）『博物館実習ガイドライン』文部科学省、二〇〇九

（5）倉田公裕『博物館学』東京堂出版、一九七九

（6）岡田茂弘「大学博物館のすすめ」『学芸員』七、学習院大学学芸員資格取得に関する委員会、二〇〇三

（7）伊能秀明監修『大学博物館事典』日外アソシエーツ、二〇〇七

（8）『全国大学博物館学講座開講実態調査報告書』（第一〇回）全国大学博物館学講座協議会、二〇〇六

（9）『ユニバーシティー・ミュージアムの設置について』学術審議会学術情報資料分科会、一九九六

埼玉県博物館ネットワークの現状と課題

宮瀧交二

はじめに

将来、日本博物館史の中で、今私たちが暮らしている時代はどのように評価されるのであろうか。『博物館危機の時代』という本書の表題が、そのまま日本博物館史の中に位置付けられてしまうのだろうか。(1)

こうした「博物館危機の時代」が到来した要因は、改めて述べるまでもなく、平成二（一九九〇）年当初からの株価の急落、そしてその翌年の地下の急落に起因する「バブル経済の崩壊」と、これに伴って大量の不良債権を抱えた金融機関の経営が悪化し、これが実体経済の不況に波及した所謂「複合不況」に求めざるを得ないことは大方の認めるところであろう。すなわち、この深刻な不況により自治体の税収が減少し、これに伴って各地の公立博物館の経常予算の削減や、学芸員の新規募集停止等の組織弱体化が顕著になり、更には従来の自治体による直接運営を見直して指定管理者制度の導入や独立行政法人化へとハンドルを切る博物館も登場したことは、誰もが予想だにしなかった展開であった。もちろんこのような日本経済の急転落の影響は、「博物館危機」を惹起したのみにとどまらず、様々な社会問題を生むこととなった。特に深刻だったのは、毎年二〇〇〜二五〇万人で推移していた失業者数が、平成九（一九九七）年秋の三洋証券や山一証券等に代表される大型金融機関の破綻事件を契機に一気に三〇〇万人台にまで跳ね上がり、翌年以降、それまで年間二万人強であった自殺者数がほぼ三万人前後に増えたまま今日に至ってしまっていることは、周知のとおりである。こうした自殺者数の増加は、まさにもがき苦しむ博物館の姿とオーバー・ラップする。平成一五（二〇〇三）年一一月、兵庫県芦屋市は、市の財政危機を理由に芦屋市立美術博物館を民間委託する方針を打ち出し、委託先が見つからない場合には売却または休館するという方針を打ち出したが、大宮知信氏はこうした動向に対して「たしかに美術館は金食い虫だが、安く運営してくれるところがなければ売り払う、あるいは休館するというのはあまり賢い決定とはいえない。親の生活が苦しいからといって子どもの首を絞めるようなもので、いわば無理心中だ」と述べている。(2)自殺者数の増加と軌を一にして博物館もまた「無理心中」を強いられる時代となったのである。

このように、従来、基本的には単独で暖簾を出して営業していた全国の博物館であったが、恒常的な経営危機の渦中に陥った今、何とかしてこの膠着状況を打破する必要が生じている。そのための解決策は多々あると思われるが、その一つの方策として改めて注目されているのが、博物館相互の連携ではないだろうか。この博物館相互の連携こそ、換言すれば本稿の主題である「博物館ネットワーク」に他ならない。以下、先ず最初に博物館ネットワークとは何かを確認した上で、編者から筆者に与えられた課題である「埼玉県博物館ネットワークの現状と課題」について考察を進めていきたい。

一　博物館ネットワークとは何か―人的交流から組織的交流へ―

(一) ネットワークの人的交流

今改めて、博物館ネットワークの問題を考えようとする際、議論の出発点を確認しておかなければならない。平成一二(二〇〇〇)年に刊行された『新版・博物館学講座　第4巻』に収められた鷹野光行氏の論考「博物館相互の協力」は、以下のような構成からなる。(3)

1　博物館相互の連携・協力の実態と課題
2　博物館のネットワーク
3　他機関との連携
4　国際協力

1では、日本博物館協会の平成一一年度版『博物館白書』の分析から立論が開始されているが、平成四年度に比べて博物館相互の連携・協力が大幅に後退していることがまず冒頭で指摘されている。このような状況は、前掲の予算削減に代表されるような博物館の経営危機と無関係ではないであろう。そのような中で鷹野氏は「日常の学芸員同士の関係が、博物館同士の関係に反映する」とした上で、現状ではほとんど行われていない「学芸員の派遣・受入」や「館同士の共同研究」が、博物館相互の連携・協力を実現するために必要不可欠であると指摘している。特に注目されるのは、既に各地で取り組みが始められている複数館による「共同展の実施」の前提になるのも「日常的な学芸員たちの交流」であることを指摘した上での、学芸員の人事交流の提起である。今日、多くの自治体において学芸員が定期人事異動や昇任昇格に際して、博物館から他の職場へと一時的に人事異動することが行政サイドから当然視されている現状を批判し、教員が教育現場を離れないのと同様に、学芸員も博物館現場から離れずに学芸員として人事異動することが大切であることを指摘している。具体的には、複数の自治体にまたがっての「近隣の博物館との人事交流」が想定され、そのためには「学芸員を教職員と同様の形での広域で採用する制度を設けていくことが有効であろう」と述べているが、喫緊の課題であろう。

2では、論考執筆時点における博物館ネットワークの実態が紹介されている。地域ごとに見れば、三九都道県において博物館の連携組織が存在し、その中から北海道と徳島県の活動状況が例示されている。また、館種ごとの連携組織として、美術館では全国美術館会議、美術館連絡協議会、科学系博物館では全国科学博物館協議会、全国科学博物館連絡協議会、更に、社団法人日本動物園水族館協会、社団法人日本植物園協会、日本プラネタリウム協会等が紹介されている。この他、県立博物館単独の博物館ネットワークの具体例として千葉県下における一二の県立博物館・美術館の取り組み（巡回展、合同企画展）が紹介されている。

3では、まず学校との連携について、平成一一年度版『博物館白書』から分析が加えられている。総合博物館では学芸員が学校に赴いての指導が七六・八％で実施されており、平成一二（二〇〇〇）年度の学習指導要領の改訂に伴う小学校・中学校・高等学校を中心とした「総合的学習の時間」の導入以後は、こうした所謂「出前授業」が更に増加しているものと思われる。また郷土博物館では授業での利用が九七％と高い数字になっている。しかしながら、それ以外の面ではまだまだ不十分であり本格的な連携には至っていないことも併せて記されている。むしろ、自然系博物館や動・植物園、水族館では、学校との多角的な連携がうかがわれるようであるが、一方、美術館では具体的な成果がまだ上がっていないようである。このような状況を踏まえて鷹野氏は、博物館から学校へ一方的にメニューを提示するだけではなく、「本来の連携・協力とは、そのメニューを学校と博物館とが一緒に考えて作り上げていくことである」と述べているが、同感である。鷹野氏は指摘していないが、学校側でも、「総合的学習の時間」の授業の一齣を安易に博物館に委ねている現状がある。主役はあくまでも児童・生徒であり、児童・生徒のことを考えて両者が真の連携に向けて早急に同じテーブルに着くことが重要であろう。

4では、国際博物館会議（International Council of Museums）すなわちICOMの組織・活動等が紹介されている。博物館の国際的な連携も無論大切であるが、冒頭でも述べたような「博物館危機の時代」にあって、先ず優先されるべきは、国内の各博物館相互の連携であろう。いずれにしても、「近隣の博物館との人事交流」や学校（教員）と博物館（学芸員）との協議等、博物館相互の連携の前提条件として学芸員をはじめとする博物館関係者の人的交流を掲げていることが鷹野氏の論考の特徴である。換言するならば、博物館相互の組織的な連携の実現のためには、先ず学芸員をはじめとする博物館関係者の人的交流から着手すべきということではないだろうか。

（二）ネットワークの組織的交流

また、この鷹野氏の論考に一年先立つ平成一一（一九九九）年に刊行された『博物館シリーズ4　博物館経営論』には、東一洋氏の論考「ミュージアム・ネットワーク」が収められている。[4] 構成は表1のとおりである。紙幅の関係もあり、東氏の論考の多岐にわたる全容を詳述することは出来ないが、表1に掲げた構成から大方の

表1　東一洋氏「ミュージアム・ネットワーク」
（『博物館シリーズ4　博物館経営論』1999）の構成

1．なぜ、ミュージアム・ネットワークなのか

（1）背景
1）社会環境の変化、2）国、地域における対応、3）ミュージアム・マネジメントの重要性

（2）必要性ほか

2．ミュージアム・ネットワークの具体的内容・方法

（1）国内のミュージアム・ネットワークの現状
1）他の博物館との連携状況について、2）具体的な連携の内容とそのメリット、3）連携が進んでいない理由

（2）わが国のミュージアム・ネットワークの具体的内容・方法
1）「文化財・美術情報システムの構築」：文化庁、2）関西・文化プロジェクト構想：関西経済連合会、3）阪神間ミュージアムネットワーク構想：兵庫県（一部大阪府含む）、4）泉州ミュージアム・ネットワーク：大阪泉州地域、5）神奈川県西部地域ミュージアムズ連絡会（神奈川県西部地域）、6）COMET：徳島県

（3）海外におけるミュージアム・ネットワーク
1）Museumjaarkaart（ミュージアム・ヤーカルテ）：オランダ、2）Culture Passport for Young People（カルチャー・パスポート・フォー・ヤング・ピープル）：オランダ、3）Business Volunteers for the Arts（ビジネス・ボランティア・フォー・ジ・アート）

（4）ネットワークによるミュージアムの事業
1）連携する個々のミュージアムの活動そのものへの効用より、2）連携するミュージアム総体としての効用より、3）周辺地域（住民）にとっての効用より、4）周辺地域イメージへの効用より

（5）ネットワークのための組織
1）既存の組織について、2）望ましいネットワーク推進組織のあり方

3．ミュージアム・ネットワークの拡充

（1）ミュージアムと他組織との連携の現状
1）他の施設との連携の状況、2）他施設とのネットワークの取り組みと利用者数の傾向について、3）連携が進んでいない理由

（2）具体的な連携方策
1）大学等とのネットワーク、2）学校等、教育現場とのネットワーク、3）社会教育施設とのネットワーク、4）その他、駅、デパート、病院等とのネットワーク

4．ミュージアム・ネットワークのマネジメントの課題

（1）目的の明確化

（2）ネットワークの推進組織

（3）住民・企業等の参加

論旨は推測いただけるであろう。2の（1）（「国内のミュージアム・ネットワークの現状」）では、平成一〇（一九九八）年に実施された大堀哲氏による「博物館運営に関する調査」の成果が紹介されているが、1）（「他の博物館との連携状況について」）では「全体の4分の3の博物館においてすでにミュージアム・ネットワークが実施されている」ことが述べられている。その内容は、2）（「具体的な連携の内容とそのメリット」）において「意見交換、情報やノウハウ交換、資料、作品の貸借、共同講座、共同企画展、職員研修、啓発、ミュージアムラリー、スタンプラリー、共同研究、博物館マップなど共同広報、ワークショップやシンポジウム」であることが紹介されている。その上で、3）（「連携が進んでいない理由」）として掲げられているのは、①連携のための内部体制の未整備…連携を進める上での人的余裕、時間的余裕、予算的余裕がない、②連携のための機会不足…博物館協議会などの組織体制が未整備、基本的な調整などの場がない、連絡会がない、③館の独自性に依拠…館の専門性、他館との共通点がない、地理的に僻地である、といった諸点が掲げられている。こうした諸課題に対処するために重要なのが、まさに先に掲げた鷹野氏の指摘する学芸員をはじめとする博物館関係者の人的交流ではないだろうか。すなわち、①③は博物館単独の館内組織の問題、②は複数の博物館の組織化の問題であり、これらの問題を解決するためにはそれなりの時間をかけた組織的な取り組みが必要となるであろう。しかしながら、組織的な連携が未成立であっても、学芸員をはじめとする博物館関係者相互の人的交流は即座に実行に移すことが可能である。こうした人的交流によって解決する問題も決して少なくないのではないだろうか。人的交流とは言っても、決して難しいことではない。実際には学芸員をはじめとする博物館関係者が、休日にお互いの館を訪問し合ったり、仕事を終えてから共にコーヒーを飲みながら、或いは一献傾けながら様々な話をするだけでも、大きな前進ではないだろうか。このような日常的な人的交流の実践が、やがては博物館相互の組織的な連携につながっていくものと確信する。東氏もまた、2の（5）の2）（「望ましいネットワーク推進組織のあり方」）において次のように述べている。

ミュージアム・ネットワークの構成要素は個々の館ではなく、館の学芸員もしくは職員であるとの認識に立つわけである。彼らの個人個人の人的ネットワークによる情報の交換や議論の場こそ、館どうしの太いネットワーク形成の初期形態であるべきだろう。

幸いにもコンピュータ・ネットワークの発展により、このような個人レベルのネットワーク環境は飛躍的に向上している。地球の裏側の国の博物館のキュレーター（学芸員）ともリアルタイムに情報交換が可能な時代である。

学芸員どうしのネットワークからの提案によって、館どうしのネットワークへと発展するという姿が最も望ましいミュージアム・ネットワークであり、その意味からも、組織というのは結果としての姿であるべきなのである（九〇頁）。

このように、学芸員をはじめとする博物館関係者によって人的交流が生まれ、これが基となって博物館相互の組織的な連携が誕生したとしても、そう簡単に軌道に乗るとは限らないであろう。その要因は多々あると思われるが、当然のことながら各館の学芸員の博物館相互の組織的な連携に対する認識は様々であり、その結果として各館の連携に取り組む姿勢に温度差が生じてしまうことも一つの要因であろう。この点について東氏は、

ミュージアム・ネットワークをマネジメントしていく上での最大の課題は、ネットワークであるがゆえ、ある特定の主体の意思や意向、都合のみではなかなか機能しないという点である。ネットワークすることの本来的な意義は、「規模の経済性」よりもむしろ「質の多様性」であり、多様性を担保しようとすればするほど、意思決定は複雑となり、時に利害の衝突というような事態をも生みかねない。ある特定の館のみが突出するような場合、他の館において「面白くない」「勝手にやれば」という雰囲気が醸成されることもある。

このことは、究極的には「なにもしないほうがいい」組織への退化の推進力となるものである。「なにもしない」組織は、次第に組織の延命を自己目的とし、昨今の新聞報道における特殊法人などの問題のように、良からぬ事態を招く恐れもある。

わが国が規格・大量生産のための社会システムであった時代においては、「横並び主義」であっても許されていたが、もはや「出る杭はどんどん伸ばさねばならない」時代である。非協力的な館や学芸員と無理に協調する必要はない。高度情報化社会においては、新たな賛同者がすぐに現れる。彼らとネットワークすればよいのである。

このような、積極的で機動的かつ柔軟なミュージアム・ネットワーク（とそれを推進する学芸員）こそ、今、必要とされているのではないだろうか。（九八・九九頁）

と述べているが、確かに「非協力的な館や学芸員と無理に協調する必要はない」と見切りをつけるのも一方策である。しかしながら、地道な連携を重ねていきながら、相互理解を深め、徐々に新たな認識を深化させていくことも大切ではないだろうか。特に、後述のように、区市町村立館に比べて館の組織、事業予算等に置いて優位に立つ都道府県立館の場合には、独自の使命があると確信している。

さて、先に、現在三九都道県において博物館の連携組織が存在していることを鷹野氏の論考から御紹介した。以下、筆者がかつて学芸員として勤務しており、多少なりとも県内の博物館とこれを取り巻く事情に明るい埼玉県を具体的に例に取り、博物館ネットワークの現状と課題について考えてみたい。

二　埼玉県博物館ネットワークの現状と課題―転換期を迎える「埼博連」―

（一）埼玉県の博物館ネットワークの活動

「埼玉県の博物館ネットワーク」といった場合、これまでに推奨してきたような人的交流は、既に随所で誕生しまた機能しているものと確信している。筆者もまたかつて学芸員として勤務していた当時に、近郊複数館の文献史学・考古学・美術史学といった分野の学芸員の方々と自主的な研究会を組織していたことを懐かしく思い出すところである。しかしながら、このような研究会はおそらく多様な存在形態をとって活動しており、表立って把握し難いことも事実である。そこで、既に人的交流から博物館相互の連携へと展開している具体的事例の紹介から論を起こしたい。

現在、数え方にもよるが、埼玉県が把握している県内博物館の数は約一二〇館に及んでいる。その埼玉県では、昭和四九（一九七四）年一〇月に、埼玉県内の博物館相互の連携を目的に埼玉県博物館連絡協議会（「埼博連」）が創立され、現在に至るまで活動を続けている。平成二二（二〇一〇）年一二月時点での参加館は七五館である。

会則によれば、同協議会の目的は「各博物館相互の連携を緊密にし、博物館事業の振興を図ること」（第三条）であり、その具体的な事業は、

一　地域別連絡協議会の開催
二　研究会・研修会・視察などの開催
三　情報の交換
四　会誌・研究物の刊行
五　その他必要な事業

と定められている（第四条）が、平成二一年度の場合、実際に表2のような事業が実施されている。

表2-1　埼玉県博物館連絡協議会平成21年度事業(1)

役員会	四月二四日	於・埼玉県立歴史と民俗の博物館
	二月一九日	於・埼玉県立歴史と民俗の博物館
	三月一九日	於・埼玉県立歴史と民俗の博物館
総会	四月二四日	於・埼玉県立歴史と民俗の博物館
チーフ館会議	六月一二日	於・埼玉県立歴史と民俗の博物館
	二月二四日	於・埼玉県立歴史と民俗の博物館

表 2-2　埼玉県博物館連絡協議会平成 21 年度事業(2)

研究会	七月二四日	於・埼玉県立歴史と民俗の博物館　参加者五二名 「博物館の評価—説明と改善のツール」 講師・東京都美術館施設活用担当係長　佐々木秀彦氏
	一一月二七日	於・八潮市立資料館　参加者三七名 「博物館法改正と博物館実習—大学・博物館の連携と市民参画」 講師・桜美林大学教授　浜田弘明氏
資料保存研修会	三月　五日	於・埼玉県立歴史と民俗の博物館　参加者一九名 「総合的有害生物管理（ＩＰＭ）の理論と実践について」 講師・東京文化財研究所・保存修復科学センター　木川りか氏
見学会	四月二四日	於・埼玉県立歴史と民俗の博物館　参加者四一名 「新収集品展　二〇〇五～二〇〇七」の見学
	七月二四日	於・埼玉県立歴史と民俗の博物館　参加者五二名 「特別展　いただきます～食の文化史～」の見学
	一一月二七日	於・八潮市立資料館　参加者三七名 「まちの履歴書—資料と写真でつづる八潮のあゆみ—」の見学
県外研修会	一〇月二三日	於・伊香保おもちゃと人形自動車博物館、群馬県立ぐんま昆虫の森　参加者二九名
IT運営委員会	六月一八日 一〇月一四日 一二月一八日	埼玉県博物館連絡協議会ホームページのリニューアル案の検討・作成

また前掲の会則第四条にもあるように、地域別連絡協議会も開催されている。平成二一年度の各地域での活動は表3のとおりである。

表3　埼玉県博物館連絡協議会　地域別連絡協議会　平成21年度活動

○南部地域（チーフ館・埼玉県立文書館）
・地域加盟館園長会議（三月五日、於・埼玉県立文書館）
・管理職向け研修会（七月二日、於・川口市立科学館・サイエンスワールド、プラネタリウム施設・科学展示室・天文台の視察後にプラネタリウム投影を鑑賞、参加者一〇名）
・一般向け研修会（九月一八日、於・川口市立科学館・サイエンスワールド、プラネタリウム施設・科学展示室・天文台の視察後にプラネタリウム投影を鑑賞、参加者一〇名）

○西部地域（チーフ館・埼玉県平和資料館）
・第一回西部地域会議（四月一七日、於・川越市立博物館、会議終了後に企画展「所願成就　だるまさん大集合」及び川越市立美術館を見学）
・催物案内発行（四回）
・学芸員研修・前期研修会（一一月二〇日、於・埼玉県平和資料館、チラシ・ポスター・リーフレット等の利用の現状と課題について、参加者一〇名）
・学芸員研修・後期研修会（三月一二日、於・富士見市立水子貝塚資料館、資料取り扱い研修～梱包の技術～、参加者一五名）
・リーフレット『埼玉の博物館　西部版』の作成

○東・北部地域（チーフ館・鷲宮町立郷土資料館）
・総会（四月一七日、於・鷲宮町立郷土資料館）
・交流研修会「加盟館園会議、見学会」（一二月二日、於・埼玉県立さきたま史跡の博物館、会議終了後に常設展及び企画展「ほるたま展二〇〇九　さいたまの弥生時代―その実像に迫る―」を見学）
・加盟館園紹介チラシの発送

○秩父地域（チーフ館・埼玉県立自然の博物館）
・地域館会議（七月一七日、於・埼玉県立自然の博物館）
・スタンプラリーの実施
・講演会・見学会（一一月二一日、「講演会、於・長瀞げんきプラザ、講演「さいたまの人物埴輪―長瀞綜合博物館所蔵埴輪を中心にして―」」、「見学会、於・長瀞綜合博物館」）

以上のように、間もなく創立四〇周年を迎える「埼博連」の場合、その長年にわたる継続的な活動によって蓄積されてきたノウ・ハウに裏打ちされた事業は、実に多様である。特に、博物館評価の問題や総合的有害生物管理（ＩＰＭ）の問題等、今日の博物館にとって喫緊の問題が研究会・研修会において順次取り上げられていることは、時宜を得たものとして評価される。また、四つの地域別連絡協議会も、前掲の「埼博連」会則第三条に定められているとおり、協議会の開催にとどまらず、それぞれに研修会の開催や視察、そして印刷物の発行など一朝一夕には成し得ない独自の地道な活動を展開している。「埼博連」の存在意義を、それぞれの地道な活動の中に見出すことが出来よう。

（二）ネットワークの課題

さて、この「埼博連」であるが、事務局によれば、様々な課題も抱えているという。その一つが、加盟館の減少化傾向とのことである。「埼博連」脱会の具体的な理由は通常は明らかにはされないが、筆者が推し量る限り、本稿の冒頭で述べた問題、すなわち各館の経常予算の削減が大きく影響しているのではないだろうか。会則によれば、現在の年会費は、各館の学芸員を含めた職員数によって異なり、一～五人までが年額一万円、六～一〇人までが一万四、〇〇〇円、一一人以上が二万一、〇〇〇円と定められている（第五条）が、この会費はもとより、各館の職員が地域別連絡協議会も含めた「埼博連」の各事業に参加するためには、旅費その他の支出も不可欠であり、こうした諸経費が、各館の削減され続ける経常予算を圧迫していると思われる。また、各館の経常予算削減のみならず、冒頭でも述べた組織弱体化、すなわち定年等により学芸員に欠員が生じてもその補充が見送られていること等も、多かれ少なかれこの「埼博連」脱会問題に影響を及ぼしているようである。一名しかいない学芸員の退職により、学芸員が不在になってしまったり、後任者が学芸員ではなく、定年退職教員による再任用職員や非常勤職員といった短期間雇用を前提とした職員となり、こうした事態を機に「埼博連」への組織としての継続的な参加を断念せざるを得なくなったのではないだろうか。また、退職者以外に学芸員がいる場合でも、欠員補充がないため、その仕事量が膨張して「埼博連」関係の業務に携わる余裕がなくなってしまい、ついには「埼博連」脱会の選択を迫られてしまうようなことも、想定されるのではないだろうか。こうした各館の予算と組織の問題は、早急に改善されるとは思われず、それぞれの学芸員は組織内で改善の努力を重ねつつも、同時に、前掲のように個人的に博物館関係者相互の人的交流を進めていくことが必要である。一方、「埼博連」でもこのような「博物館危機の時代」ならではの英断が必要であろう。すなわち、組織として「埼博連」に参加出来なくなったとしても、各館の学芸員が希望すれば個人会員として「埼博連」に参加出来るような方途を早急に開く必要があるのではないだろうか。あまり良い表現ではないが、組織を見離しても、その中の個人を見離してはならない。「埼博連」脱会館の学芸員のみならず、博物館から他の職場に一時的に異動した学芸員、学芸員退職者、ひいては、埼玉県内の博物館学講座を有する大学の教員等、個人会員として「埼博連」への参加を希望している方々が潜在的に数多く存在していることは紛れもない事実である。

また、「埼博連」脱会の理由は、各館の予算と組織の問題のみに止まらず、意外なところにも存在しているようである。埼玉県の市町村数は、昭和四八（一九七三）年に九二となって以来、しばらくの間変化が無く、平成四（一九九二）年には、埼玉県のイメージアップのために、この九二市町村の「九二」を「くに」すなわち「国」になぞらえて「彩の国」というキャッチフレーズも誕生した。その後、平成七（一九九五）年に制定された地方分権一括法により合併特例法が改正され、合併自治体に対する合併特例債の認可をはじめとする手厚い財政支援が行われた一方、「三位一体改革」の一環として打ち出された地方交付税の大幅な削減は、小規模町村の財政を圧迫した。このようなことから、市町村合併は急速に進展し（平成の大合併）、平成一一（一九九九）年三月末に、三、二三二あった全国の市町村数は、平成一八（二〇〇六）年四月には、一、八二〇にまで減少した。埼玉県も例外ではなく、現在（平成二二年度末）、市町村数は六四にまで減少した。このため、かつては各市町村ごとに一館存在した博物館が、現在では合併によって誕生した新市に複数の博物館が存在するという事態に至っているケースも珍しくはない。その結果、市内の各館がそれぞれ単独で「埼博連」に参加することを見直し、結果として市内の一館が代表して「埼博連」に参加するというような事態が生じているとのことである。前掲のように各地の博物館が、軒並み予算と組織の問題を抱えている現在、こうした事態は当然想起されるところである。このような場合、やはり、先に提唱したように各館の学芸員が個人会員として「埼博連」に参加出来るような方途を開いておくことが必要なのではないだろうか。もちろん、「埼博連」側でも個人会員の参加を念頭に置いて、従来とは異なるスタイルでの研究会・研修会・視察等の開催を推進していく必要があろう。更に将来的には、埼玉の博物館に関心を寄せておられる市民をも広く対象とした活動へとシフトしていくことが理想的であると考えるが、いかがなものであろうか。

三「県立博物館施設」の使命―今こそ市町村館の後方支援を―

(一) 埼玉県の県立博物館施設

さて、予算的にも組織的にも閉塞状況を迎えている埼玉県の博物館であるが、このような事態に際して、その突破口を開くべき使命を有しているのは、組織的にも、予算的にも、市町村館より恵まれた条件下にある都道府県立博物館施設（以下、「県立博物館施設」とする）ではないだろうか。本章では、こうした問題について検討を加えてみたい。

現在（平成二三年度当初）、埼玉県の県立博物館施設としては、表4の一〇館がある。このうち、教育委員会（教育局）所管の八館は、以下に示すような組織の再編、統・廃合の所産である。

本稿の冒頭でも述べた「バブル経済の崩壊」と「複合不況」の風を正面から受けながらも、埼玉県は、さいたま新都心の再開発や八〇〇億円を投入したサッカー・ワールドカップ 2002 の開催等の大型事業を次々に推進し、平成一四（二〇〇二）年度末における埼玉県の債務残高は、三兆三、四一〇億円を超えてしまった。埼玉県がイメージアップの看板に掲げた「彩の国」が、皮肉にも「債の国」と化してしまった訳である。一方、これに先立つ平成一一（一九九九）年一〇月には、既に埼玉県行政改革推進局が行政改革プラン（「21世紀の彩の国づくりにむけて」）をとりまとめており、その中では教育委員会（教育局）所管の三つの博物館の地元移管や、二つの博物館の独立行政法人化等の検討も含まれていた。こうして始まった教育委員会（教育局）所管の博物館施設の再編、統・廃合に向けての協議であったが、例外無き行政改革の立場から、表向きには、施設の老朽化や利用者数の減少を理由としながらも、結果として人員・予算削減を推進し、県立博物館施設の縮小・後退を図ろうとする県当局と、県民の支持[5]がある中での利用者減は恒常化した予算削減に起因するものであって[6]、高齢化社会とこれに伴う生涯学習時代を迎えて、博物館施設への期待・需要はむしろ拡大する一方であり、各県立博物館施設の発展・充実こそが急務であると主張した、私たち現場サイドの見解は真っ向から対立した。しかしながら、最終的に県当局に押し切られるかたちで教育局内部での検討が開始され、職員参加を主張した各職場と労働組合の主張が認められ、学芸員も参加しての再編、統・廃合協議となった。その結果、教育委員会（教育局）所管の九つの博物館は、平成一八（二〇〇六）年度当初からここに掲げたような八館体制となり、現在に至っているのである。再編、統・廃合の経緯は、以下のとおりである。先ず、平成十七（二〇〇五）年度末で埼玉県の民俗学の殿堂・埼玉県立民俗文化センター（岩槻市）が廃止され、埼玉県立博物

表4　埼玉県の県立博物館施設

［教育委員会・教育局・生涯学習文化財課所管］	
埼玉県立歴史と民俗の博物館（さいたま市）	
埼玉県立文書館（さいたま市）	
埼玉県立近代美術館（さいたま市）	
埼玉県立さきたま史跡の博物館（行田市）	
分館　埼玉県立嵐山史跡の博物館（嵐山町）	
埼玉県立自然の博物館（長瀞町）	
分館　埼玉県立川の博物館（寄居町）	（指定管理者）
さいたま文学館（桶川市）	（指定管理者）
［知事部局・県民生活部・広聴広報課所管］	
埼玉県平和資料館（東松山市）	
［知事部局・都市整備部・公園スタジアム課所管］	
所沢航空発祥記念館（所沢市）	（指定管理者）

＊（指定管理者）は、管理運営が指定管理者委託であることを示す。

館と組織統合し、埼玉県立歴史と民俗の博物館が誕生した。また、埼玉県立さきたま資料館と埼玉県立歴史資料館が組織統合され、埼玉県立さきたま史跡の博物館とその分館である埼玉県立嵐山史跡の博物館に装いを改めて再スタートした。これと同様に、埼玉県立自然史博物館とさいたま川の博物館も組織統合され、埼玉県立自然の博物館とその分館である埼玉県立川の博物館として再スタートした。この際、埼玉県立川の博物館の管理運営は、指定管理者に委託されている。

（二）県立博物館施設と市町村博物館

このような再編・統廃合を経て再スタートした「県立博物館施設」であるが、これまで本稿で繰り返し述べてきたような予算削減の荒波は再編・統廃合後も一向に凪ぐことなく、相変わらず打ち寄せ続けているようである。もちろん、こうした厳しい予算の中での運営が続く状況は、市町村の博物館も同様である。しかしながら、それでも「県立博物館施設」の場合には、市町村の博物館に比べれば、組織的にも予算的にも、まだ恵まれていると感じるのは筆者だけであろうか。例えば、筆者がかつて埼玉県立博物館に勤務していた際に驚いたのは、市町村博物館の学芸員が、博物館業務とは異なる市町村の一般業務に恒常的に駆り出されているという話を聞いたことであった。国政選挙や地方選挙の際の深夜に及ぶ開票作業や、成人式の会場の設営、市町村が主催する様々なイベントの補助等への参加は、どの市町村においても等しく行われていたようである。私たち「県立博物館施設」の学芸員の場合には、基本的には博物館業務以外の業務に携わることが無かったのと好対照である。

また、このような学芸員の業務内容に加えて、「県立博物館施設」が市町村博物館に比して特に恵まれているのは、豊富な収蔵資料を有している点においてである。「県立博物館施設」の収蔵資料点数は、埼玉県に限らず殆どの地域において、市町村館の博物館のそれを遥かに凌駕しているのではないだろうか。例えば、埼玉県立歴史と民俗の博物館の収蔵資料点数は、平成二一（二〇〇九）年度末で、一一万四、二六八点（絵画資料…一、四二五点、工芸資料…一、〇九三点、彫刻資料…三〇点、書跡…一六七点、歴史資料…四万六、〇九〇点、民俗資料…五万九、四一二点、模型…三〇点）を数えており、平成一八（二〇〇六）年度から旧埼玉県立民俗文化センターの所蔵資料が加わったとはいえ、昭和四六（一九七一）年の開館以来の四〇年間に蓄積されてきた所蔵資料の種類と量は圧巻である。もちろんこれらの所蔵資料に加えて、相当量の県内の寺社・収集家等からの受託資料や借用資料が、常に博物館の収蔵庫に収められていることも周知のとおりである。包括的な予算削減により役務費等も減少し、遠隔地からの資料借用・搬出入も年々困難を極めつつあるが、このような時にこそ、各館の所蔵資料を十二分に活用すべきである。国宝・重要文化財ばかりが貴重な資料ではないのであり、地域にあって大勢の観覧者を呼べるような資料を所蔵資料の中から抽出し、新たな評価を付加して展示公開することこそ、現在の学芸員に求められているのではないだろうか。また、所蔵資料の活用は、自館のみにとどまる話ではない。「県立博物館施設」はこのような時にこそ、豊富な所蔵資料を活用して、組織的にも予算的にも追いつめられている市町村の博物館の後方支援者として相互の連携を深める必要があるのではないだろうか。

実は、「県立博物館施設」と市町村の博物館とのこのような取り組みは、筆者の杞憂を払拭すべく既に開始されている。埼玉県立歴史と民俗の博物館の場合、前身の埼玉県立博物館の時代にも市町村の博物館との企画展の共催経験はあったが、平成二一（二〇〇九）年度から始まり、今年度二回目を迎えている交流企画展は、時宜を得た新たな試みとして特筆される。概要は以下のとおりである。

①平成二一年度

埼玉県立歴史と民俗の博物館・深谷市教育委員会交流企画展「出張博物館in深谷」

会期　平成二一年一〇月二日～一一月八日

場所　深谷市立図書館　郷土資料展示室

関連事業　記念講演会、学芸員による展示解説、ものづくり工房in深谷（ペーパークラフト短刀づくり、絵巻物づくり）

②平成二二年度

埼玉県立歴史と民俗の博物館・上里町立郷土資料館交流企画展「出張博物館in上里」

会期　平成二三年二月一二日〜二月二三日

場所　上里町立郷土資料館　特別展示室

関連事業　記念講演会

それぞれのチラシには、「このたび、埼玉県立歴史と民俗の博物館では、日ごろ来館される機会の少ない県北エリアにお住まいの皆様に当館の収蔵資料を紹介するとともに、実施事業や活動を知っていただくために、深谷市教育委員会と共同で交流企画展を開催することといたしました」(①。②にも同内容の文章あり)と記されており、この企画が、埼玉県立歴史と民俗の博物館が過去四〇年間の殻を大きく破っての意欲的な試みであることがうかがわれる。「県立博物館施設」と市町村の博物館との連携の典型的な事例として高く評価しておきたい。ちなみに、①展には五六点の資料が展示され、三一日間の会期に二、二二八人の入場者を集めている。

今後、こうした共催展の開催はもとより、市町村の博物館からの資料借用をはじめとする依頼について「県立博物館施設」は、組織的にも予算的にも恵まれている立場を自覚し、誠心誠意対応していくべきであろう。一般に、「県立博物館施設」が、市町村の博物館の展示環境の不備や学芸員の資料取り扱いに関する力量不足、ひいては、当該資料の自館における展示予定等を理由に、これを拒む場合が多くあるようであるが、このようなことを繰り返していたのでは、事態は一向に改善しない。行政的には、都道府県が区市町村に対して国を代行して許認可や指導監督をすることが多いため、両者の関係があたかも上下関係にあるかのように錯覚し易いが、少なくとも博物館の世界では、こうした認識は全くの誤りであり、それぞれの博物館がその活動の対象としているエリアが相違し、組織的予算的規模が異なるのみに他ならない。従って、市町村の博物館に展示環境の不備や学芸員の資料取り扱いに関する力量不足等の諸問題があったとしても、「県立博物館施設」には、単にこれを理由として依頼を拒むにとどまらず、展示環境の改善に対する助言を行い、学芸員の資料取り扱いの技量向上を支援する使命がある。また、当該資料を自館において展示する予定があったとしても、前掲のように市町村の博物館の所蔵資料を遙かに凌駕する数の資料を所蔵している「県立博物館施設」は、自館の展示計画を変更してでも、これを支援する使命があるのではないだろうか。「県立博物館施設」の立場から言えば、市町村の博物館を育て、ともに地域社会の文化遺産の次世代継承に尽力していくための、博物館ネットワークの確立こそが必要であり、また急務なのである。

まとめにかえて

以上、筆者に課せられた課題である「埼玉県博物館ネットワークの現状と課題」について考察を進めてきた。現状分析に加え、所々で筆者の博物館務経験から、ささやかな提言を記してきたが、何らかの御参考となれば幸いである。特に第三章では、筆者がかつて一六年間にわたって埼玉県教育委員会の学芸員として埼玉県立博物館、さいたま文学館等に勤務していたこともあり、県立博物館施設の立場から今後の博物館ネットワークを展望した。現在、都道府県の博物館に関与しておられる方々が日頃から考えておられることの御参考になれば幸いであり、また、区市町村の博物館に関与しておられる方々の方にとっては、今後の都道府県の博物館とのネットワークを考える際のヒントとしていただければ望外の喜びである。また、本稿では、博物館ネットワークの問題を中心に述べたが、「博物館危機の時代」にあって、各博物館が抱えている問題は数限りないと述べても過言ではない。この点に関する筆者の見解は、既に別稿で述べているので、(7) 併せて御参照いただければ幸いである。

最後に成稿に際しては、筆者のかつての職場の同僚・先輩である埼玉県立歴史と民俗の博物館・学芸主幹の二階堂実氏（平成二二年度当時）から多大な御教示を得た。ここに記して感謝申し上げたい。またこうした、私にとっても県立博物館施設が置かれている厳しい現状を改めて再認識・検討する貴重な機会を与えて下さった辻秀人先生にも改めて御礼申し上げたい。

註

（1）本稿で博物館の語を用いる場合には、特に断らない限り、博物館法で定めるとおり、歴史系を中心とする博物館・資料館のみならず、美術館ひいては水族館、動物園、植物園等をも含めるものとする。
（2）大宮知信『スキャンダル戦後美術史』平凡社新書、二〇〇六
（3）鷹野光行「Ⅲ　博物館相互の協力」『新版・博物館学講座　第4巻』雄山閣出版株式会社、二〇〇〇
（4）東　一洋「ミュージアム・ネットワーク」『博物館シリーズ4　博物館経営論』樹村房、一九九九
（5）平成一二（二〇〇〇）年に埼玉県教育委員会（教育局）が実施した「生涯学習県民実態調査」によれば、「学習や趣味、教養、スポーツ活動のために希望する施設」の第二位に「博物館、動・植物園、水族館など」がランクインした（「埼玉新聞」二〇〇〇年一〇月二二日朝刊記事）。また、埼玉県行政改革推進局が行政改革プランをとりまとめた平成一一（一九九九）年度の教育委員会（教育局）所管の九つの博物館に知事部局の平和資料館を加えた一〇館の総利用者数は、一〇七万九九人を数え（筆者調査）、実に県民（平成一二年七月一日当時、六九五万二、二〇五人）の六・五人に一人が、年に一度は県立博物館施設を利用している計算になる。以上から、この当時、県立博物館施設が広く県民の支持を得ていたことは明白である。
（6）例えば、平成元（一九八九）年度には八、二〇四万二、〇〇〇円が計上されていた埼玉県立博物館の特別展開催及び準備費は、平成十五年度には、その僅か約一三・四％に過ぎない一、〇九五万五、〇〇〇円にまで削減されているが（『平成十六年度　博物館要覧』埼玉県立博物館、二〇〇四）、この間、同館の利用者数はほぼ横這いで推移している。
予算削減が直接、利用者数の減少に結び付かず、各博物館が安定した博物館業務を利用者に提供しつづけているのは、全く以て学芸員をはじめとする現場職員の献身的な努力の成果に他ならない。
（7）宮瀧交二「資料（文化財）保存機関としての「博物館」」『歴史評論』六八三、二〇〇七、同「現代と向き合う博物館」『歴史評論』六九二、二〇〇七

（二〇一一年二月成稿）

付記　本稿の成稿後、博物館ネットワークの重要性を改めて認識させられる事態が生じた。言うまでもなく、二〇一一年三月一一日の大地震に端を発する東日本大震災である。震災により東北地方各地の博物館とその収蔵資料・作品、そして地域に存在する数多くの文化財が甚大な被害を被ったが、現在、多くの方々の手でその情況把握・回収・洗浄・保存処置等が献身的に進められている。その現場では、博物館相互の組織的な連携はもとより、本稿でこれに先立つと述べた、学芸員相互の、あるいは学芸員と他の方々（例えば学生や市民ボランティア）との人的交流が様々なかたちでフレキシブルに機能している。こうした取り組みの実践報告は随所で発表されつつあるが、ここでは国立歴史民俗博物館編『被災地の博物館に聞く―東日本大震災と歴史・文化資料』（吉川弘文館、二〇一一年）を御紹介しておきたい。（二〇一二年七月一日）

指定管理者制度と学芸員

安高啓明

はじめに

公共施設の管理・事務、業務を公の出資法人に受託させる「管理委託制度」が、平成一五（二〇〇三）年九月二日施行の地方自治法の一部改正にともなって「指定管理者制度」に移行した。これにより、地方自治法第二四四条の二には「三　普通地方公共団体は、公の施設の設置の目的を効果的に達成するため必要があると認めるときは、条例の定めるところにより、法人その他の団体であって当該普通地方公共団体が指定するもの（以下本条及び第二四四条の四において「指定管理者」という。）に、当該公の施設の管理を行なわせることができる。」と規定されている。いわゆる行政処分の範疇として、民間事業者やＮＰＯ法人などを公の施設の管理者として指定することができ、管理委託制度下の政令で定める出資法人・公共団体・公共的団体に限られていた従来の制度よりその範囲が広がったことから自治体に権限が強まったともいえる。

端的にいえば、指定管理者制度は地方自治法に定める「公の施設」の運営に民間参入を認めたものである。博物館は展示空間を主とする施設であることはいうまでもないが、これにミュージアムショップ、レストランなどの商業部分を含めた複合施設である。換言すれば、展示室という教育普及環境をベースに博物館資料を保存・修復する文化財の管理室、さらにはアミューズメント施設が同居している。こうした性格をもつ博物館に、民間企業の活力を導入できる法整備がなされ、博物館の活性化と従来イメージ（暗い・よくわからない・敷居が高い）からの脱却が求められるようになった。

こうした動きは学芸員の処遇にも影響を及ぼし、これまでの安定した立場にあった学芸員に任期制が広く取り入れられ、近年ではこれが増加傾向にある。そこで本論では、指定管理者制度導入後の博物館のあり方、さらに学芸員の採用状況から現場での問題点、業務の実情と法令との矛盾などを見出していきたい。本書のタイトルである〝博物館危機の時代〟にあって、その根幹ともいえる学芸員の抱える諸問題を提示していければと考えている。

一　制度導入と学芸員の多様化

指定管理者制度が導入されてから現在では第二フェーズに入っているところが多い。これにあたり、各分野から検証が行なわれており、問題点や課題も浮き彫りとなってきている。その動きのなかで、制度を見直して直営化されるところもでてきている。たとえば、静岡県藤枝市の郷土博物館・文学館・志太郡衙資料館・田中城下屋敷は、応募者がなかったことも背景にあろうが見直しを決めている。また、長野県の信濃美術館、栃木県の足利市立美術館などは指定管理者制度を廃止している。

文化庁が行なった「公立の美術館・歴史博物館の組織・運営状況に関する調査報告」（平成一八年度）によれば、指定管理者制度を導入した館は九三館（五五〇館のうち）であり、一六・九％である。また、平成二〇年度調査では一三四館（登録・相当七〇四館のうち）となり、一九・〇％が指定管理者制度を導入した。[1]指定管理者のなかでも、学芸員は自治体職員を配置し、広報・営業、ショップ、監視などの人員を指定管理者側が雇用する場合と、学芸員を含めて、全ての職員を指定管理者が雇用する場合がある。特段、後者の指定管理者制度を導入した館が抱える問題は無視することができない。

指定管理者制度については、株式会社三菱総合研究所による『図書館・博物館等への指定管理者制度導入に関する調査研究報告書』（平成二一年度文部科学省委託）のなかで、実情が紹介されている（以下、『指定管理者報告書』とする）。前述したふたつの職員体制のあり方が明示されたうえで、指定管理者側の学芸員の場合、市民などから作品や資料を寄贈・寄託される機会が起こったとき、寄贈先に対する信頼や公益性が求められると指摘している。[2]

他方、指定管理者制度導入の目的について、『指定管理者報告書』によれば、民間団体の努力や創意工夫を通じて、自治体の財政負担の軽減やサービス向上を図ることとある。そして、サービス向上の具体的な効果としては、次の五点を挙げており、①利用者ニーズに応じたサービスの提供、②開館日・開館時間の拡大、③職員・スタッフの接遇向上、④利用料金の低下、⑤自主事業の実施とある。[3]

①〜⑤までのサービス向上は学芸員業務に直結するところといえようが、果たして指定管理者制度を導入しないとこれが実現できないのであろうか。利用者ニーズに応じることや、接遇のままならない学芸員がこれまで多くいたことが、指定管理者制度の導入の契機となったとすれば、これまでの学芸員の罪は大きい。しかし、筆者は先に掲げたサービスを従来の学芸員のすべてが怠っていたとは思えず、制度導入の背景として自治体の財政負担の軽減に重きを置かれていると考える。また、指定管理者制度導入により利用料金の低下となればよいが、むしろ民間による高騰も想定されるのではないか（コピーや資料撮影代、施設利用料、資料借用料の値上げなど）。

博物館運営費や人件費が今日の財源を圧迫していることはいうまでもないが、これにともない、文化の継承、調査研究の〝継続性〟の崩壊を招いている。指定管理者制度の本質的な問題点はここに見出すことができる。平成二一年に財団法人日本博物館協会編『博物館研究』（四四―一一）で「公立博物館における非常勤学芸員」がテーマに取り上げられた。制度導入にともなって学芸員が置かれた環境の変化、業務実態についても論じられ、博物館における人員（ソフト面）の状況悪化は明らかであり、文化財を守り、後世に伝えるといった学芸員の本来の使命が失われつつある危機感にあふれている。

博物館法第四条第三項には「博物館に専門的職員として学芸員を置く」、同法第四条第四項「学芸員は、博物館資料の収集、保管、展示および調査研究その他これと関連する事項についての専門的事項をつかさどる」とある。学芸員は専門的事項をつかさどる立場にあり、条文にあるように、資料収集、保管と展示、調査研究といった職務が明記されている。学芸員は専門職であり、調査研究に裏付けられた知識・情報に基づき資料の収集と保管、展示を通じた教育普及活動を行なう職責がある。

指定管理者制度が導入されたなかで、「研究しかしない学芸員」は不要という論調があった。[4] その考えは博物館法および学芸員の本質的実務を理解していないか、もしくは学芸員の立場をきわめて軽視した暴論であり、前掲の博物館法にも抵触する。学芸員の専門性については昭和四六（一九七一）年四月の社会教育審議会答申「急激な社会構造の変化に対処する社会教育のあり方について」のなかで、次のことが述べられている。

学芸員には、博物館資料の収集・保管・研究等のため、館種に応じた専門的知識が必要とされるほか、展示において教育的配慮を加え、集団または集会等による組織的教育活動を進めるため、社会教育に関する知識・技術に欠けてはならない。（中略）各博物館に専任の学芸員を設置し、充実するとともに、これら学芸員が博物館に定着し、専門的技術を発揮できるよう、処遇改善等の措置を講じなければならない。（傍線部筆者）

すでに昭和四六年にこのような指摘がなされていながら、今日の指定管理者制度下における学芸員は、技術的修練や調査研究時間もままならなくなっている。そこに利益追求を目的とする企業が指定管理者となった場合は、専門的知識の習得よりも利益追求に重きを置かれることになろう。これは企業が営利を目的として経済活動を行なうという性格上、理解できる。博物館のなかでもレストランやショップなどの商業部分であれば合理性に富むが、営利を目的としない学芸員業務、ひいては調査研究部門を企業が管理することには矛盾が生じる。

その後、学芸員に求められる姿も変化してきている。平成一〇年九月の生涯学習審議会答申「社会の変化に対応した今後の社会教育行政の在り方」には、次のようにある。

現在の博物館に求められる機能は、単なる収蔵や展示にとどまらず、調査研究や教育普及活動、さらには、参加体験型活動の充実など多様化・高度化している。こうした状況を踏まえると、博物館の種類を問わず、現行のような定量的かつ詳細な基準を画一的に示すことは、現状に合致しない部分が現れている。このため、現在

の博物館の望ましい基準を大綱化・弾力化の方向で見直すことを検討する必要がある。（傍線部筆者）

学芸員の職務領域が広がっていることに加え、〝高度化〟しているという指摘は見逃せない。この〝高度化〟という言葉は、学芸員の専門的知識・技術に裏付けられるものであり、その蓄積が博物館を支えていると認識されたように解釈することができる。その結果、基準の大綱化、弾力化の方向で見直すことを検討するとありながら、先に挙げた地方自治法の改正などにより、指定管理者制度の導入となった。

民間企業の指定管理者が学芸員を雇用する場合、いま一度、博物館学を理解したうえで、学芸員への要請の変化などを再認識する必要があろう。学芸員は利益追求の片棒を担がせる存在ではなく、確固たる研究成果の発信と教育普及、さらには社会からの要請に応えることが使命なのである。これは、従来の博物館学に携わってきた先人たちの考えの普遍的な部分であり、上記した答申書にも反映されている。業務の多様化は、決して学芸員としての〝本線〟から外れるものではない。学芸員のもつ専門的知識をいかに効果的に発信するのかが指定管理者側の努力目標になる。

二　任期制学芸員

指定管理者制度導入により、学芸員の雇用面で大きな変化があった。それは学芸員の非正規化であり、任期制が採用されていることである。『博物館の在り方報告書』によれば、博物館一館当たりの職員数として、専任学芸員は昭和六二年の二・一人から平成二〇年の二・六人とさほど変化はみられないものの、非常勤は一・七人から四・七人と激増している[5]。これは博物館界の問題というよりは、日本社会全体の問題でもある。役員を除く労働者人口五、一三四万人のうち、正規職員・従業員は三、三〇〇万人、非正規が一、八三四万人となっており、ここに非正規が占める割合は三五・七%となっている。そして、正規が五四万人減少したのに対して、非正規は三六万人増加し、非正規の内訳も契約社員・嘱託職員の比率が増加している傾向にある[6]。

博物館学芸員も非正規化という時代の潮流のなかにあり、もはや〝対岸の火事〟といった認識は今日では通用しないといえよう。通常、公務員を主とした正規職員という身分が保証されていた一種の聖域に、メスが入れられることになったともいえる。筆者は博物館界を聖域化するつもりはないが、先人が守ってきた文化財的資料は、しかるべき立場の者のみが扱える特別なモノと考えている。指定管理者制度を導入した博物館のなかには、すべての館員が非正規という〝異常な事態〟となっているところもある。

非正規職員が多いと博物館活動にとって何が問題となろうか。その第一には、信用・信頼関係がある。そこには大別して地域住民からのものと同業者（学芸員）によるものとがある。地域住民からすれば寄贈・寄託資料の処遇、さらには将来の文化的発展への危惧がある。後者の学芸員の場合では、資料の貸借関係での信用問題、その後の協力関係などの不透明さが信頼関係構築の障害となる。非正規化による〝定着しない学芸員〟は、多方面で自らの立場を浮遊なものとしているのであり、業務上に支障をきたしている。

博物館職員の任期制の問題は今日に始まったことではなく、以前から指摘されている。大堀哲氏は「嘱託職員（コンパニオン、展示解説員など）と正規職員との仕事の区分が難しい。また責任の所在が曖昧な嘱託職員は勤務意識に欠ける」と挙げている。(7) 勤務意識に欠けるという結果論以前に、責任所在の曖昧さがこれを生じさせており、非正規職員という根本的な職務上の身分がもたらしているのである。平成九年にこのような指摘がされていながら、指定管理者制度の導入、これにともない学芸員の非正規化が増加している実態は、博物館学からの警鐘を行政側は無視し続けているということになり、あわせて博物館学の非力さを感じざるをえない。

任期制の学芸員はまさに指定管理者制度下にあって流行した職位といえよう。指定管理者制度に期限がある以上、参入する民間企業などは任期付の学芸員を採用せざるをえないのにも一定の理解はできる。これが自治体直営の財団であれば、継続性という担保は保証できようが、企業は本業の業績によって諸事への対応を変えざるを得ないのは仕方のないことであり、企業を責めるばかりではなんの解決にもならない。指定管理者制度そのものが文化行政の継続性を否定するものであり、特に学芸員ごと指定管理者側に雇用を求める自治体の責任の大きさは計り知れない。他方、ここに企業側の博物館運営への本気度が試されているとはいえないか。場当たり的な任期制の学芸員の採用は、長く当該博物館の運営に関与することを想定していないものと第三者からはとらえられてしまう。

米田耕二氏は「展示活動にみる学芸員の綜合力と役割」のなかで、作品の借用中での〝ハンドリング（作品の取り扱い）〟の大切さを指摘している。これは学芸員ならば必ず習熟しなければならない基本的なテクニックであり、あらゆる美術品の調査と研究には、作品を損傷することなく取り扱うことを要求されている。このノウハウは私たちの先輩学芸員たちが、長年かけて修得してきたものであると言及する。(8)

他館や個人などから作品（資料）借用する前提として、ここに立ち会う学芸員への信用がある。習得に長年の蓄積を要する作品取り扱いといった技術論は、短期間で身につけることは困難であろう。現場に出てそこで熟練の学芸員に教わり、また技術を目で盗むなど、長期的な修練が必要である。上記の指摘は、すべて一定期間の学芸職を経験した人（もしくは定年退職者）が指定管理者側の学芸員として働く分には有効であろう。しかし、次に生じるのが〝身分〟という立場上の問題である。

学芸員の技術論に先立って、その学芸員の責任の所在がはっきりしているかどうかが、相手側の信用を得る大前提ということになる。(9)大堀哲氏が指摘する責任の所在の曖昧さにも通じるところであるが、資料借用に限らず、博物館運営をしていく際に起った非常時にあたり、どこに責任を求められるのか。有期の指定管理者にその責任を求められるものではなく、最終的には指定管理者を決定した行政側に責任を求めてしかるべきである。

ここに指定管理者側の学芸員の業務中に事故があったとすれば、矛盾が生じる。もし、非正規学芸員だけで仕事をしていたときに資料を破損してしまった場合、行政が責任をとれるのだろうか。当事者の非正規学芸員を解職させるという〝トカゲのしっぽきり〟ではますます信用を低下させる。非正規学芸員の大きな欠陥は、責任の所在の曖昧さであり、ここに相手からの信用（身分的・技術的）がともなってくる。行政が実施している各種研修に参加すれば補完できるという問題ではなく、博物館学の先学の驥尾に伏せば論じるまでもないことである。

三　学芸員募集の傾向

加藤有次氏は「学芸員の専門性は現場博物館の採用対象を考慮に入れてみると、博物館の性格から考えて、考古・歴史（たとえば近世資料が多い博物館の場合は近世史を専門とする者を採用するといったように、その時代の専門に重点を置く）・民俗・美術（その美術の資料に関連した専門性）・自然科学・理工学・動物・植物・鉱物その他に分けて採用する傾向がみられる」と指摘している。[10] 学芸員採用は専門性に特化されており、入職時点で専門職として考えられている。結果、これを研究ベースにしながら実務経験を積んでいき、学芸員としてのスキルを高めていくことになる。

学芸員の採用について、指定管理者制度導入以前は、自治体や財団等の運営主体が公募して採用するのが一般的であった。つまり、正規学芸員ということになろうが、基本的には任期がなく定年まで在職することができた。当然、大学やほかの自治体などへの意識的な転籍はあっただろうが、職務上における責任の所在は明確だった。

しかし、近年では嘱託や非常勤、臨時職員の募集をはじめ、緊急雇用対応事業などでの雇用が多くなっている。期限があることから、特定事業のための新規雇用であり、それが終われば職を解かれる。学芸員としての働きを求めているというよりは、学芸員の補助という見方をするのが正しいであろう。先に挙げた正規学芸員のサポートという役割を求めたものであり、今後の文化財行政を担うような学芸員を養成するのは想定外のことである。

いままさに、本来補助的な役割である非正規職員の学芸員が増えてきているのが実情であり、彼らが正規学芸員と同じ仕事をこなすようになっている。同一業務をしながら雇用条件が異なっているのは学芸員に限らず他業種でも問題視されている。数年間の経験を経て、必要性が認められて正規職員とする博物館などもあるだろうが、そうでなければ、期限が過ぎれば解職される。[11] 学芸員が長年の経験や修練に裏付けられる職種であるとすれば、非正規学芸員の存在は矛盾していることになる。ましてや指定管理者の博物館で、非正規職員しか置かず、任期制で仕事に従事させているのであれば、責任の所在の問題点も含めて理想と現実が甚だ乖離している。雇用期間・定年延長の国会議論がある昨今、定年退職した熟練の学芸員を再任用することも考えれば、若年の〝学芸員のタマゴ〟は非正規学芸員でさえ就くのも狭き門といえる。

そこで、近年の正規雇用の学芸員募集状況をみると、専門的能力を重視しているのにくわえ、経験年数を考慮にいれているところが増えてきている。いくつか具体例を挙げれば、新潟市歴史博物館（財団法人新潟市芸術文化振興財団の平成二四年採用）の募集要項では、「大学又は大学院で歴史学（日本中世・近世史）を専攻した者で、修士の学位を取得した者」とあり、修士号が必須ということになっている。また、福岡市（平成二四年）の募集要項には「大学（短大を除く。）において、博物館学、美学、美術史等を修めて卒業した人で、採用予定日までに、一年以上大学院等において同分野に関する研究に従事した人又は一年以上博物館、美術館等において同分野の実務経験を有する人」とあり、専門性とともに実務経験者を公募していることがわかる。

自治体採用でも入職する時点で相応のスキルをもっている人材を求めていることが募集要項からも読み取れる。また、秋田市は平成二三年の公募時点で、学芸員職務経験者を求めている。

① 博物館学又は日本美術史に関する所定の単位を取得し、大学院修士課程修了又は平成二四年三月三一日までに修了見込みのかた

② 美術館、博物館等展示施設において、常勤又は非常勤の研究を主とする職員、又はそれに準ずる職員としての職務経験を通算して六ヶ月以上有するかた（平成二四年三月三一日までに通算六ヶ月に達する見込みのかたを含む。）

学芸員の専門性はもとより、具体的に職務経験の期間も示すほど、実務経験を重視していることがわかる。入職以前にある程度キャリアを積んでいることが採用条件となりつつある今日、非正規職員からの正規職員と雇用替え

になることがスタンダードになってくるかもしれない。同じ自治体、博物館からの雇用替えであればよいが、複数年、非正規学芸員として従事していた経験者が、他の自治体などで雇用されてその能力を発揮されれば、県民・市民の税金によって運営されている指定管理者の博物館と自治体は、代替のきかない〝財産〟を失ったことになる。指定管理期間の短期的な財政軽減ではなく、中長期的な視点にたつと、技術・技能を身に付けた学芸員の流出による損失は計り知れない。

常に流動化する非正規学芸員を主として抱える博物館に成長、進化はありえるのだろうか。「定着」そして「継続」という根本的な問題があり続けるなかで、将来的な展望をもつこと自体が困難である。結局、正規学芸員として転籍することになったほかの博物館や自治体などへの〝下請〟となってしまうのではないか。昨今の募集要項で経験を重視しているのは学芸員の職務内容を熟知しているためであり、これに気づかないまま非正規学芸員を置き続ける博物館は、現状維持どころか退化していくしかないであろう。

四　現状と課題

この法律は、社会教育法（昭和二四年法律第二〇七号）の精神に基き、博物館の設定及び運営に関して必要な事項を定め、その健全な発達を図り、もつて国民の教育、学術及び文化の発展に寄与することを目的とする。

これは博物館法第一条である。国民という幅広い対象者を教育するとともに、学術と文化の発展に寄与するのが博物館本来の姿である。その博物館の中核を担う学芸員は、前述のように決して恵まれた環境にはない。それが国民からの要請であれば、法に則って学芸員が応える必要がある。しかし、調査・研究を主とする学芸員にどこまでのサービス（営利目的を含む）を求めることができようか。

博物館には学芸員以外に、事務員、守衛、案内、展示解説員などといった人たちがいる。これに、ボランティアスタッフを含めれば、博物館を支える〝博物館人〟の領域は広がっている。学芸員以外の博物館人は、運営の一端を担っているものの、「学術・文化の発展の寄与」を担うには限界がある。結局は、博物館の〝屋台骨〟であり、大動脈でもある学芸員が負うべき部分が大きく、これをうまくサポートできる体制作りをすることが大切であり、博物館組織としても有用である。

しかし、現実としてはどうか。指定管理者制度導入の最大のメリットは人件費カットであろう。しかも、安定雇用をのぞめないなかで、いつ解職されるのかわからない不安のもとで、指定管理者の学芸員は、本来の業務からは切り離された仕事を多々しているのが現状である。また、不安定な雇用機会は人材流出を招いており、経験を積み重ねてきた学芸員が数年後に退職するという事態が生じている事実は、おおきな問題である。

実例として指定管理者制度の成功例といわれる長崎歴史文化博物館をあげておくと、ここは学芸員を含めた指定管理者（乃村工藝社）が運営する、開館して七年経過している博物館（二〇一二年四月末日現在）である。この間、七名（一三名中）の研究員（学芸員）が離職しており、その内訳は、研究所長一名（その後、研究所長という職名は長崎歴史文化研究所の廃止により消滅）、常勤研究員五名（研究グループ三名、教育グループ二名）、非常勤研究員一名（教育グループ）となっている。研究員の離職による博物館に与えた影響はなかったのか報告が待たれる。

かつて長崎歴史文化博物館の研究グループ研究員として在職していた筆者は、離職してからも長崎歴史文化博物館から業務についての連絡をうけていた。円滑な引き継ぎができなかった自分も反省しなければならないが、なかには一般の方から現職の大学に連絡をうけることさえあった。これは、長崎歴史文化博物館から大学に直接連絡するようにと促された一般の方がほとんどで、本務に支障をきたさない程度に対応したものの、長崎歴史文化博物館の私に対する失礼極りない対応にやりきれなさだけが残った。このような応対は本来博物館にあってはならないことであり、恥ずべき行為である。一般の方からの質問にも正確に調べて、丁寧に対応するのが博物館学芸員なのではないか。質問されてわからないから調べもせずに有識者にたらいまわしにする行為が、指定管理者に求められていたサービスなのかと問いたい。学芸業務の基幹である調査研究を等閑にしていたツケが招いた問題であり、喫緊に改善策を講じる必要があると言わざるをえない。

かつて長崎歴史文化博物館の指定管理者問題について、長崎新聞で特集が組まれている。入館者増について一定の評価を与えながら、「寄託していた貴重な資料を研究もしないまま返品したいと言ってきた」という事実を報道している。また、長崎県の学事関係者の意見として「優秀な若手研究者が去ってしまわないか心配」、「働く意欲が落ちないような仕組みを取り入れるように働きかけたい」ともルポされている。(12) この意見をうけて、現在、改善されているようには筆者の眼には映らない。

『指定管理者報告書』のなかで、「博物館等における指定管理者制度の導入判断・運用の基本的な考え方」として、地域や博物館の特性を把握している館長を起用することが、実務的には非常に重要な要素であると指摘している。(13) これは正論であろうが、館長に限らず学芸員にも同じことがいえるのではないか。学芸員は地域住民との信頼関係を構築していきながら、文化財を見出し、学術的発展にも寄与していく。そこには長年の経験に裏打ちされたキャリア形成が、学芸業務を左右するともいえる。指定管理者制度に期限があるというシステム自体がこれと相反しており、指定管理者制度を導入していないながらも、多くの博物館が学芸員を自治体職員としているケースがみられるのは当然の結果といえよう。

他者からの信頼を人が流動的な職場環境にあって、どのように得られていけるのか。先に挙げた自治体職員が学芸業務にあたっている場合ではクリアできようが、そうでなければ厳しさは増すばかりである。また、指定管理者制度そのものが、一般に周知されているとは言い難いために、大きな混乱は生じていないであろうが、制度導入前に寄贈された一般の方にとっては企業利益に資料が使われることへの嫌悪感がないとは言い切れない。旧蔵者へ制度や管理・運営などを含めて、改めて自治体・指定管理者は説明することが必要である。

指定管理者制度は、後年に文化財を継承し、普遍的に国民の文化意識の向上を目指す、〝安定した公益性〟に資することとの対局に位置する。これに学芸員の雇用の不安定化は問題の深刻さに一層の拍車をかけている。国民の文化意識が低下しているわけではなく、制度論の問題である。博物館への企業理念の導入は、現状として学芸員の専門的能力を反故にしている。決して学芸員を特別視・優遇するものではなく、組織人である以上、協調性は必要である。しかし、学芸員の本質的な業務は博物館法が定める研究できる能力を身につけていくことが大前提であり、利益追求ばかりを求めるべきものではない。

他方、指定管理者側はある種、指定管理期間で利益を上げることが至上命題であり、企業メセナ、広告媒体としての有益性などが見直されれば当然、撤退もあり得る。近年から続く経済不況下において、この概念はもっともであり、学芸員とはいえども一従業員ということになろう。しかし、「利益が出なければ給料が出ない」という考えは、文化財への冒涜ともいえ、指定管理者としての適正が疑われる。資料・作品には学芸員が調査研究をもとに、学術的な付加価値を見出し展示に反映していく。文化財を取り扱う学芸員を企業理念に縛るとすれば、資料に対する普遍的な価値観を見出せなくなってしまい、正当な学術的発展への寄与は難しくなってしまう。

『指定管理者報告書』にも、学芸員の扱いとして、指定管理者の業務内容に学芸員の業務が含まれる場合には、優秀な人材に対して安定的な処遇を確保する検討が必要であると指摘されている。[14]この一文はこれまで挙げてきた問題点の現状打破の意味が込められているのであろうが、きわめて曖昧である。〝優秀な人材〟の評価基準は誰が行なうのか。また、何をもって優秀とするのかは、評価する主体によって異なってこよう。企業側からすれば、集客率や企業利益に貢献した学芸員が〝優秀〟となるであろうし、自治体からすれば研究・教育的成果、住民サービスに重きを置いた基準となる。評価主体が明示されていない以上、説得力に欠ける指摘であり、具体性に乏しい。

また、『指定管理者報告書』の制度導入の判断基準の留意点として、①高い専門性や豊富な経験を持つ優秀な館長及び職員（学芸員を含む）の人材確保、②新たな学芸員の育成が挙げられている。[15]この留意点は理想的な姿ではあるものの、高い専門性や豊富な経験をもつ職員が指定管理者側の示す条件で、どれほど集まるのであろうか。若くて将来を担う〝優秀な〟学芸員が、任期制のもとで長く在職していられるとは思えない。あわせて、指定管理者に期限がある以上、②学芸員の育成を求めることは矛盾している。短期決戦である指定管理者側は育成よりも即戦力を求めてしかるべきであり、育成まで請け負わせるのは行政の責任転嫁にも受け取られる。

むしろ、博物館が本来持つべき、将来への学芸員養成、そして育成は指定管理者が担うべきミッションではなく、中長期的計画が立てられ、安定した身分が保証される公が負わなければならない。博物館法に定められる学芸員という専門的職員を本質的に理解しているならば、必然的な対応がとられてしかるべきであろう。安定と実績、さらには社会への信用を担保とする学芸員は、文化継承の担い手として従事する専門職であり、研究者である。地域の核となる学芸員育成は確固たる機関で行なうべきであり、そもそも短期契約者に求めるべきものではない。一朝一夕に専門的技術を身につけられるものではなく、長期的視野にたった博物館運営をすることが、将来生き残る博物館の姿であり、近年導入された指定管理者制度がもたらした教訓ともいえよう。人の流出が新たな雇用を生むといった一般企業の価値概念からの脱却の必要性を感じてほかならない。

おわりに

博物館は図書館とともに社会教育法で定められるところの「社会教育のための機関」であり、生涯学習社会の実現を目指さなければならない（平成一九年教育基本法改定）。生涯学習推進の中核的な拠点となるのが博物館であり、その中枢を担う学芸員は研究者であることも必要であるが、第一番目の使命は教育的観点にたった博物館活動を考えることになるとしなければならない[16]。

学芸員に対する要請も社会を反映して多様化していると同時に、身分的保障もままならなくなってきている。より専門性の高い学芸員が必要とされているのも事実であり、これに反比例するかのように、処遇は厳しさを増している。文化の担い手の育成は急務であり、一度失われたら戻ってこない文化財への危機意識が求められるのではないか。

甚大な被害に見舞われた東日本大震災で、破損の激しい資料を保護・救出する「文化財レスキュー」が行なわれている。このようなすばらしい取り組みは、学芸員のあり方を見直す機会とならなければならない。文化財レスキューは、多くの人に文化財意識の向上をもたらすであろう。あわせて、これら取り組みを通じて、地域からの発信力も現場の学芸員には欠かせない能力である(17)。

また、学芸員自身の意識改革も必要である。学芸員のことを〝雑芸員〟と自嘲気味に揶揄する言い方をよく聞く。学芸員という法にのっとる専門職と現実の仕事内容との乖離からでる不満からそういわれるのであろうが、学芸員自身が雑芸員と言ってしまっては先を見込めない。学芸員を養成し指導する立場にもある筆者からすれば、学芸員は研究者であり続けなければならない。雑務のない職業は学芸員に限らず存在しないであろう。広い視野にたってみれば、学芸員の専門性というのは仕事の中で必ず発揮されているはずであろうし、研究職に従事できている事実を見つめ直せば学芸員の口から雑芸員という言葉はでないはずである。将来学芸員を目指す、もしくは博物館・美術館に興味を持つ博物館人を育てることができる立場にあるということを再認識しなければならない。

そのためには日々学芸員としての技術的な修練を積む必要がある。各種研修会への参加もそのひとつであろう。また、自宅で研究し自分はもとより家族・親類・友人との時間をとれなくなることは専門職である以上、ある種、当然のことである。自分を犠牲にしながら、これらの義務を果たすことにより、大切な文化財に触れることができる権利があり、後世に残し伝えなければならない責任をともなう。学芸員は雑務のなかにもこのような専門職としての自負を保持した存在でなくてはならない。そうでなければ、不満から怠惰をまねき、業務効率も低下してくるだろう。そんななかで文化財を破損させてしまっては本末転倒といわざるをえない。上述のように、専門職として、日々研鑽を積んでいれば自信をもつことができ、決して雑芸員という認識にはならないであろう。現状への不満を打破する自助努力が足りない故に自虐的になってしまうのである。

指定管理者制度の根本的問題点は、学芸員に対する処遇そのものともいえ、他方、学芸員一人ひとりは専門性を磨き地域に貢献できる存在でなくてはならない重責を負っている。〝研究を展示に反映して社会還元をする〟という基本姿勢に立ち返り、研究の大切さ、これを伝える教育普及のあり方を博物館組織として見直してこれを継続させていかなければならない。指定管理者制度の導入如何は、現場を知っているものであれば論じるまでもないであろう。

今日、その問題が浮き彫りとなってきており、博物館界は不遇の時代に直面し、そこで働く学芸員の立場は危機的状況にあるともいえる。これを打破するには本来の地域に根ざした学芸員、そして昭和四六年答申の「学芸員が博物館に定着」する理想の姿に立ち帰る必要がある。

最後に平成一八年に指定管理者制度を導入し、平成二一年に直営に見直された足利市立美術館の館長をつとめた吉田哲也氏の言葉を掲げて擱筆にしたい(18)。

導入はやはり病のようなものだったのかもしれない。見直しは英断であり、市に感謝したい。

註

（1）『博物館の設置及び運営上の望ましい基準の見直しについて「これからの博物館の在り方に関する協力者会議」報告書』（以下、『博物館の在り方報告書』とする）これからの博物館の在り方に関する検討協力者会議、二〇一〇、四～五頁。増加の背景として財団法人の博物館が移行したことをあげている。

（2）株式会社三菱総合研究所『図書館・博物館等への指定管理者制度導入に関する調査研究報告書』文部科学省生涯学習政策局社会教育課、二〇〇八、一四頁。この報告書は文科省委託事業であることから、公益性の高いものと位置付けたうえで、その指摘の曖昧さなどを後述していきたいと考えている。

（3）前掲註2、四頁

（4）拙稿「非常勤学芸員に関する諸問題」財団法人日本博物館協会編『博物館研究』四四―一一、二〇〇九、六頁。調査研究を軽視した結果、「研究すらできない学芸員」が増大すると指摘する。なお、本論文は、平成二一年度の棚橋賞を受賞した。
（5）前掲註1、三八頁
（6）総務省統計局『労働力調査』（平成二三年一〇月～一二月）平成二四年二月二〇日発表
（7）大堀哲編『博物館学教程』東京堂出版、一九九七、一七四頁
（8）鷹野光行・西源二郎・山田英徳・米田耕二編『新編博物館概論』同成社、二〇一一、二八〇～二八一頁
（9）前掲註4に同じ
（10）加藤有次『博物館学総論』雄山閣、一九九六、三四六頁
（11）前掲註4では、非正規職員から正規職員と雇用替えが行なわれているところもあることを指摘したうえで、その博物館（組織）は学芸員の重要性を認めたためであろうと言及する。
（12）『長崎新聞』朝刊、二〇一〇年一一月二九日～一二月一日。「理想と現実　長崎歴文博開館5年の課題」として問題点が指摘されている。
（13）前掲註2、一四頁。また、調査研究の継続性の観点から、博物館では学芸員は自治体の職員としているケースがみられると指摘している。
（14）前掲註2、一六頁
（15）前掲註2、二八頁。そのほか、①市の施策全体における博物館の設置目的、②サービスの質の維持・向上、③コスト削減効果、④民間企業等による創意工夫の余地が挙げられている。
（16）前掲註8、四四～四五頁（鷹野光行氏執筆）
（17）拙著『新釈犯科帳』長崎文献社、二〇一一。このなかで地元学芸員の調査研究の発信には中央の研究者にはない説得力があると指摘している。
（18）『日本経済新聞』朝刊、二〇〇八年六月二四日「文化往来」

終章　博物館の危機は何を招くか

辻　秀人

一　博物館の異変

近頃、博物館、美術館の世界でいくつかの異変が起きている。博物館、美術館などに足を向けることの多い読者の皆様も、身近にある資料館に職員がいなくなった、あるいはこれまでの活動とは違う催し物が行われるようになったなどの変化を感じられているのではないだろうか。筆者も、博物館施設で過剰なまでの頻度でイベントが行われることや、集客を見込める企画展が連続して開催され、入館者数を確保するために学芸員がその運営に走り回っている姿に大きな違和感がある。

筆者自身がかつて勤務していた福島県立博物館では、平成一六年に「アート オブ スター・ウォーズ展」が開催された。ＳＦ映画のストーリーを彩る衣装や関連のイラストが人々の興味をひくことは理解できるところだ。しかし、「地域社会の形成発展と学術文化振興」を基本構想として建設され、[1]「ふくしまの歴史・文化そしてそれを育んだ自然に関する情報を提供し、ふくしまの魅力を再発見する場」とすることを使命[2]として掲げる福島県立博物館の活動と想像上の産物で構成されるファンタジーとは相容れないはずだ。開催にいたる過程では論議もあったと聞くが、筆者にはつまるところ入館者数を確保したいという思惑がすべてに優先されたとしか思えない。

本書第一章で取り上げられた新潟市美術館で展示室に展示物に付着したクモが持ち込まれ、カビが発生した問題も根は同じだろう。

詳細は本書山本哲也氏による説明をお読みいただきたいが、直接的には、美術館運営を統括してきた館長と、実際の運営にあたってきた複数の学芸員を替え、「大地の芸術祭　越後妻有アートトリエンナーレ」で総合ディレクターをつとめた北川フラム氏を起用した結果、作品の保存環境に適切な配慮が足りないまま展示が行われたことが原因と見られている。北川氏の起用にあたってはそれまでのイベントにおける観客動員実績が考慮されたことは想像に難くない。筆者は新潟市美術館でも、結果として入館者数確保が作品保存環境に優先された形になったと思っている。

もちろん、入館者数を確保することは決して問題になることではない。博物館活動を広く市民社会に普及するためには、博物館に足を運んでいただき、展示を見て、イベントに参加していただくことがなにより大切であることは当たり前だ。しかし、大小を問わず全国の各館が行っている入館者を確保するための活動の中には博物館本来の使命との関係が希薄で、単にエンターテインメントとして行われているとしか思えないものも多い。

これほどまでに博物館が入館者数確保に執着する理由は明瞭だ。社会全体の経済状況の悪化により、博物館の予算が削られ続け入館者数を確保しないと、つまり一定の経済的なメリットがないとさらなる予算削減が予想され、廃止にまでいたる可能性があるからだ。博物館は文化財を次世代に引き継ぐことや、文化財に学ぶことなど本来の使命が考慮されずに、もたらされる収入で測られているのである。本書第一章一瀬和夫氏の論考に詳しいが、橋下徹大阪市長が府知事の時に示した府立博物館改革案はまさに博物館を収入と効果（入館者数）という経済的な価値で評価し、存廃を問うたものである。

本章冒頭に述べたいくつかの異変は、このような厳しい経済状況の中でもたらされたものである。それでは各館はこのような経済状況にどのように対処しようとしているのだろうか。

二　困窮する博物館

日々悪化していく経済情勢の中で、博物館の多くに経費節減と収入増加という相矛盾する要求が突きつけられている。この要求に応えるためにいくつかの方策が考えられてきた。以下それぞれの内容と問題点を確認しておきたい。

(一) 指定管理者制度の導入

これまで、多くの博物館、美術館では警備や清掃、保守点検、燻蒸など業務の一部を業者に委託してきた。これらの委託を含めた業務全体の統括は設置主体者であることは当然で、公立博物館では国、県、市町村がその役割を果たしてきた。

しかし、平成一五年九月に地方自治法の改正により指定管理者制度が導入され、事態は一変した。公的施設の管理運営全体を民間事業者等に任せることが可能となったのである。この制度を適用する施設の選定は地方公共団体の判断に委ねられた。残念なことに平成二〇年度の段階で実に二六％を（平成二〇年度文部科学省社会教育調査）を超える全国の博物館施設にこの制度が適用された。民間活力の導入を可能とするため、多くの地方公共団体でこの制度が博物館施設の事業費節減と収入増に結びつくと考えられたからである。

これまでに指定管理者制度を博物館施設に導入することには多くの論議がなされてきた。導入から九年が経過した今、博物館を運営する上でも、そして運営する立場にある学芸員にとってもこの制度には大きな問題があることが明らかになってきている。その詳細は本書第二章鈴木章生氏、第三章安高啓明氏の報告をお読み頂きたいが、本質的な問題は、指定管理者制度が博物館運営の継続性を保証しないことにあり、あわせて、経済の効率化を要求されていることにある。そのため、指定管理者制度のもとでは、博物館の根幹にある資料の保存管理、調査研究業務に力を注ぐことが難しい状況を生み出している。

①資料保存の問題

博物館の最大の使命は大切な文化財を後の時代に良好な状態で伝えることにある。資料の適切な保存をなくして調査研究、展示公開があり得ないことは理の当然である。博物館最大の機能は資料の保存管理にあるといっても過言ではない。しかし、指定管理者制度のもとでは、一定の期間ごとに管理者が入れ替わる可能性があり、保存のために最低限必要な長期にわたる資料観察でさえ難しい。短くて三年、通常は五年程度の期間を定めて決定される指定管理者では、長期にわたる資料の状態観察を踏まえた資料保存のための仕事を実施することは実質的に困難だろう。

このような実態を踏まえて、日本学術会議では「博物館の危機をのりこえるために」と題する声明[3]を出した。同会議は声明の中で公立博物館の指定管理者制度導入に憂慮を表明するとともに、やむを得ず導入する場合には既存館で一〇年程度、新設館で一五年程度の指定期間を目安とすることなどを提言している。

筆者は、指定期間の問題はとにかくとして「財政及び経済効率を優先する改革に影響されて、社会的な役割と機能を発揮できない状況に陥る可能性がある」とする日本学術会議の認識に心から賛同する。博物館活動は資料の保存、継承、活用で構成されるが、保存、継承なくして活用はありえない。指定管理者制度は文化財保存の要件である継続性を保証しないのである。

②学芸員の問題

指定管理者制度のもとで働く学芸員は、常に大きな問題を抱えている。仕事の実行上の問題として、一つは指定管理者である限られた時間の中でしか計画、実行することができないことがある。指定管理者としての期間が三年間であれば三年で計画段階から実行までのすべてをこなさなければならない。これでは地域の理解と協力を得て、ともに作り上げる調査や展示などの事業の実行は望むべくもない。地域に密着した博物館を実現することがきわめて困難な状況にあるといえよう。

もう一つは学芸員処遇の問題である。館長をはじめ学芸スタッフまで含めてすべての職員を指定管理者が雇用する場合、学芸員の任用は当然指定管理を請け負った期間に限られてしまう。三年であれば三年ごとの任用であり、その後の保証はない。指定管理者制度は運営費用の節減を一つの目的としていることを考えれば、学芸員の報酬が高額であることは考えにくい。

つまり、指定管理者制度のもとにある学芸員は短期的な仕事に追われる一方、報酬は低く、将来の展望を開きえない環境に置かれることになる。長期的な仕事による実績を積むことも困難だからそのスキルを向上させ、新たな職場を得ることにも困難が伴うのは当然だろう。本書第三章安高氏が紹介する長崎文化博物館における学芸員の移動状況はこのような学芸員の窮状をよく示している。指定管理者制度は陸上競技に例えればリレー競技のようなもので、短期間に全力疾走を求められる。しかし、選手が交替できればとにかく同一の指定管理者がバトンを受け続ける限り過重な労働を強いられ続けることになる。

学芸員を養成する立場にある筆者としては、このような環境の指定管理者制度のもとにある博物館施設に学芸員資格取得者を送ることには躊躇してしまう。また、学生も昨今の厳しい経済情勢の中で、将来が見えない任期の限られた学芸員の職を選択することにはリスクがあることを理解しはじめている。

指定管理者制度がさらに広がっていくことがあれば、学芸員はますます困窮し、指定管理者のもとにある博物館では近い将来に活動の担い手である学芸員を確保することができなくなる可能性がある。

(二) 公立博物館、美術館の予算削減、人員削減

直営館においても、厳しい予算削減にさらされていることは本書第二章で杉山正司氏の示すとおりである。資料保存管理費用や調査研究費、資料収集費など外部からは見えにくい費用が主な予算削減の対象となっていることが多い。平成二〇年度のデータ(平成二〇年度文部科学省社会教育調査)によれば資料購入費を持たない博物館は全体の五六%、一〇〇万円未満の館を加えると実に七六%に上る。つまり、予算削減によって、多くの博物館で地域の資料を収集、保管し、調査研究によって新たな情報、成果を作り出す業務が切り捨てられつつある可能性が高い。

一方、表に出る展示や教育普及活動などの業務は、比較的活発に行われている。ただし、筆者には集客を見込めるテーマが取り上げられる機会が飛躍的に増えたように思われる。中には博物館、美術館の本来の性格とはそぐわないと思われるテーマも少なくない。教育普及にかかわるイベントも娯楽性が重視される企画が多く、そこからなにを学ぶのかという視点がしだいに薄れているように感じられる。

一方、人員削減は、後任学芸員の不補充や期限付きあるいは臨時職員の雇用の形で現れることが多い。また、埼玉県などのように既存博物館の整理統合の形で行われる例も増加している。平成の大合併により合併した市町村そ

れぞれが運営していた歴史民俗資料館が整理統合される、あるいは一人の学芸員が複数の館運営を担当し、実質的に無人化が進んでいる地域も全国各地に数多い。

全国の公立博物館、美術館においても予算削減と人員削減により、十分な文化財の収集、保管、調査研究が難しい状況が進行している。また、館の調査研究に立脚したオリジナルな企画が減少し、集客を強く意識した娯楽性の高いイベントが増加しつつある。娯楽性の高いものは現代の町中にあふれており、博物館、美術館が同様の娯楽性を志向しても短期間に飽きられてしまう可能性が高い。博物館美術館が存在する基盤をあくまでも資料収集と保管、調査研究に求める以外に社会の支持を長期間にわたって獲得することは難しいのではないかと考える。

三　博物館の危機は何を招くか

本書で述べてきた博物館、美術館に起きている異変、博物館の再編、予算削減、学芸員処遇の悪化などの危機はきわめて深刻な状況にある。このような危機の背景には社会の経済状況の急速な悪化があり、博物館は指定管理者制度の導入、あるいは予算、人員削減の形で対応してきた。いずれの形にせよ、予算削減は主に外部からは見えない資料収集、保存管理、研究の博物館活動の基盤となる部分が主な対象となり、表に見える企画、イベントは維持する形が一般的である。

今、博物館では一方で予算削減、経営効率化が求められ、他方で収入増加、つまり企画展や各種イベントでの集客を強く迫られている。学芸員は処遇の悪化、不安定化に耐えながら集客のためのイベントや娯楽性の高い企画のために走り回り、資料収集、保存管理、新たな企画をうみだすための研究まで手が回らない状況にある。指定管理者制度のもとでは三年、五年単位で成果が求められるため、このような傾向はさらに顕著である。

博物館の根本的な使命は資料を保存し、次世代に伝えることにある。現在、この大原則をさておいて集客のための事業展開に追われている博物館施設がある。博物館の危機がこのままの形でさらに進行すれば、私たちの社会は、文化財を次世代に伝えるための安定した施設と文化財保存のための知識、経験の蓄積、ひいては長期の保存管理の経験を持つ熟練した学芸員を失っていくことになってしまう。博物館の危機がやがて文化財を保存、管理、研究をする施設である博物館の廃止にまで至り、担い手である学芸員が職場を失い、職業としての基盤が失われたとき、私たちの社会は大切な文化財を次世代に伝えることが難しい事態を迎えることになる。

東日本大震災の後、家族の写真を探す人々の姿があった。家族の写真は家族が共有した時間を確認する宝物だったからだ。文化財もまた地域で過ごした人々が長い時間をかけて生み出してきた知恵と努力の結晶であり、そこに住む人々を結びつけるかけがえのない宝物である。その宝物を次世代に伝える施設と安定した運営、人材を確保することは私たちの世代の重要な責務だろう。

しかし現状のまま危機が進行すれば、その責務を果たせないことになる。自らの歴史が生み出した文化財を大切にしない社会をいったい誰が信頼するのだろうか。私たちの社会は今、共有する歴史の証を失う危機に直面している。博物館の危機はまた貴重な文化財の危機でもあると言えよう。

博物館の危機がここまで進行してしまった理由の一つに博物館側の問題がある。昭和二六年に制定され、大きな修正が加えられてこなかった博物館法には地域と密着した活動を促す方向性が明示されていない。筆者自身の反省も含めて、これまでの博物館では、地域社会と深く関わり、地域の人々とともに博物館を運営する努力が不足していた。社会の人々が博物館の困窮に大きな関心を寄せなかった理由は、博物館の必要性を十分には感じられなかったことにあるのだろう。

私達、博物館の運営、学芸員の養成に関わる者は、文化財を次世代に伝えるとともに、地域の人々と共に活動する博物館の実現を目指し、社会の人々に必要性を感じて頂けるよう努力していくことが、遠回りでも博物館の危機を脱する唯一の道だろう。読者諸賢には、是非博物館の窮状をご理解いただき、ご支援いただければ幸いである。

註

（1）福島県立博物館基本構想検討委員会『福島県立博物館建設基本構想報告書』一九八一

（2）福島県立博物館公式ホームページ　http://www.general-museum.fks.ed.jp/11_mission/11_mission.htm

（3）日本学術会議「声明　博物館の危機をのりこえるために」二〇〇七

執筆者紹介（掲載順）

辻　秀人（つじ・ひでと）　東北学院大学教授

一瀬和夫（いちのせ・かずお）　京都橘大学教授

山本哲也（やまもと・てつや）　新潟県立歴史博物館

望月一樹（もちづき・かずき）　川崎市市民ミュージアム

杉山正司（すぎやま・まさし）　埼玉県立歴史と民俗の博物館

大貫英明（おおぬき・ひであき）　東京農業大学非常勤講師

鈴木章生（すずき・しょうせい）　目白大学教授

青木　豊（あおき・ゆたか）　國學院大學教授

宮瀧交二（みやたき・こうじ）　大東文化大学講師

安高啓明（やすたか・ひろあき）　西南学院大学　博物館

■編著者略歴

辻　秀人（つじ　ひでと）

現職　東北学院大学文学部教授　東北学院大学博物館館長
1950年北海道生まれ。
東北大学文学部卒業　考古学専攻
東北大学大学院文学研究科博士課程前期修了　文学修士
東北大学大学院文学研究科博士課程後期単位取得満期退学
1979年4月より7年間福島県立博物館建設準備に従事し、1986年福島県立博物館設立とともに博物館学芸員として、6年間博物館運営の実務を担当。
1992年以降現在に至るまで、東北学院大学にて20年間学芸員養成課程を担当。
2008年より東北学院大学博物館設立の実務にあたり、2009年開館とともに館長に就任。現在に至る。

＜主要論著＞
『古代東北、北海道におけるモノ、ヒト、文化交流の研究』平成15年度～平成18年度科学研究費補助金（基盤B）研究成果結果報告書、pp.1-459、2007
「倭国周縁と大和王権」『百済と倭国』高志書院、pp.93-114、2008
「続縄文文化と弥生・古墳文化の関係を考える」『北海道考古学』第46輯、pp.9-22、2010

2012年10月10日　初版発行　《検印省略》

博物館《はくぶつかん》危機《きき》の時代《じだい》

編　者　辻　秀人
発行者　宮田哲男
株式会社 雄山閣
〒102-0071　東京都千代田区富士見2-6-9
TEL　03-3262-3231 / FAX　03-3262-6938
URL　http: //www.yuzankaku.co.jp
e-mail　info@yuzankaku.co.jp
振　替：00130-5-1685
印刷所　株式会社ティーケー出版印刷
製本所　協栄製本株式会社

ISBN978-4-639-02242-8 C1030
N.D.C.069　233p　20cm